UNREAD

罗马的胜利

VICTORIOUS ROME

Dexter Hoyos
THE IRRESISTIBLE
RISE OF THE
ROMAN EMPIRE

一部白手起家的帝国崛起史

[澳] 德克斯特·霍约斯 著　王兢 译

天津出版传媒集团

天津人民出版社

图书在版编目（CIP）数据

罗马的胜利：一部白手起家的帝国崛起史 /（澳）德克斯特·霍约斯著；王玦译. —— 天津：天津人民出版社, 2022.6
 ISBN 978-7-201-18316-9

Ⅰ.①罗… Ⅱ.①德…②王… Ⅲ.①罗马帝国—历史 Ⅳ.①K126

中国版本图书馆CIP数据核字(2022)第063593号

Copyright © 2019 Dexter Hoyos
This translation of *Rome Victorious* is published by United Sky (Beijing) New Media Co., Ltd. by arrangement with Bloomsbury Publishing Plc.
Simplified Chinese translation copyright © 2022 United Sky (Beijing) New Media Co., Ltd.
All rights reserved.

图字：02-2022-045 号

罗马的胜利：一部白手起家的帝国崛起史
LUOMA DE SHENGLI：YI BU BAISHOUQIJIA DE DIGUO JUEQI SHI

出　　版	天津人民出版社
出 版 人	刘　庆
地　　址	天津市和平区西康路 35 号康岳大厦
邮政编码	300051
邮购电话	022-23332469
电子信箱	reader@tjrmcbs.com
选题策划	联合天际
责任编辑	赵子源
特约编辑	孙　裕
美术编辑	程　阁
封面设计	吾然设计工作室
制版印刷	大厂回族自治县德诚印务有限公司
经　　销	新华书店
发　　行	未读（天津）文化传媒有限公司
开　　本	880 毫米 ×1230 毫米　1/32
印　　张	9.25
字　　数	215 千字
版次印次	2022 年 6 月第 1 版　2022 年 6 月第 1 次印刷
定　　价	68.00 元

关注未读好书

未读 CLUB
会员服务平台

本书若有质量问题，请与本公司图书销售中心联系调换
电话: (010) 52435752

未经许可，不得以任何方式
复制或抄袭本书部分或全部内容
版权所有，侵权必究

目录

导论　罗马及其帝国主义　　1

第一章　前帝国时代的罗马：称霸意大利　　7

第二章　地中海霸权与第一批罗马行省　　23

第三章　罗马共和国诸行省　　55

第四章　帝国主义共和国的政治衰弱　　87

第五章　奥古斯都：最伟大的帝国主义者　　115

第六章　罗马帝国的得与失，14年到212年　　141

第七章　新罗马人　　171

第八章　治理得失　　199

第九章　评断帝国：罗马人与外邦人　　　219

第十章　抵抗　　　235

第十一章　罗马如何成为罗马帝国？　　　247

结论　　　269

附录：古代史料　　　281

致谢辞　　　306

罗马皇帝列表　　　307

导论

罗马及其帝国主义

罗马是个古典帝国。一个由探险家和亡命徒在台伯河畔建立的小城邦，逐渐蔚为大国，先是主宰了意大利，然后统治了整个环地中海地区，甚至还攻略了远至克里米亚、美索不达米亚和不列颠的大片领土。罗马的各种形象流传于世，广受称颂：历代任性的皇帝身着紫袍头戴桂冠花环面对焦虑紧张、长袍覆体的元老，斗兽场里性命相搏的角斗士，马戏场里驾驶战车的御者，腰束铁质胸甲、头顶羽饰飘动、踏着大步行进的百夫长和军团士兵，雄伟廊柱护持的座座神庙环绕着宽阔拥挤而又阳光明媚的罗马广场，更不必说边远行省的宏伟工程，比如将掠夺成性的蛮族拒之门外的哈德良长城。有些形象相对更为可靠，但所有这些形象都是罗马强权记忆的铁证。这样一个政治造物当然值得后人一再追念：它不但在长达六百年的时间里将全部地中海世界整合在一起，也将一种典雅精致的融合文化，尤其是希腊和罗马的融合文化传承给了后代子孙。

关于罗马人走向帝国主义的动机，现代评论家们提出过几个针锋相对的观点，常常彼此间争论不已。有说这是对来自外部或真或假的威胁进行的防御性回应，也有说这是深入骨髓的侵略成性，还有说这是国际强权政治的"狗咬狗"习性在地中海世界的必然结局；有人认为罗马的扩张源于经济上的贪婪和贵族对荣誉的猎欲，还有人像约翰·西利爵士一样，认为罗马帝国只是击败各大敌人之后"漫不经心"的副产品罢了。上述解释并非互相排斥，尽管每种解释都有其拥趸，或曾经有其拥趸。

在整个19世纪和20世纪的大部分时间里，历史学家对罗马及其帝国的观感大体良好，甚至还不无敬拜。罗马完成了一项了不起的文明使命，为那些战火蹂躏过的土地和人民带来了四百年的罗马和平，成为基督教的孕育者，还给后继国家留下了法律、文学和语言的深厚遗产。但在"二战"结束之后，欧洲各大殖民帝国纷纷解体，人们对经济史和经济理论有了更多的认知，这些都催生出一幅重绘的罗马图景。这幅新图景的色调更加昏暗、刺目，常常还带有敌意：罗马是个热衷扩张的剥削大国，种种征服行为让三大洲遍布屠杀和剧变，贪婪成性的罗马政权只给少部分贵族精英和各省统治集团带来好处，同属这个受益者小圈子的还有纵饮豪奢的罗马城居民（他们直到6世纪还在帝国的废墟里胡吃海塞）。总体而言，这种论调认为，罗马帝国对各征服民族进行了漫长持久的掠夺。

从公元前241年（下文中"公元前"简称"前"）占领西西里岛大部，到200年攻取美索不达米亚，在这逝去的四个半世纪里，罗马历次领土扩张的背景和经过都各不相同。比如说，西西里落入罗马之手是在第一次布匿战争期间（前264年到前241年，罗马史上持续时间最久的战争），当时罗马与迦太基的战争绝大多数都发生在这个岛屿及周边地区；亚历山大大帝的马其顿古王国是在前148年并入罗马的，当时两国之间的冲突和敌意已经持续了七十年之久；三十年后罗马最终占领了高卢南部地区（今天的普罗旺斯和朗格多克），而在之前近一百年的时间里这里仅仅是意大利北部和西班牙东部之间的陆路要道而已。

前1世纪，庞培与小亚细亚北部本都王国的米特拉达梯大帝打了最后一仗，取得完胜。该国也是罗马应对时间最长、野心最大的对手之一。庞培此战将小亚细亚海岸地带的大片领土收入罗马囊中，也让周边的城邦和王国都成为忠诚的卫星国。庞培的盟友兼岳父、后来又成为对手的尤利乌斯·恺撒在前60年至前50年的十年间，主动出击攻占了整个高卢地区。恺撒的养孙克劳狄皇帝在43年入侵不列颠，同样是主动攻击。图拉真在2世纪初对达奇亚的征服至少在战略上还有那么一些合法性：达奇亚人在他们不安分的国王戴凯巴路斯的纠合之下进犯罗马的多瑙河边界地区，还时不时与其他不安分的边疆民族联手。不过，图拉真皇帝在115年至117年间却发动了一场并不必要的战争（可以这么说），结束了与东邻帕提亚王国之间四十年的共存关系。一开始图拉真大获全胜，拿下了这个劲敌西部的大片领土，但战争却以失败告终。帕提亚本身的帝国主义野心（特别是觊觎着两大帝国之间亚美尼亚这个山地王国），也引发了2世纪与罗马的次次战争。罗马统统获胜，塞维鲁皇帝最终兼并了美索不达米亚（历史学家、敏锐观察家的迪奥严厉批评了这次领土扩张）。

　　罗马帝国的扩张动机，就像时代背景和皇帝人格一样，在几百年的时间里的确形貌各异；不过，绝大多数扩张行为都不大可能基于单一原因。罗马扩张的种种原因能否至少在某些方面与近代欧洲帝国主义的扩张原因相通？说得更明确一些，欧洲殖民主义也是人们广为讨论且聚讼纷纷的话题，就像那个最简单的问题"帝国是好事还是坏事"一样，迄无定论。上述种种争论在未来也看不到解决的可能。

　　帝国主义的一大产物常常为人忽视：随着帝国扩张壮大，被统治者的规模、来源和归宿也会随之扩容。"罗马人"开始不仅限于罗马城居民，在西塞罗的时代就已涵盖了意大利其他民族，后来包山包海地囊括了全部外邦民族。早在前219年，罗马就已不时将公民权授予少数非意大利的个人。尽管罗马人在前3世纪和前2世纪停止授予意大利同胞以公民权，但帝国带来的收益日渐明显，政治军事压力迫使罗马人在前90年到前81年间给予全部意大利人公民权。此举让整个半岛都成为罗马国家的一部分。另一方面，从早先时代开始，罗马人就愿意在奴隶获得自由之后授予他们罗马公民权。汉尼拔时代的马其顿国王腓力五世堪称罗马的一时劲敌，他也敏锐地认识到，公民权也是罗马实力的一部分。

前50年到前40年，恺撒出任独裁官期间，曾经授予行省居民以罗马公民权，或是给予地位稍低的身份，也就是所谓"拉丁公民权"。这种公民权授予并不时新，但其受惠者比同时代其他显贵主政时规模要大，比如庞培。后来的奥古斯都皇帝和其继承人也并不吝惜发放公民权：73年，韦斯巴芗皇帝甚至将拉丁公民权的授予范围扩大到了仍然只有行省公民权的西班牙全部地区。接下来，拉丁城市的政务官也靠着出仕守禄获得了罗马公民权（见第七章）。行省居民凡在帝国军队各军团入伍服役的，也获得了公民权作为报偿。

事实上，罗马经历了演化。行省居民成为罗马人；非意大利贵族也和意大利人一起统治这个帝国，甚至还曾登上帝国皇位——几个最著名的罗马皇帝，比如图拉真、哈德良和马可·奥勒留（还有几个名声最臭的）都是来自行省。这样一来就产生了独特而有趣的结果：如果说"帝国"的简单含义就是一个主体国家或主体民族去支配那些臣属民族和臣属领土的话，严格来说，在476年西罗马末帝被废黜之前的很长一段时间，罗马就已经不是一个"帝国"了。212年，来自北非的皇帝、塞维鲁之子卡拉卡拉为所有余下行省的居民授予公民权，这

导论　罗马及其帝国主义　5

个举措也在法律意义上开创了一个纯粹的罗马人的国家,一个从大西洋延伸到帕提亚边疆、从不列颠的哈德良长城延伸到尼罗河大瀑布的大国。卡拉卡拉的敕令保留了一些例外:奴隶成为帝国境内仅剩的非罗马人;但即便是奴隶,也可以获得解放成为罗马公民。

实际上,成为罗马公民的意义也在212年被阶级不平等遮掩了,这种不平等在法律中得到体现:一个贫穷的公民哪怕待在罗马,其公民权利也要少于伦敦和安条克的富有公民(还会被更粗暴地对待)。尽管如此,罗马公民权的稳步扩张,加上罗马文化对东部和西部行省的巨大影响,以及希腊文明罗马化后在地中海东部地区的传播,凡此种种都造就了一种帝国一体之感,将整个帝国团结起来,在3世纪末的种种致命危机期间发挥作用,挽救帝国免受次次重击。

更重要的是,从历史来看,这种一体感也和4世纪以来基督教的优势地位结合,将尽善尽美的帝国记忆和一度大一统的帝国模板注入后来各个时代和各位后继者的文化之中(这种文化在东西方都有)。罗马一体的记忆也为后世的国际政治、政治思想(更不必说宗教)和文化表征增色添彩。直至近现代时期,它的流风余韵也相沿不绝。

正是基于上述诸多原因,罗马蔚为帝国的整个历史过程,发生了什么,如何发生,其对臣民、受害者、邻国的作用,仍然是兹事体大而且启发良多的研究主题。

第一章

前帝国时代的罗马：称霸意大利

这座城市——罗马城，建在拉丁姆平原北缘，是台伯河一处主要渡口。关于建城时间，传统说法是前753年。罗马城始建于开阔的帕拉丁山，以邻近陡峭的卡皮托林山作为屏障。时至前4世纪，这座城市已经扩张到将七座低矮的名丘囊括其中，其他五座山丘的名字是奎利那里斯山、维米那利斯山、埃斯奎利努斯山、凯利努斯山、阿文丁山。七丘在台伯河左岸形成了一个半圆形防御圈，这对一座古代城市而言可是个大圈子，围入其中的土地很久之后都还是乡间。罗马城周边的领土，也就是所谓罗马的土地也在扩大：好战成性的罗马人开衅、击败、吞并了越来越多的邻居。其中就有阿尔巴·龙伽，传说是罗马城奠基者罗慕路斯和雷穆斯的出生地，位于罗马城东南30千米处的阿尔邦山脉。之后，在一场长达十年（这个数字要么天真，要么错误）的史诗级围困之后，罗马占领了北面20千米处埃特鲁里亚人的大城维爱。前387年（传统上被认为是前390年），罗马城本身也在抢掠成性的高卢铁蹄之下惨遭洗劫。尽管如此，罗马人在整个前4世纪里都一直锐不可当。这个世纪行将结束之时，罗马人几乎已经称霸了整个意大利半岛，他们的领土面积也位居半岛城邦之冠。

早在信史时代之前，罗马和拉丁姆平原的其他城市就以宗教军事组织的形式连为一体，现代人称之为拉丁同盟。同盟其余成员还包括东面高地上的蒂布尔、普雷尼斯特和图斯库卢姆，这些城市也曾盛极一时，足以挑战罗马在拉丁同盟里的霸权。罗马人和拉丁诸城的人民进行通婚和商业往来，给予彼此各项互惠权利；尽管存在地域差异，他们却说着同样的语言。他们也并肩作战，共同对抗周边的好战民族，包括东面南面群山之中的埃奎人、赫尔尼基人、沃尔西人，台伯河上游地带的萨宾人，势大力强的埃特鲁里亚南部诸城，后来还有亚平宁山脉中部跋扈难制的萨莫奈人。拉丁同盟常常会在战略地点设置定居点、建立拉丁殖民地，以此巩固对周边邻国的胜势。最早的殖民地既小又近，比如海边的安提乌姆；后来的殖民地则又远又大，比如阿普利亚的维努西亚，还有后来山内高卢地带的皮亚琴察和克雷莫纳。当时拉丁殖民地的绝大多数定居者都是罗马公民，这也是解释后来数次战争里各殖民地对母邦为何坚韧忠诚的一大关键要素。

作为拉丁同盟最大、最强的成员国，罗马一开始就领先群伦：前493年的一纸条约（其文本在西塞罗时代还称颂于世）可以证实这一点。意大利半岛没有任何别的城邦能在人口规模和领土面积上大于罗马。前323年的人口统计数据显示，16岁以上的罗马男性公民达到了15万人，这已经足够说明问题了。战争媾和这样的重大事项都是由罗马单独决定的，罗马各执政官同时也是军事统帅。前387年之后，罗马重新焕发活力，决心、毅力也都与日俱增。这一切都刺激了心怀不满的拉丁人，他们最终在前340年扯起叛旗，想要与罗马平起平坐。拉丁人输了：前338年，罗马拆散了拉丁同盟，将其中一些较小的城邦并入了罗马国家，同时让一些较大的城邦保留了自治权，其中著名的就有蒂布尔和普雷尼斯特，它们在罗马城的公民权也一体保留。

甚至早在前343年，罗马就已经与富裕城市卡普阿，还有其在坎帕尼亚的附属城镇打造了另一种伙伴关系。为了寻求罗马人的庇护，以对抗群山之中骄横剽悍的萨莫奈人，这些城市的居民都成了罗马公民，不过他们没有投票权，也不能在罗马城出任公职或成为元老。罗马人在他们那里也没有相应的这些权利。这种颇不寻常的联盟关系持续了一个多世纪。最后,和之前的拉丁人一样,坎帕尼亚人因从属地位而生的怒火日渐增长,前216年他们一怒之下加入了入侵者汉尼拔一方的阵营。他们也输了,在一段时间的惩罚期之后,幸存的坎帕尼亚人最后在前188年并入罗马国家,成为普通的罗马公民。此时的罗马已经是环地中海的巨无霸了。

　　罗马在前338年之后继续扩大战争面。之后的七十多年里,罗马几乎与每一个强大的意大利部族都打过仗:埃特鲁里亚人、萨莫奈人、翁布里亚人,还有意大利南方的各希腊城邦——战争总是先有对手挑衅才会打响(这也是罗马坚持的历史传统)。除了其间的几次败仗,比如前321年罗马军队在萨莫奈中伏被迫投降,罗马人打赢了其余所有的战争。李维撰写的《建城以来史》就记述了人数巨大的意大利人被俘为奴的情况,令人难以置信。甚至于前295年萨莫奈人、埃特鲁里亚人、翁布里亚人以及山内高卢人加入的大型联盟也在罗马人面前一败涂地。时至前283年,它们统统被迫成为罗马国家的从属盟国。至此,罗马国家几乎已经主宰了整个半岛。

　　前270年,意大利南部,尤其是人口众多的卢卡尼亚和布鲁提姆两地(还有海岸线上诸多希腊城邦,其中一些已经是罗马盟友了,比如图里伊),也并入了罗马共和国的网络。前280年,仍然强大而且野心勃勃的他林敦城应该是被罗马激怒了,喊来了希腊伊庇鲁斯的"探险家国王"皮洛士来助阵。尽管一开始拿下了几场代价昂贵的"皮洛士式胜利",但皮洛士王还是发现罗马人太过强悍。他在西西里试图与迦太基作战也没能取胜,最后航海返回希腊,弃他林敦于不顾。前272年,他林敦开城向围城的罗马人投降。与其他意大利城邦一样,他林敦也成为匍匐在意大利新霸主之下的恭顺盟友。

罗马人以这一连串称霸意大利的战争为傲。卡米卢斯、帕皮里乌斯·库尔索尔与德西乌斯·穆斯都是前4世纪尤其出众的罗马统帅。奥古斯都大帝后来就在他兴建的大玛尔斯神庙里为这些英雄的将军留出位置,与他自己的祖先一同受人敬拜;在罗马时代的铭文和文学作品中,这些将军也被奉为公民楷模。罗马饶具活力的军事体制也巩固了军事领袖的地位:16到46岁的年龄段中,所有体格健壮的男性公民都要服兵役,他们在严酷的军纪之下组成灵活机动的各个单位:军团。而在这些彼此相似的罗马军事单位之外,同盟国的军队也会在罗马将军的统率下协同作战。因此,随着意大利盟邦数量增长、范围扩大,罗马的军事实力也在增长。

前264年,罗马的领土,也就是"罗马的土地",已经扩张到了半岛的五分之一:从罗马城北面的皮森努姆和萨宾,到埃特鲁里亚南部的大部分地区、拉丁姆的绝大部分地区,再到坎帕尼亚北部地区。意大利其他地区则有拉丁人同盟各族,包括了二十多个拉丁人殖民地;还有其他意大利同盟各族。除宗教团体之外,其他的区域联盟都消失了。不仅罗马的邻国和贸易伙伴对这个空前崛起的半岛霸权萌生了浓厚兴趣,比如迦太基和叙拉古,甚至托勒密埃及(也就是亚历山大帝国分裂之后新成立的三个重要王国之一)也投来好奇的目光。前273年,托勒密二世与罗马共和国互派使团。这次通好意味着,第一次有强大的希腊化国家承认罗马,这对托勒密王国自己后来的命运也有着重大影响。

罗马人并未建立一个所谓的意大利联邦,也没有建立国家联盟。

每个盟国都各自与罗马联结，比如之前的敌国会以条约形式与罗马缔结在一起。但盟国之间不会相互缔约。罗马与盟国之间不存在所谓的代表大会（比如斯巴达旧有的伯罗奔尼撒联盟）。任何敢于私下结伙召开独立会议的盟友，罗马都会予以严厉惩戒，哪怕是拉丁人也不例外。无论是外交关系还是军事行动，罗马都独自决定。盟国不能主动退出。罗马以北的法莱里曾经试图这么做，结果城池被毁，居民统统被迁往更不易防守的低地新址。盟国对罗马负有的主要职责包括陆海军兵役和军需供给。一旦罗马人出海作战，那不勒斯和他林敦这样的沿海城邦还要提供舰船和水手，其他城邦则要供应装备齐全的军队和军需品。具体细节都写在一份清单中，也就是"托加袍穿戴者登记簿"（"托加"是罗马人和意大利人的正式服饰），这份登记簿也会定期修订。

事实证明，罗马这套政治军事架构灵活机动，富有韧性，几乎坚不可摧。盟国得到的好处虽然有限，却是实打实的：意大利本土自相攻伐的战争至此终止，半岛的安全得到巩固，非罗马士兵也在一场场胜仗后拿到了战利品。如果发生了外国侵略事件，比如前240年迦太基人的入侵，还有前229年伊利里亚海盗在亚得里亚海的作乱，意大利商人与罗马商人也会得到罗马军队的照应。意大利各城邦的上层精英，特别是拉丁人，还可与罗马贵族打造紧密的盟好之谊（尽管这种关系往往只是社交上的空架子）。有些盟国贵族还举家迁到罗马，成为罗马统治精英，比如来自图斯库卢姆的福尔维亚家族和后来的波尔奇亚家族，大约来自埃特鲁里亚的里奇尼家族，还有来自萨宾的奥雷里尼家族。

时至前265年，"罗马的土地"已经达到约2.4万平方千米。根据后来罗马作家欧特罗庇厄斯的记载，那一年的人口普查显示，罗马16

岁以上的男性公民已经达到292234人。波里比阿转述的一份前224年人口普查数据显示，罗马人有273000人，拉丁及其他盟邦则有50万人（罗马总人口下降，大概是因为之前与迦太基作战中造成了人员伤亡），这样算下来意大利其他地区的总人口大概就是罗马的两倍。保守估计，上述数据显示前224年的意大利拥有250万到300万居民，此外还有人数未知的奴隶。地中海地区其他主要国家的人口规模与罗马类似，甚至更大，但很少有国家能定期且有效地维持、增强和调动如此庞大的军事力量。

后世的罗马人热衷于将他们的祖先描绘成朴实无华的土地之子，不受奢靡、财富和贸易利益的诱惑。事实并非如此。到前264年，罗马不仅是地中海地区最大的城市之一，而且还住着忙碌不休的商人与手工业者。考古发现也证明，来自罗马及其周边地区的黑釉陶器盛着谷物和油，被运抵迦太基的西西里、北非、高卢南部和西班牙西南部的腓尼基旧城加的斯。波里比阿引用了罗马与迦太基签署的两份条约（希腊语译本），分别可追溯到前509年和前348年，内容就是对商人交易和相关权利的规范。罗马方面的商人比迦太基人受到更多的限制，比如第二份条约就禁止罗马人出海到西班牙南部，迦太基事实上垄断了那里的贸易。到了前3世纪30年代，可能还要再早一些，罗马和迦太基两国商人在亚得里亚海同样忙个不停。

前509年，罗马初期的王政被城市里手握大权的精英阶层推翻，

第一章　前帝国时代的罗马：称霸意大利

这些人也就是所谓的罗马贵族。取而代之的是由选举产生的行政官员。这些官职起初大部分由贵族自己出任,但随着时间的推移,各项官职也(不情不愿地)逐渐向其他罗马公民开放,也就是占据罗马人口绝大多数的平民。同样,已经相当古老的咨询议会——元老院,也开始同时拥有平民成员和贵族成员。到前1世纪扩容之前,元老院已有约300名成员,他们都由任期五年的监察官任命且任职终身,成员从前任行政长官和其他被评定为"品行良好、民之所望"的人中招募(这一条件并不适用罗马贫民)。因此,罗马人也称他们的国家为"元老院与罗马人民",后来简称为"罗马共和国"(SPQR),这个拉丁名称内部的词序很少颠倒。这个国名也标志着罗马人最古老咨询机关的崇高地位。

罗马共和国由每年选举产生的行政长官组成的各个同僚团体和元老院管理。公民组成的各级公民大会负责选举行政长官、颁布法律。不用说,选举权和各级公职都将女性排除在外(除了维斯塔贞女,也就是罗马的女祭司)。罗马的最高权威在于人民,不过人民将这最高权威授予了各级行政长官,各级行政长官再就一切事务求咨元老院。元老院的悠久历史和仪式性地位与罗马本身一样古老,这让它备受尊崇,尽管元老不断暴露出为数众多的缺点,还会偶尔发生犯罪行为。这些也是从古至今罗马和希腊批评家津津乐道之事。元老院可以讨论由地方行政长官提出的任何问题,不论大小,并可以根据提出的建议通过法令(元老院决议)。元老院决议在法律意义上只是咨询性意见,尚需公民在各级大会批准。但到前264年之时,公民大会不批准元老院决议的事情就已经非常罕见了(尽管并非闻所未闻)。

元老院依靠协商一致来运转。随着辩论深入进行，舆论天平会朝着最具说服力的意见倾斜，或是向着最具身份和影响力的那些发言者的说法靠拢，又或是倾向于那些现任行政长官强烈支持的主张。年资主宰了元老院，曾经出任过执政官的人会成为最具权威的人：罗马国家声望最大的人被称为领袖，他们几乎全是前任的执政官。元老院并不总是意见一致：比如在前264年，元老院就在西西里岛的麦萨拿向罗马求援的议题上陷入了僵局，执政官不得不将问题抛给公民。不过，僵局还是少见的。

一年一选的罗马行政长官制度经过数百年演化，形成了复杂的等级制。两名执政官居于这个体系的顶端，他们手握权力，也就是统率全国的权力。这是一个预示着广阔未来的词语和概念，无论民事还是军事皆然。两名执政官统率全国主要军队，要同元老院和公民大会协作处理国家重大事务。从前326年开始，如果元老院通过裁决，正在作战的执政官可将他的权力延长一年（或者更长时间），成为所谓的资深执政官，也就是俗称的"行省总督"：随着罗马帝国的扩张，这类资深执政官也愈加普遍化，但其权力往往要隶属于邻近的执政官。

前367年，罗马设立了另一种行政官职也就是裁判官。裁判官手握的权力略小一些，负责处理司法事务，但也可以在需要的时候指挥军队（小型军事力量）。此外，最具权势的行政官员就是十位平民保民官，他们最早出现在前5世纪，由罗马平民选举产生，功能是在罗马贵族精英面前保护平民的权利与利益。保民官在任期间，人身神圣不可侵犯，如果他遭遇暴力，任何公民都可以将袭击者格杀勿论。保民官有权否决任何行政官员（哪怕是另一位保民官）、元老院甚至是公民大会的动议，如果他认为这些动议并不妥当。幸运的是，保民官并不经常行使这项权力。历任保民官都与选举他们的机构，也就是平民大会咨商，也可向会议提交决议案。当然，平民大会只向罗马平民开放。前287年，罗马平民取得了一次重大胜利：该年通过了一条法律，有效赋予了平民大会所作决议与公民大会所颁法律相同的约束力。保民官也适时赢得了召集元老院会议并向其咨询的权力。尽管实际上，保民官本身也常常来自那些殷实之家或是精英家族，但他们长期以来扮演着监察者的角色，坚持不懈地与既得利益作对。比如说，他们会提议将国家拥有的大片土地分给贫穷的公民，或是提升普通公民的公民权利。

罗马平民身份并不意味着贫穷，这仅仅意味着他不是贵族罢了。平民领袖可以和罗马贵族一样有钱。因此，保民官很早就成为平民领袖公职生涯的常规阶段，平民出身的执政官几乎都在早年担任过保民官。前287年以后，罗马平民的法律地位要远胜于昔，富有平民无论在政界还是民间都已成为统治精英的一员，尽管人数不多（且在持续衰减）的各大世家贵族仍然拥有与其人数不成比例的影响力和胜选率。虽然早在前4世纪中叶就出现了第一个出任执政官的平民，但直到前171年罗马才第一次有了两名执政官都是平民的盛况，这种场景即使到了后来仍颇为罕见。

罗马人每五年都会选出两名任期18个月的监察官，负责详加审定罗马国家的国情。监察官评估元老院的成员资格和各成员的表现（行为不端的成员会被逐出元老院），并对全体公民进行普查，将他们的收入、财产状况还有人口数量登记造册，根据普查数据征税，还有其他公民应缴的捐纳。监察官也会组织必要的公共工程，包括神庙、道路、防御工事、排水系统、下水管道。

最后还有一种官职值得一提：如果出现任何让执政官左右为难的紧急军情，或是执政官抽不开身来主持选举这种大事的时候，经某执政官提名、元老院授权产生的独裁官就会拥有无上的权力。独裁官会选任一名副官做他的骑士统领。独裁官制度实际上是古罗马王政的短暂复辟，它也在罗马共和国最后的岁月里高歌猛进，为新的君主制指明道路。

16岁以上的罗马男性拥有投票权，行使投票权的场合包括相当复杂多元的各级政治会议，其中最为古老的那些会议在奥古斯都时代已是徒具形式的老古董。相较而言，自罗马建城以来，最早的陆上军事力量"罗马军团"就一直在城外的战神广场列队操练，准备战争，军团也成为罗马最重要的投票会议：百人团大会。大会依照军团的基本单位百人团来组织。历史上，这个会议的193个百人团是极不平等的。整个大会体系分成五种主要"等级"，还额外另设几个百人团：著名的18个百人团由元老和其他一些富裕公民组成，这些公民希望参军做骑兵，也就是所谓的骑兵团。全部百人团里差不多有一半（至少88个）都是监察官评定的富裕公民等级，至于那些没有任何土地财产的罗马人则被编入一个单独的百人团，这些人在西塞罗的时代占到罗马总人口的一半。每个百人团都有一票，由在场的多数成员决出。选举或是立法程序中，如果百人团票数过半的话，投票就会停止。因此，低等级百人团的选票很少有机会能进入点票程序（即使曾经发生，也只是寥寥几次）。

第二种议会就是部落大会，其基本单位取决于"罗马的土地"中的行政区，也就是部落。前241年罗马共有35个部落，之后新并入罗马的地区都会被归入现存的各部落。每个部落都视为一个投票单位，但各部落之间并无地位高低之别，每次投票的次序都由抽签产生（抽签乃是众神的意旨）。这两大会议负责选举罗马各行政官员：百人团大会选择执政官、裁判官和监察官；部落大会选举次要官员，特别是掌管罗马国库的财务官，还有负责管理神庙、市集和街道这些公共设施的营造官。百人团大会和部落大会都能颁布（或是驳回）资深行政官员或是部落呈递的法律，百人团大会甚至可以承担法庭功能。

不过若是将这两大大会都视为罗马人的声音的话，那么这声音可谓颇为受限。无论在结构设计还是实践运作上，罗马人中的富裕阶层都更为受惠。这一点不仅在百人团大会的权重设置上显而易见，在部落大会中也一望而知。所有生活在罗马城里的公民合起来仅仅登记为4个"城市"部落，这也意味着生活在31个"乡间"部落里的罗马人（其中有些离罗马城颇为遥远）若是想投票的话，就得花时间和金钱跑到罗马城再回去。部落大会与百人团大会一样，都是在票数过半的时候立即停止投票。那些根据抽签结果先行投票的部落做出的决定，往往就会被后面投票的部落照抄下来。因此，如果有17个部落都同意的话，票决就通过了。无论是百人团大会还是部落大会，公民都只能就召开大会的行政官员提出的议案进行辩论。同样，这名行政官员也将决定谁可以就此议题发言（如果有人想发言）；投票人也不能提出修正案。各个部落自己组织的平民大会也会依循相似的程序。

罗马人并不觉得这有何矛盾之处：以适当形式召集起来的投票者往往被认为是全体罗马人的声音，哪怕其实往往只有一小部分罗马人行使了投票权。这套复杂的政治体系之所以运转良好，正是所有罗马人的意愿所致。他们乐于索取，也同样乐于舍弃，对一些非常手段也愿意忍受（这一点同样重要）。比如说前217年"拖延者费边"对付汉尼拔时的独裁官职位；还有前210年，罗马人选择一位年轻的元老（大西庇阿，后来成为"阿非利加征服者"），将罗马从西班牙的灾难性惨败中拯救出来。

同样，罗马人也不反对温和的革新。裁判官的人数在前241年增加到了两个人，前197年攀升到六人，以便处理日渐增长的司法案件、战事和行省事务；营造官和财务官的人数也随着时间推移而增多。像是大西庇阿这样的前任营造官可以以资深执政官的身份获得权力，并且行使权力数年之久。前149年，某个部落改革了一项法律程序，起诉行省总督的暴政，需要元老在特别法庭上担纲陪审员之职。变革与改革在罗马共和国的最后一百年里屡见不鲜，尽管这些改变并不总能成功。

元老院行使它的威望，也就是道德权威。这种威望不仅仅基于元老院成员的个人声名，也仰赖其宗教角色。元老院乃是国事占卜的终极守护者，有权通过迹象和征兆了解天命，只有行政官员在任时才有这种权力。单个的罗马人则行使社会性威望，与之相应的是尊荣，也就是一个罗马人从同时代罗马人那里博得的尊敬，这也定义了一个罗马人如何看待自己。公民越是声名显赫，他的威望和尊荣越是水涨船高。对某个雄心勃勃的罗马人而言，保有尊荣几乎就是一道字面意义上的"生死题"：前49年，资深执政官恺撒面临政敌威胁时，选择渡过卢比孔河争夺权力，就是因为自己的尊荣要胜过生命（他本人这样写道）。

对罗马人而言，想要取得并扩大自己的威望和尊荣，与出身和财富相比，公职也同等重要，有时更甚。出任最高级别的行政官职，尤其是执政官和主要神职——尤其是大祭司和占卜者，会带来至高的尊荣和威望。罗马不设专职的神职人员，只有极少数的神职人员不能兼任常规公职。战争中的军功会带来无价的附加价值，也就是所谓的军事荣誉；如果士兵选择荣崇自己的将军，那么这位将军就能博得荣誉性的头衔"凯旋将军"。在罗马执政官或是资深执政官的一生里，称得上高光的日子就要数他率领军队归国之时在罗马城举行的凯旋式了。这是一场兼具宗教和军事意义的游行仪式，意在炫示战争中取得的财富和战俘，并在凯旋式结束后予以分配。有些战利品会献祭给朱庇特等诸神，有些则会转入罗马国库，剩下的则在凯旋将军、手下军官和（至少是）麾下士兵那里分配。

贵族家庭和平民家庭里的头面人物会拥有非正式的称呼"显贵"，或是统称为"显贵们"，他们的家族也会因为曾出执政官、独裁官和凯旋将军而熠熠生辉。投票者会特别关照显贵。当然，不具显贵家世但是精力充沛且富有人望的人也可以谋得执政官职位，并在历史上留下浓重的印记：前2世纪初的监察官老加图，前1世纪的盖尤斯·马略和西塞罗，这些只是罗马人认定的一长串新人中最值得一提的几个。政治上的成功需要个人的奋斗，并不是所有雄心壮志者都能博取执政官的高位，不论是显贵子弟还是初来乍到者，比如大西庇阿患病的儿子，或恺撒的父亲。家族世系如果连续几代都没有人出任资深公职的话（尤其是执政官），这个家族的地位就会衰落下去，比如尤利（恺撒的姓氏）家族在3世纪和4世纪的遭遇就是如此。

  政治声望和社会声望都源于人际关系网，也依赖其加持。这些关系网将地位大致相同的人连接在一起，也将领袖与人民、本邦与外邦、高等级与低等级的人连接在一起。罗马人的公共生活不可避免地成为一种人际关系的忙碌运转。随着罗马帝国将更多的行省和附属国纳入其中，大把的新机会也带来了相应的财富和声望，人际网络变得越来越重要，其回报也越来越大。前150年的罗马贵族，如"迦太基毁灭者"小西庇阿（大西庇阿之孙），已经可以将一座座城邦、一块块地区乃至一个个行省和一位又一位国王纳入他们的恩贡体系之中。从前2世纪30年代开始，罗马内部的政治斗争尖锐起来，广土众民的帝国疆域以其宽阔无垠的资源造就了诸多"领袖"，他们也将给罗马国家本身的命运带来前所未有的冲击。

第二章

地中海霸权与第一批罗马行省

据说，伊庇鲁斯的皮洛士在前276年离开西西里岛的时候感叹说："我们竟给罗马人和迦太基人留下了如此角力之场！"话音刚落，角力就开始了。前270年，罗马的统治范围已经涵盖从山内高卢的边缘到意大利半岛的"靴底脚尖"。没有任何明显理由表明这些边界会限制罗马的扩张，甚至希腊化的东方诸国也都注意到了半岛上的这个新霸主：如前所述，前273年，托勒密二世就曾批准与罗马的友好条约，这番姿态可谓惠而不费。因为这样一来，罗马人就更有可能挥军向北攻入山内高卢，毕竟在最近的前3世纪80年代，他们就已经和高卢人打起来了。彼时的高卢人也是埃特鲁里亚诸城邦的盟友，他们联合起来对抗罗马霸权。但是，新的事态还是让罗马掉头向南了。

前264年，罗马和迦太基（西西里岛西部的霸主）都卷入了支援麦萨拿的战事之中。这是一座正对着意大利半岛"脚尖"的西西里城市。彼时占据麦萨拿的是坎帕尼亚地区的马麦丁人，他们正面临被叙拉古人毁灭的危险。之后发生了一系列匪夷所思的事件：迦太基先是出兵帮助麦萨拿击退了叙拉古人的进攻，接着却又掉转枪口跑到叙拉古人一边攻打麦萨拿。罗马则一以贯之地帮助马麦丁人，先后同叙拉古人和迦太基人开战。布匿战争因是爆发（这场战争也被称为迦太基战争）。

尽管波里比阿等绝大多数古代作家都谴责迦太基，认为是他们的好战成性给意大利制造了危险（一些现代历史学家也接受了这一说法），但是今天更多人接受的观点是，罗马才是侵略者。罗马人眼红布匿人（也就是迦太基人）的赃物，热衷于领土扩张，成功的指挥官可能赢得的军事荣誉就更不必说了。前3世纪西西里历史学家腓力努斯就持此论。他的著作虽然失传，但一个世纪之后的波里比阿却在书里记述并驳斥了他的观点。照波里比阿的说法,战争起因就是罗马畏惧迦太基的扩张主义,罗马民众也渴望"巨大而明确的回报"(战利品),来补偿他们过往的艰辛岁月。

前264年的一连串历史事件更加微妙。一开始,援救麦萨拿的罗马执政官试图与围困该城的叙拉古人和迦太基人谈判言和。议和失败后,执政官成功渡过海峡,击退了两路敌军,然后集中精力攻略叙拉古。尽管围攻行动失败,但两名执政官还是继续施压,终于在前263年迫使叙拉古的希伦王在没有迦太基外援的情况下向罗马乞和,半数罗马士兵也随即打道回府。现在轮到迦太基人下定决心正面对抗罗马人了,不出所料,罗马人增兵重来。前262年,这场战争最终升级为布匿战争。前264年到前263年,一连串战事无不强烈暗示:叙拉古才是最初进入罗马视线的那个敌人。

西西里和意大利南部的霸主叙拉古,在希伦王的治下迎来了前3世纪80年代的复兴,尽管这次复兴的规模要逊色一些。罗马直至叙拉古复兴的前十年才将包括希腊殖民城邦在内的意大利南部地区纳入自身的霸权范围,此时罗马面临的最显著外部威胁肯定是叙拉古而非迦太基。而且曾有报告指出,普通罗马人指望通过援助麦萨拿获取巨额回报。这也表明,与隔海相望的非洲迦太基相比,富饶的叙拉古是个相对容易的目标。前264年的罗马不仅没有海上舰队,也没有打造一支舰队的打算,直到前262年。同样,照波里比阿的说法,罗马也正是在前262年才最终决定将迦太基人逐出他们在西西里的领土。前264年打响的战争在前262年之后剧烈转变,成为规模远胜于前的大战,这无疑让后来的罗马人坚信,他们的先人从一开始就决心与迦太基人交锋（只有少数人不这么想）。此外，布匿战争也让西西里成为罗马在半岛以外的第一块领土。事实上，落到这座岛屿头上的奇妙命运，可以说是一场与不速之敌进行的意外之战造成的。

◇◆◇

直至前100年左右，行省还并不用来表示领土范围，而是元老院分派给新任行政官员的民事或军事责任。鉴于行省会牵涉战区，所以这个单词也增加了领土的意味。不过，前241年罗马人对西西里这块新领土的称呼并未见诸史籍（希伦那个已是同盟的国家不算）。包括帕诺尔穆斯和塞里努斯这些曾是迦太基治下领土的西西里城邦，在罗马人来了之后仍然保持自治地位，少数像麦萨拿（另一个正式盟国）和塞杰斯塔（据称和罗马一样有特洛伊血统）这样的城邦也享有特别的自治特权。余下的城邦最终也被冠以不甚精确但又礼貌备至的名称——同盟者，这批同盟者会在罗马需要的时候服从命令，向罗马提供资金装备，比如在前225年山内高卢大军入侵意大利的时候。但西西里同盟者的这一义务直至前210年才得以规范化，当时罗马与汉尼拔的大战将整个西西里岛都拖下了水。即便是定期派驻的总督（以新的一年一任的裁判官面貌出现），也直至前228年才开始到西西里上任。

撒丁岛和科西嘉岛也是如此。罗马在前237年迫使迦太基人割让两岛，还附加了一大笔金钱（1000希腊塔兰同）。正如波里比阿强调的，这种领土吞并毫无道德合法性；之后的罗马传说都声称两岛是迦太基出让的，这种说法没什么好处，毕竟是编造的。对于前237年事件最有可能的解释是，迦太基刚刚镇压了非洲臣民的一场大型叛乱，正在重新整合军事力量，这引发了罗马方面毫无根据的怀疑：撒丁岛会成为迦太基人重夺西西里的前沿基地。占领撒丁岛和科西嘉岛之后，罗马人对两岛的实际统治甚至还要弱于西西里岛。从前228年以来，两岛总督——裁判官，有时是执政官——都只占据沿海的城市和领土，并且不时与好战的内陆岛民兵戈相向。至少这也给历任执政官博得了一个获得军事荣誉的机会。

尽管前3世纪的最后二十年是令人痛苦的第二次布匿战争，不过，重新与迦太基人开战远远不在前3世纪30年代和20年代罗马人的议事日程之中。山内高卢是一大顾虑：一如前文所述，那里的高卢各族在前225年挥兵侵入了意大利半岛。罗马人击败了他们，之后在前225年到前221年，一连几名罗马执政官都率军跨越山内高卢地区，一路向前直抵亚得里亚海北岸的伊斯特利亚地区，弹压当地好战的部族，这些部族正在侵扰罗马的非高卢人盟友维涅第人。甚至在更早的时候，亚得里亚海周边的低地地区就已经是罗马的另一个目标了。阿迪亚伊是一个凶悍而且剽掠成性的伊利里亚部族，他们不但劫掠邻近的希腊城邦，比如埃皮达姆努斯和克基拉，还出兵侵扰意大利商船。前229年，罗马两名执政官率领一支强盛的陆海军出征，遏制了阿迪亚伊的侵略势头，还在法罗斯岛安插了一名友好的希腊领袖——德米特里厄斯。此人也成为阿迪亚伊的实际统治者。但十年之后，德米特里厄斯继承了伊利里亚历代先祖的遗风，唆使本族人发动了更多、更久的袭扰，甚至远抵爱琴海。前219年，罗马执政官统领另一支大型舰队除掉了德米特里厄斯,此举赢得了不少希腊城邦的鼓掌喝彩,尽管其中并不包括马其顿王,也就是该地区的传统霸主。

令人震惊的是,罗马通过山内高卢战役吞并了这一地区,虽然管理尚且松散。而与之相对,罗马人对亚得里亚海两岸横加干涉,却并没有吞并这些地方。罗马人让顺从的领导人管理近年战败的城邦,指望他们不要再惹麻烦。对于迦太基,罗马也有类似感触,该国时不时就会带来焦虑:在前225年高卢人出兵疑云酝酿之时,罗马军队却开往西西里和撒丁岛(这显然不是为了防备高卢人的攻击)。不过,罗马人显得并不担心迦太基将军在西班牙大片富饶领土上的扩张行动(包括汉尼拔)。在前237年到前220年间,迦太基人征服了西班牙。

事情在汉尼拔到来之后变得不一样,这位前221年上任的迦太基新任领袖在第二年拒绝了罗马人的要求,没有停止在西班牙的实质扩张。为了展现他本人以及迦太基的对抗之意,汉尼拔在前219年出兵袭击并洗劫了萨贡托,一座与罗马交好的沿海小城。这就给罗马再一次发动布匿战争带来了借口——新的布匿战争并不是事先筹划的,这与之前的战争情形也差不多。前219年,汉尼拔有好几个月都陷入萨贡托攻城战的泥潭,这座城市也是罗马军介入的靶子(罗马人有一支庞大的海军)。不过此时此刻,罗马人选择先弹压一个弱一些的挑战者,法罗斯的德米特里厄斯。尽管如此,迦太基对萨贡托的洗劫还是对罗马尊荣和威望造成了打击,希腊世界也将这一切都看在眼里。前218年春天刚到,一个罗马使团就将宣战书送到了迦太基。

之后发生的事情却与罗马人的预期截然相反,这场大型冲突几乎摧毁了罗马。前218年到前216年,汉尼拔在意大利取得了节节胜利,给罗马人在意大利的霸权打开了一道道切口，许多中部南部的同盟者都倒向了迦太基一边，甚至连罗马的坎帕尼亚公民也不例外。马其顿王腓力五世认定，这是他效法叙拉古与迦太基联合的绝好机会（叙拉古忠诚的希伦王死于前215年）。不过，尽管罗马共和国几乎已经土崩瓦解，但还是重整旗鼓，在前212年攻下了叙拉古，在前211年再占坎帕尼亚的卡普阿，将腓力军队压制在伊利里亚。前210年罗马人也找到了他们自己的汉尼拔，年轻的大西庇阿。前206年，大西庇阿将迦太基军队赶出了西班牙；前204年，大西庇阿以资深执政官的身份挥军直入北非，并在前202年的扎马之战中击溃了汉尼拔的军队，终结了迦太基的大国地位。

前201年的和约规定，迦太基保留他们的非洲领土，但是"布匿西班牙"却要割让给罗马。从此，迦太基也不再拥有任何独立的外交政策。西面的努米底亚各族至此也联合起来，归于亲罗马的国王马西尼萨的统治之下。虽说腓力五世早在前205年就同意了这份妥协性的合约，但这并未让他从罗马人的深仇积怨中解脱。罗马共和国付出了巨大的生命代价、物质毁灭和金钱损失，至此终于成为地中海西部地区的霸主。

罗马人的一大当务之急就是重新控制山内高卢，那里的部族早在前218年就叛投到了汉尼拔一边。前200年到前191年，罗马人对高卢各族发动了一连串新战役，以此巩固了他们在波河流域皮亚琴察和克雷莫纳的拉丁殖民地（这些殖民地最初建立于汉尼拔入侵之前），修建了横穿山内高卢平原的条条大道,其中意义最为重大的要数从亚得里亚海岸阿里米努姆到皮亚琴察的艾米利亚大道,这个地区至今还叫艾米利亚。被击败的高卢人遭受了严厉处置,他们大部分土地都被没收,作为拉丁人和罗马人新的殖民地,包括帕尔马、穆提纳(摩德纳)和波诺尼亚(博洛尼亚)。这些殖民地散布波河南岸,条条大道上都有小型的市镇中心。前173年,罗马将土地分到罗马公民和拉丁人的个人手中。结果到前150年为止,绝大多数曾属高卢的土地都落入了罗马人和意大利人之手。而在亚得里亚海北岸、忠诚的维涅第人以东地区,一个新的拉丁殖民地阿奎莱亚在前181年建立起来,为的就是击退那一方向的外敌入侵(阿奎莱亚人刚刚击退了一支移民而来的山外高卢部族),尽管东面的伊斯特利亚人依然保持独立。除了亚得里亚海北岸的拉丁殖民地阿奎莱亚,波河以北的罗马正式定居点仍然寥寥可数,不过,山内高卢变成意大利实际领土的进程还是开启了。波河流域各族继续与新来的半岛人通婚,经济活力和人口规模显著增加,也打造了历史上影响深远的文化。

伊比利亚半岛也发生了同样的事情。罗马的新领土不但从地中海沿岸的比利牛斯山脉一直延伸到大西洋沿岸的塔古斯河口,也或深或浅延伸进内陆地区,特别是埃布罗河与巴埃提斯河(瓜达尔基维尔河)流域。前197年,裁判官取代了特设总督,任期一年,共设两名,一名治理地中海沿岸地区,这里被简单命名为"内西班牙",另一名则治理南面和西面的"外西班牙"。两人辖区的分界线就在新迦太基城西侧,这座城市是迦太基人在前228年修建的。

西班牙人对他们的新统治者并不认同,全境范围的叛乱在前197

年爆发，这让老加图（后来的监察官）不得不在前195年以执政官的身份衔命出征。尽管老加图本人高声夸饰他的成功，这场战争还是拖了好几年才真正结束。一些西班牙行省之外的凯尔特伊比利亚人和露西塔尼亚人也被拖进战争，整个前2世纪80年代，这些自由民都在和罗马裁判官反复作战。历任裁判官都宣称自己取得了收服外族的光荣胜利，但是这些辉煌战果并未伤及西班牙人的作战力量。直至前179年至前178年间，一对称职的裁判官才真正实现和平，他们是提比略·塞姆普罗尼乌斯·格拉古和卢修斯·波斯图米乌斯·阿尔比努斯。二人与西班牙自由民签署了合理的条约，也提升了对西班牙的管治水平，至少从罗马人角度而言。

罗马带给西班牙更积极的贡献是兴建起一座座城市，其中不少新城都在后世扬名。前206年，大西庇阿为安置罗马和意大利的退役老兵，在巴埃提斯河中游修建一座山丘小城，还取了一个意味深长的名字：意大利卡。格拉古也在埃布罗河中游河谷建立了一个城镇，安置忠于罗马的西班牙人，他谨慎地将其命名为"格拉库里斯"。几年之后，前171年西班牙的新事态引起了罗马人的注意：罗马士兵与西班牙女人的4000名私生子向元老院请愿，要求建立一座属于他们的城市。元老院将喀提亚（临近直布罗陀海峡）赐给他们，让这些人与当地居民一同生活。令人惊异的是，这里成了一块拉丁殖民地：这是意大利之外的第一块拉丁殖民地，也为后来的殖民地提供了先例。大概在前151年，另一名执政官克劳狄乌斯·马尔凯鲁斯在西班牙供职时，建立了一个罗马人（无疑就是意大利人）和西班牙人混合的政治实体，地址位于巴埃提斯河中游的重要渡口，名为科尔多瓦。下一波露西塔尼亚战争在前138年尘埃落定，执政官尤尼乌斯·布鲁图斯纠合了卸下武器而又渴望土地的露西塔尼亚人——或者从另一个角度而言，也是他自己手下的一批退伍老兵——在萨贡托以南的伊比利亚半岛东海岸建立了一个定居点，并命名为瓦伦西亚。仅仅十五年之后，另一名执政官卡埃西里乌斯·梅特鲁斯找到了足够多的罗马人，用这3000名定居者在新征服的巴利阿里群岛里的马略卡建立了两个殖民地，分别是帕尔马和波伦蒂亚。

◇◆◇

希腊政治家阿格拉乌斯在前217年的一次外交会议上警告说，不论哪一方赢得汉尼拔战争，"西边笼罩的阴云"都会给希腊带来危险。他的预言以惊人的速度变为现实。从前200年到前197年，罗马仅用三年时间就在一场新的战争中打败了马其顿，摧毁了该国对希腊和爱琴海的霸权。乘胜追击的罗马还击溃了东方希腊化世界的最强国家，从爱琴海延伸到印度河的塞琉古王国。该国雄心勃勃的国王安条克三世一度希望取代马其顿成为希腊化世界的霸主。然而，这场"罗马战争"也只打了区区三年多（前192年到前188年）而已，一败涂地的安条克三世丢掉了小亚细亚。尽管马其顿与塞琉古两大王国在此后仍然野心勃勃，但是地中海东部地区的霸权还是骤然落入了西方新来者的手心。

为什么罗马刚刚打赢耗损国力的迦太基战争，就可以如此迅速地挥兵东进？时至今日，人们仍在为这个问题争辩不休。第一种解释是，这是罗马出于"感情用事"发动的保卫战，保护那些令人尊敬的希腊城邦（比如雅典，还有已经衰弱不堪的埃及），因为贪婪成性的马其顿和塞琉古诸王已经盯上了这些城邦。罗马也担心这两大王国会对意大利发动入侵，因此在当时不得不先发制人，这种说法在今天仍然有不少支持者（主要是罗马人）。第二种解释则有所不同：人们普遍认为，罗马人对抢劫掠夺的贪恋、对成就军功的渴望、对其他大国的支配，无疑才是最大的动机。第三种解释则认为，罗马共和国的出手是为了重新安定千疮百孔的希腊化世界，抵抗马其顿和塞琉古残暴野蛮的扩张主义，尤其是受创尤甚的埃及，以及帕加马和雅典这些小城邦。罗马人在这两场战争中赢得了海量的战利品和金钱，特别是安条克三世给他们的巨额战争赔款（15000塔兰同，30年还清）。没有几个罗马军事统帅可以拥有比肩大西庇阿的凯旋式，可圈可点的要数昆克修斯·弗拉米尼努斯。前197年，他在库诺斯克法莱战役中取得胜利，也给马其顿战争画上了句号。

另一方面，这些战争都是在亚得里亚海的对岸进行的。换句话说，意大利本土基本没有遭受攻击。事实上，此时流亡的汉尼拔曾向安条克朝廷建议，直接进攻意大利本土，但是他的建议却被礼貌地忽视了。战利品的诱惑也不足以说服师老兵疲的罗马人在前200年投票支持进攻腓力的战争，直到执政官加尔巴（夸大其词地）警告说，罗马正面临马其顿入侵的危险，罗马人才同意战争。而在这次与安条克达成和议之后（前197年），罗马又有十七年时间没在东方发动战争，即便数十名执政官、数千名士兵和军官为了新的战利品、为了战争胜利和军事荣誉，已经想好了各种发动战争的借口。

前188年，希腊化世界的确重新恢复了和平，但已经不是之前马其顿、塞琉古与埃及三足鼎立的格局了。前196年7月，弗拉米尼努斯在科林斯的宣言让整个希腊世界都喜出望外，他宣读了元老院的敕令：现在所有希腊人都从霸权中得到解放，甚至连以刻薄著称的波里比阿也希望相信这套说辞。事实上，罗马对待希腊人的自由犹如一次性用品——前193年，罗马就将这份自由转让给了安条克，同意他继续统治小亚细亚上的希腊人，条件是安条克的势力要远离东欧。同时，罗马与安条克的战争也让马其顿的腓力五世极表恭顺，他为了向罗马示好也放弃了自己在希腊的征服成果。希腊化世界的其他国家，如埃及、中等体量的帕加马和罗得岛、希腊本土的亚该亚联盟，也都自然而然地视罗马为它们的新霸主。他们派出一队队使团，背负请愿和抱怨——主要是针对其他希腊城邦——定期出使意大利；作为回应，罗马大使也间歇性地前往希腊和爱琴海，调查情况，聆听申诉，偶尔还做出裁决。

◇◆◇

很难想象，在公元前200年和之后一段时间里，大西庇阿、弗拉米尼努斯、令人畏惧的加图，每个执政官的敏锐和洞察都不输给任何一个希腊政治家，他们都指望从罗马东征的胜利中取得别的成果。如果击败强大的君主国、掠取战利品和赔款之后，完全撤出这些新占领的土地，东方世界就会回到原先四分五裂的状态，那样无疑会贻祸后世，更不用说还浪费了罗马连年作战付出的大量人力、物力。罗马也没有选择撤离东方，仅仅守住亚得里亚海岸。进攻马其顿和塞琉古实际上是个既富有效率又清醒理智的决策，可以将罗马的军事政治影响力伸入希腊化世界；当然，是按照罗马人的条款。

但这也只是影响而已，并不是直接控制。前194年和前188年，罗马军队都在打了胜仗之后打道回府。亲罗马的帕加马王国大大扩张了领土，版图一直向东延伸到小亚细亚的加拉太。还有另一个盟友罗得岛，他们帮助罗马对抗安条克，得到了邻近大陆上价值连城的耕地（包括其他几座希腊城邦）。伯罗奔尼撒半岛上的亚该亚联盟囊括了斯巴达、迈锡尼及其他邻国（大概都是不情不愿的），实质上控制了整个希腊世界。罗马人希望这些国家都能老老实实地待着，毫无出兵干涉的欲望。亚该亚人（希腊人）、斯巴达人和其他伯罗奔尼撒城邦反复遣使到罗马，捍卫或谴责亚该亚对该地区的霸权。这些说辞根本就没引起罗马人多大的兴趣，更不用说同情了。罗马人不但没有阻止腓力五世及其后继者珀尔塞乌斯重建马其顿的财政军事力量，也对珀尔塞乌斯私下里与希腊城邦和塞琉古王国改善关系的举动视若无睹。情况一直到前172年才有改变，帕加马的欧迈尼斯终于激起了罗马人充分的怀疑和怒火，促使他们对马其顿采取行动。

第三次马其顿战争（前171年至前168年）对这个古代王国而言堪称是一场彻头彻尾的灾难，结局大概从一开始就已经注定了。珀尔塞乌斯希望靠着早期的小胜开启谈判，但遭到了回绝。前168年，执政官阿米里乌斯·帕乌鲁斯在奥林匹亚山附近的皮德纳击溃了珀尔塞乌斯的军队，珀尔塞乌斯本人也遭废黜。马其顿被一分为四，成为四个小共和国，之间的一切联系都被禁止。他们也要向罗马人缴纳一年一度的赋税。这次的战利品实在太过惊人，以至于罗马对自己公民征收的唯一一种直接税——摊税——也废除了。

这场战争显示，罗马已经从前196年那个看似无私的解放者，变成一个令人不安的统治者。残酷的苛政与刻骨的怨恨在罗马的统治范围内弥漫着，一些罗马人的盟友甚至被洗劫奴役，比如优卑亚岛上的卡尔基斯。为了惩罚伊庇鲁斯对马其顿的同情与支持，阿米里乌斯·帕乌鲁斯在前167年洗劫了这里的70座城市，并将15万伊庇鲁斯男女老少掠夺为奴。帕加马的欧迈尼斯曾在战争末期试图居中斡旋调停，他勉强避免了珀尔塞乌斯的命运，也不像罗得岛人那样等来了一纸宣战声明。监察官加图的华丽言辞救了帕加马，但是罗马出手将临近雅典的神圣岛屿提洛斯变成了自由港，这几乎摧毁了罗得岛的主要收入来源——港口商税。亚该亚人不得不将1000名被怀疑是亲马其顿或是同情马其顿的中间派公民送到意大利囚禁；时至前150年，1000人中只有300人得以回归家园。荒谬的是，其中一人正是波里比阿，他与罗马贵族（比如大西庇阿之孙小西庇阿）之间的友情帮助他改写了自己的命运，也让他成为罗马人品质的代表和政府的毕生仰慕者，尽管并不完全是不加批评地无脑鼓吹。

即便在前168年解救老朋友埃及免于塞琉古征服的行动中，罗马也展现了其新性情。"罗马人的朋友"安条克四世（像波里比阿一样）也是罗马制度的仰慕者，但他却在元老院的最后通牒面前认输投降：远道而来的罗马代理人波比利乌斯·拉埃纳斯在亚历山大里亚城郊的厄琉息斯向安条克四世呈交了元老院的敕令，要求他的塞琉古军队撤出埃及。波比利乌斯用藤杖在安条克四世四周的沙地上画了一个圆圈，逼迫这位犹豫的国王在双脚迈出圆圈之前做出答复。两人都知道马其顿王国已经灭亡，但是"厄琉息斯之日"实在是一次不必要的差辱。

更糟糕的是，这次羞辱事件让塞琉古王国进一步衰亡，也给罗马本身的未来带来了深远影响。

面对罗马这个暴躁的霸主，其他国王选择了低声下气，比提尼亚的普卢西亚斯就是一例。素来与欧迈尼斯为敌的普卢西亚斯这次在罗马大使面前打扮成了被解放的奴隶模样，然后又亲自跑到罗马，在元老院跪地效忠，称呼那些令人生憎的元老为"救世众神"——这是希腊化国王常用的谀辞。努米底亚的马西尼萨则将儿子送到罗马，向元老院保证他的国家是罗马人的王国，而他本人只是一个守土官长。前155年左右，欧迈尼斯继承人阿塔鲁斯二世留下的一封信显示，帕加马放弃了与加拉太人开战的诱人计划，只因一名聪明过人的皇室大臣提醒大家，开战势必让罗马人有理由大做文章，利用他们长期以来对帕加马王国的憎恨生出事端。

但与之前一样，罗马的霸权仍然是间接的，对外政策也是阴晴不定。每次插手的时候，罗马通常会派出代理人，或是借助一两个当地盟友来代理。前2世纪50年代，暴躁不安的普卢西亚斯与帕加马大打出手，为了阻止这场战争，罗马派出了一系列外交使团，未果后又从帕加马、罗得岛等盟友那里调集了士兵和舰船。对于前2世纪60年代到40年代东来的各个罗马使团，好战的埃及兄弟托勒密六世和托勒密八世并没有放在心上。而在西面，罗马也在西班牙以外的地方偶尔进行军事干涉：前156年，罗马正式出兵远征伊利里亚以北的达尔马提亚，起因是达尔马提亚人出兵侵扰罗马的亚得里亚海沿岸盟友，也威胁了罗马使团的安全。但波里比阿证实，元老院的真实动机其实是一种恐惧，唯恐长期和平的时光会消磨意大利人的好战习性。两年之后，一名罗马执政官出兵从侵略成性的利古里亚人手中解救了罗马的老牌盟友马西利亚,也让其他山内高卢地区的沿海希腊殖民地免受侵扰。然而,这两场战争都没有维持很久,也不牵涉领土合并,尽管山内高卢对罗马与西班牙之间的联结非常重要。但即便是在西班牙,罗马驻军与自由西班牙人之间的冲突也寥寥无几,直到前154年至前153年间一系列新的战争才改变了这种局面;但这些战事也在前2世纪30年代中止了,罗马也并未再有新的领土扩张。四分之一个世纪以来,历任罗马执政官、裁判官与后备士兵错过了大量外出征战、洗劫邻国和筹办凯旋式的机会。显然,这不是因为罗马已经没什么领土可以征服了,也不是因为意大利人已经变得懒散,而是因为罗马并不是为了征服而征服,甚至不是为了战利品和荣耀而征服。

◇◆◇

前2世纪50年代末期,罗马对外国城邦的态度再度转变。元老院怀疑现任的塞琉古国王德米特里厄斯包藏祸心,于是暗中支持他的反对派,开启了一场旷日持久的内乱,让这个本就衰弱不堪的王国雪上加霜。而在亚得里亚海对岸,一个叫安德里斯克斯的人自称是珀尔塞乌斯之子。对罗马心怀不满的马其顿人将其称为"菲利普六世",于前149年重新统一了马其顿王国,击败了罗马前来干涉的军队。一年之后,裁判官卡埃西里乌斯·梅特鲁斯击败并生擒了这位新崛起的马其顿王,并决定采纳他们在前167年一度拒绝的决策:将马其顿直接置于统治之下。现在可以称其为"马其顿行省"了,这个具有划时代意义的名字也标志着"帝国式共和国"在亚得里亚海以东进行了第一次领土吞并，也开启了后续的一系列吞并行动。

亚该亚人同样与罗马产生了冲突，起因是他们领导人的妄自尊大引发了罗马的猜疑和恼怒。前147年，罗马支持斯巴达人又一次尝试退盟，还鼓励其他非亚该亚的联盟成员效法退出，联盟因此走向战争（名义上是对抗斯巴达）。亚该亚联盟失败了。前146年，正是罗马摧毁迦太基的同一年，执政官梅米乌斯洗劫并焚烧了科林斯，只因罗马使节在那里遭遇了虐待。亚该亚联盟就此轰然解散，但多亏了波里比阿的介入，联盟各城邦仍然保持了自治地位。波里比阿还设立宪法，授权给那些亲罗马的恭顺寡头，要求他们接受马其顿行省的监管。但无论如何，半个世纪之前一度高尚其事而且备受赞誉的所谓"希腊人的自由"，至此已经实质上寿终正寝了。

苛政与暴力还蔓延到地中海世界的其他地区。在西班牙，无论是西面的露西塔尼亚人还是东北地区的凯尔特人，他们在四分之一个世纪的总体和平里积攒了力量，并在前154年、前153年及之后的一段时间里与罗马行省的总督大打出手。露西塔尼亚人反复入侵外西班牙，特别是前147年到前139年间维里亚图斯领导的那一次，此人是罗马某次背信弃义大屠杀的幸存者。相较而言，罗马人因为忌惮凯尔特人的军事实力先发制人，凯尔特人击退了罗马，不过他们在抵抗的时候也从未统一起来。时至前2世纪40年代中期，这场战争已经缩小为罗马人对努曼西亚的远征。这个凯尔特城市虽然小，但很富裕，位于埃布罗河中游的高原地带。前137年，努曼西亚人甚至兵不血刃地俘虏了一整支罗马军队，擒获了执政官曼基努斯。他们释放了曼基努斯，想以此换回和平，然而元老院却否定了这次和议，还把曼基努斯交还给了努曼西亚人作为废除和议的补偿（后来西班牙人再度释放了曼基努斯）。罗马人继续步步进逼，最终在前133年迫使努曼西亚投降。这是波里比阿的朋友小西庇阿的又一场胜利。然而即便罗马认为西班牙的其余地区处于罗马统治之下，罗马人也将后来与西班牙人的战争视为平叛战争，但西班牙诸行省并没领土上的扩张。

不止一位罗马总督在这些战争中有恶行恶状。前150年，维里亚图斯带领的露西塔尼亚人已在获允授予土地的情况下向裁判官苏尔皮奇乌斯·加尔巴投降，罗马人却将他们抓起来屠杀了；加尔巴还将屠杀后的幸存者掠为奴隶，洗劫了露西塔尼亚人的领土。而在前一年，执政官李锡尼乌斯·卢库鲁斯挥军北上，劫掠屠杀了杜罗河畔本来一片太平的瓦凯伊。前141年，罗马执政官昆图斯·庞培乌斯·鲁弗斯在一年之后被控收受了努曼西亚人的"和平贿赂"——就像曼基努斯的先例一样，罗马这次也拒绝了和议。前139年，外西班牙裁判官塞尔维里乌斯·卡埃皮奥贿赂了维里亚图斯手下的三名副官，要他们刺杀维里亚图斯，以此终结露西塔尼亚战争。前137年，阿米里乌斯·雷必达再次在未获授权的情况下发动了一场对瓦凯伊的战争，但最终失败。雷必达本人也在前136年被剥夺了指挥权并遭罚款，这次惩罚在西班牙史上还是头一回。加尔巴曾经被指控，但还是免于受罚。前149年，加尔巴的有幸豁免激怒了保民官卡尔普尼乌斯·皮索，他提出了一部旨在发起腐败指控的法律。这部法律的适用也有种种限制——只有总督（而不是他们的下属）可以被起诉，起诉者必须是元老，陪审员也必须从元老院里挑选。但尽管如此，很明显可以看得出来，罗马官员的行为在该世纪中叶也时而显得太过肆无忌惮，往往会在国内引发义愤，抑制他们胡作非为的愿望。

罗马对待之前敌人的苛刻花样也在翻新，这在他们毁灭迦太基的过程中表现得最为明显。此时的迦太基已经是一个孱弱恭顺的卫星国，得到罗马人的保护。事情在前2世纪60年代中期有了变化，努米底亚王马西尼萨开始反复对迦太基提出领土要求。出于某些说不清道不明的缘由，此时的迦太基引来了罗马的恶感。马西尼萨对迦太基新一轮的领土蚕食得到了默许，忍无可忍的迦太基人终于在前151年开展了反击。元老院在老加图声嘶力竭的劝说之下决定开战。前149年，两名执政官双双挥军入侵非洲，迦太基人提出了有条件的投降协议。但罗马人命令他们放弃城市、退往非洲内陆，迦太基人还是拿起了武器反抗。面对并不称职的罗马将军，迦太基人做出了出乎意料的反抗，无论在迦太基本土还是在外线都给了罗马沉重打击。只有到前147年小西庇阿接过指挥权之后，罗马人才看到了胜利的曙光。在老朋友波里比阿的帮助下，小西庇阿在前146年初攻破了迦太基城，将活着的5万迦太基人掠为奴隶，放火将迦太基城付之一炬，举行了永远诅咒该城的仪式（并没有用盐，那是现代人的臆说）。迦太基剩下的领土遭到瓜分，一部分授予马西尼萨的后继者，另一部分给了其余站在罗马这边的城市（比如尤迪卡），剩下的则是直接吞并成为阿非利加行省，那是罗马在非洲大陆上的第一块领地。

罗马为什么要这么对待倒霉的宿敌？这个问题当时就有争论，到了今天依然众说纷纭。垂涎迦太基日甚一日的繁荣，贪恋该国的财富和肥沃领土，这些经济方面的动力都是人们提出的假说。其他意见也包括担心努米底亚过度强大（一旦马西尼萨征服了迦太基的话），罗马精英对"军事荣誉"无休无止的欲求，还有对汉尼拔臣民根深蒂固的仇恨，以及对领土扩张贪得无厌的欲望，等等。但是，没有一种解释完全令人信服。

首先，经济贪欲和领土要求，这些动机都不能成立，因为罗马在此之后摧毁了迦太基，任由城址荒凉沉寂了一百多年（前122年曾经有人提出由罗马殖民者出钱重修该城，但这个计划遭遇强烈反对未曾实施）。罗马军队也放弃了大量迦太基领土，给予尤迪卡等叛降者免税特权。将一部分迦太基故土转赠给努米底亚，这一做法也显示了罗马对努米底亚的统治者丝毫没有戒心。前148年马西尼萨去世时（90岁高龄），他们家族的世代保护人小西庇阿就面临如何处理努米底亚未来的问题。小西庇阿没有将努米底亚的领土平均分给马西尼萨诸子，而仅仅是将行政权拆分给了这几个儿子。要说罗马为什么进攻迦太基，前149年，所有的罗马人都期待一场快速取胜的战争，两位执政官本来也希望以战争胜利获得军事荣誉，提升自己的声誉。而小西庇阿的密友波里比阿认为，迦太基人即便到了最后一刻也不会有实质性的反抗。这场战争最坚定的反对者是八旬老人老加图，还有老加图最强硬的政敌、小西庇阿的亲属西庇阿·纳西卡。纳西卡也是前任执政官，生了一拨野心勃勃的儿子。

前149年迦太基战争的一大特色，就是期待能从相对容易的猎物中掠取充裕的战利品。相比于驱使士兵远征西班牙这种不受人欢迎的行为，却有如潮的志愿者找到执政官马尼利乌斯和马尔西乌斯希望与迦太基作战，因为罗马人认为，完全消灭迦太基就可以弄到他们七百年来累积的战利品。这次迦太基战争的另一大特色，就是罗马要求迦太基人迁徙到非洲内陆；据称马尔西乌斯也承认，这套政策会终结迦太基人的海上活动。前149年的迦太基战争和继之而来的"抛荒"标志着罗马人的争战动机变成了消极的自利政策。罗马人认为一个海上的迦太基"不应当存在"，这也是老加图反复申明的意见（后来这句话被误引为"迦太基必须毁灭"）。然而，迦太基毁灭之后却没有任何新的力量取代它的位置，甚至罗马城市也不能收割迦太基的海上利益。前146年，同样的厄运和洗劫降临到了富裕的科林斯头上，哪怕这座城邦从未与罗马交战竞争。憎恶情绪，机会主义，还有妄自尊大，带来的破坏远远超过前167年，以上这些因素都在这两次吞并事件中发挥了作用。

◇◆◇

阿非利加行省的建立让罗马成了突破欧洲的洲际帝国。不出十五年，罗马的领土又扩张到了第三个大陆。前133年，帕加马末代国王阿塔鲁斯三世将他的领土赠给了罗马人，除了几个希腊城邦。即便没有那些富裕的城邦，比如以弗所、士麦那、米利都，这也堪称是一笔"现象级"的领土豪取了。罗马人立即利用了这笔资产，他们扣押了阿塔鲁斯的皇室财产，用来支给保民官塞姆普罗尼乌斯·格拉古（西班牙抚绥者老格拉古之子）的一项计划：将意大利的农田分配给有需要的罗马人（或者是拉丁人）。尽管元老院在前132年发布了处理这个新行省的基本指示（这份碑文的副本存留至今），该地区还是爆发了一场

第二章 地中海霸权与第一批罗马行省 43

严重叛乱。自封阿塔鲁斯族人的阿里斯东尼克扯旗造反，将罗马对该地的有效占领一直推迟到了前129年才真正实现。与布匿非洲一样的是，罗马放弃了大量领土：欧迈尼斯的内陆领土被转赠给了本都、卡帕多西亚，或许还有比提尼亚。这三国的国王都曾出手帮助罗马击败阿里斯东尼克。

罗马为什么要接受阿塔鲁斯的赠予，原因尚不明显。除了国王本人的财富之外，整个行省也没给罗马带来多少收入上的增长：现有的租税仍然延续，希腊各城邦也拥有豁免权。不过，正因为阿里斯东尼克缺少城市的支持，叛军不得不转而依赖被镇压的乡村人口和奴隶。罗马人担心，这会引发潜在的社会变革，特别是此时的西西里正好爆发了一场大规模的奴隶叛乱。不但如此，如果将整个帕加马王国的土地"分包"给几个邻国的话，罗马势将面临鼓动它们蠢蠢野心的危险。因此，将帕加马故土置于直接控制，似乎还是一个更安全的选择（前120年，罗马甚至让本都归还了弗里吉亚）。紧接着在前123年，提比略·格拉古的弟弟盖尤斯·格拉古在保民官任上颁布了一系列法令，允许各省竞相为罗马而不是为当地征税。那些中标博得征税权的私家财团，至此也成了罗马人：一群群罗马骑士开始以富有的非元老身份登堂入室，他们的财政资源甚至还要比富裕的外省人多得多——这套体制对"元老院和人民"而言颇为受用，但在后来也造成了许多弊端（见第四章）。大概在同一时间，罗马共和国在西方拿下了新的领土，这次则是出于战略考量而非追逐利益。新的军事行动在前125年至前124年帮助马西利亚抵抗了侵掠成性的高卢邻居，罗马人也因此在罗讷河流域与高卢人大打出手，并最终在前121年征服了整个区域——不仅阿尔卑斯山西部与罗讷河之间的土地落入罗马之手，甚至那些远至比利牛斯山南麓的地带也并入罗马版图。这主要归功于两名精力过人的行省总督：多米迪乌斯·阿赫诺巴布斯（"Domitius"只在提到那位同名罗马皇帝时沿用旧译"图密善"，其余均作多米迪乌斯。——译者注），法比乌斯·马克西姆斯。也正是在罗马初次从意大利往西班牙调兵的一百周年，多米迪乌斯将那条传统意义上的行军路线（所谓的"大力神之路"）改造成了一条全天候都可通行的康庄大道，也就是遍布里程碑的多米迪亚大道。在这个名为"山外高卢"或是"山北高卢"的新省份，罗马建起了两座重要的新城市：马西利亚以北的亚桑蒲坊，也就是今天的普罗旺斯艾克斯；还有临近比利牛斯山的殖民地纳尔波·马尔狄乌斯（仅限罗马公民所有），也就是今天的纳博讷。尽管山外高卢初建的时候只不过是个军事区，这里的资源、人口和毗邻意大利的优势都吸引了越来越多来自罗马和意大利的商人和定居者，他们也将改造这个地区。

罗马人本来也可以选择继续稳步扩张自己的帝国，因为伊比利亚半岛的一半土地仍然是独立的；整个阿尔卑斯山脉、亚得里亚海沿岸的达尔马提亚、东方剩下的城邦和王国亦然。罗马人的兵锋也从未停止。一大批正在迁徙的日耳曼北方部落、辛布里人、条顿人和其他小型部落都在威胁意大利本土，他们在罗马版图的边缘地带游来荡去。前113年，这些游牧民族在多瑙河上游击溃了一支罗马军队。前106年，又有两支罗马军队在山外高卢的阿劳西奥（奥朗日）全军覆没。唯有到前102年和前101年，意大利才最终得救：罗马人先是在山外高卢击溃了条顿人及其盟友，然后在山内高卢西部击败了辛布里人及其盟友。两次胜利的指挥官都是能力超群的将军马略,前104年到前100年出任执政官的他拥有空前过人的才华。

正是早年与附庸国努米底亚的战争,让马略积累了声望。当时的该国国王朱古达(马西尼萨之孙)拒绝将王国与两个堂兄弟共享,并且依次清洗了他们。朱古达的愚蠢在于,他在第二轮清洗末了的大屠杀中,还干掉了支持堂兄弟的罗马人和意大利人。罗马共和国至此收回了早期对他的纵容,转而选择对其惩罚。然而,这场战争却在前112年到前109年间打得格外糟糕——朱古达甚至在前110年兵不血刃地迫使一支罗马军队投降,然后像努曼西亚人一样放回了这支军队——这在罗马内部引发一片哗然,公民群起指控诸多领导人贪渎腐化,最后重任只能落到马略头上。非贵族出身的马略来自拉丁姆的阿尔皮努姆,前107年当选为执政官。时至前105年,马略已经占领了努米底亚全境,并在得力助手、财务官科尔内利乌斯·苏拉的帮助下擒获了朱古达。马略上位也是适逢其会,此后每年都连选连任的他摊上了日耳曼游牧部落的威胁。罗马并没有直接吞并努米底亚,而是将该国的西部地区送给了毛里塔尼亚,将其余领土委派给了朱古达的其他亲属统治。罗马人从战争本身得到的好处只有相当数量的战利品。

前2世纪20年代的国防考量,最终让另外两个地区在这个世纪末并入了罗马。一则铭文提到,马其顿省曾经向东扩张到了马尔马拉海岸,因为色雷斯边界诸族总是前来侵扰。前101年到前100年左右,罗马人在小亚细亚南部的奇里乞亚海岸也成立了一个行省(这次是一个军事区域),为了应对与日俱增的地中海东部海盗,此时这里已不再是塞琉古王国的统治地区。但即便如此,罗马人也没有在这里施行常规统治。该地区剩下的海军力量（比如罗得岛海军），也不能胜任抵抗海盗的重任。整整过了三十年，奇里乞亚才最终成为有总督统治的常规罗马行省。还有两个案例更为特异：首先是昔兰尼，一个富裕的托勒密旁支小王国。昔兰尼末王本来已经在前96年将他的领土赠予罗马。从某种程度上而言，这些王室地产复刻了阿塔鲁斯三世的命运：元老院和人民忽视了这件战利品，直到前74年需要军费与本都的米特拉达梯王开战时才想起它。更令人惊异的案例还在后面：倒霉的托勒密十世在前88年或前87年的弥留之际，本想将土地捐献给罗马，然而罗马却拒绝接管富有的埃及土地。让局势更为复杂的是，此时的埃及实质上由托勒密十世的哥哥托勒密九世掌控，罗马反倒处在军功贵族马略与苏拉之间的内战阵痛之中。最终苏拉在前81年胜出，罗马还是没有染指埃及。尽管在之后的数十年里罗马内部的实力派反复施压元老院出兵，这批人热衷于收割埃及近乎无限的财富，然而却只能眼睁睁地看着埃及得以保留。

同样，虽然自前100年以来，西班牙屡经大战，罗马行省在这里的版图却少有变更。瓦伦西亚的创建者布鲁图斯就曾领兵突袭西北远至大西洋海岸的菲尼斯特雷角，但无论他本人还是后面几任总督也都没有建立或是试图建立永久性统治。苏拉赢下了一连串内战，他在罗马的反对者塞尔托利乌斯仍然控制部分省份，也建立了一个自封的反对政权（组成这个政权的还有其他流亡者，比如几个行政官员、一名元老）。这个政权延续了八年之久，从前80年持续到前72年，直到塞尔托利乌斯被满腹猜忌的副官刺杀。受命前往征伐塞尔托利乌斯的两名行省总督中，就有年轻的庞培乌斯·马格努斯（也就是"伟大的庞培"）。此时已经是苏拉麾下统兵大将的庞培赢得了更盛大的凯旋式，回到罗马的他也第一次当选为行政官员，成为前70年的执政官。尽管他与西班牙另一位行省总督梅特鲁斯·皮乌斯都摆平了各自行省的事务，也建立了新的城市，分别是比利牛斯山麓的庞帕埃罗（潘普洛纳）和西面的梅特利努姆（麦德林），还向当地的忠诚者分发公民权，但是罗马在西班牙的有效边界一如往常。露西塔尼亚人、诸多凯尔特人，还有住在更西北方向的各族群仍然保持独立，他们也是罗马总督寻求战利品和更多荣耀的现成目标。其中一名野心勃勃的总督，就是前61年至前60年间在位的年轻人恺撒。

◇◆◇

前100年左右，小亚细亚中部和东部地区仍然林立着一批中小型国家，其中就有远在黑海沿岸、比提尼亚那一边的本都王国。精力过人的米特拉达梯六世从前110年开始就着力于建立一个本土帝国，范围包括科尔基斯（也就是"金羊毛之地"，今天的格鲁吉亚），以及克里米亚地区的小型希腊城邦和"半希腊"城邦。这个帝国还曾在数年之间占领了加拉太和卡帕多西亚。罗马对米特拉达梯六世在遥远东方的攻略不感兴趣，他们只对该国在小亚细亚的军事冒险表达了关切。前95年左右，罗马要求米特拉达梯六世退出加拉太和卡帕多西亚；前90年，罗马又命令米特拉达梯六世撤出在这一年占领的比提尼亚王国。一直到前89年为止，米特拉达梯都顺从了罗马的要求。然而就是在前89年，罗马陷入内部政治纷争，并且同自己心怀不满的意大利盟友开战，此时米特拉达梯六世才表示不服。这一年，腐败的罗马使节挑唆比提尼亚国王反攻本都（他们觊觎的是本都的战利品），米特拉达梯六世愤而反击。他这次不仅拿下了比提尼亚和卡帕多西亚，兵锋也深入了亚细亚行省。亚细亚行省的多数城市，甚至是绝大多数城市，都张开双手，像欢迎解放者一样欢迎米特拉达梯六世，这是罗马四十年来苛捐杂税激发的苦痛情绪。一系列爱琴海岛国城邦也有类似的情绪，甚至连希腊的雅典都背叛了罗马。为了巩固胜利成果，米特拉达梯六世在前88年下令，亚细亚行省的各城邦在预定日期杀死所有的罗马和意大利居民，这场屠杀今天被称为"亚细亚晚祷"。并非所有城邦都执行了这条命令，然而哪怕是在帕加马和以弗所，人们举刀屠杀的热情仍然炽烈：据估计，死于非命的男女老少在8万到15万人之间。不论死亡人数总计多少，"亚细亚晚祷"的恐怖仍然反映出外省人对罗马榨取式统治的憎恶。本都军队接着进入马其顿和希腊，到处传播他们有关解放的承诺。

第一次米特拉达梯战役一直持续到前84年。本都国王的辉煌胜利终结于苏拉之手，此人在前88年挥兵东进。米特拉达梯开始节节败退，本国也面临入侵之虞。但是，苏拉需要回国对付政敌，米特拉达梯于是得救了；这位行省总督进行了有限的报复，放了米特拉达梯一马，让他得以放开手脚重新攫取群起反叛的外围领土。在之后的十年时间里，米特拉达梯六世重整了自己的资源，很轻松就挫败了前83年到前82年间罗马亚细亚行省总督李锡尼乌斯·穆雷那愚蠢的洗劫式进攻（第二次米特拉达梯战争）。此后在前74年，米特拉达梯六世再次占领了比提尼亚，发动了第三次灾难性战争（"灾难"一词对他本人而言也同样合适）。曾经出任苏拉副官、同样令人生畏的将军李锡尼乌斯·卢库鲁斯

（前74年的执政官）大军出击，甚至在前70年将米特拉达梯六世逐出了本都。米特拉达梯六世前往他那野心勃勃的女婿、亚美尼亚国王提格拉内斯那里求援。提格拉内斯可谓是个成功的帝国主义者：他已经将自己的领地扩展到了帕提亚王国的边缘，还吞并了叙利亚大部，那里可是塞琉古王国最后的地盘。然而到了前69年至前67年间真的与卢库鲁斯及其继任者庞培交战的时候，他就丢掉了亚美尼亚南部的所有领土。米特拉达梯六世迎来了更坏的命运：前63年，他在自己最后一个位于克里米亚的堡垒自杀，当时他为了躲避叛乱的儿子而逃到这里。

庞培不但是个能力出众的将军，也是一名出类拔萃的组织者，他终结了自第一次米特拉达梯战争以来再度兴起的地中海海盗活动。前67年，庞培只用了三个月的时间就拉起一支舰队消灭了他们。庞培并没有屠杀存活下来的海盗，也没有将他们充作奴隶，而是将这帮人安置在比提尼亚和奇里乞亚的39个城邦（这是他说的数字，其中有些城邦被他命名为"庞培波利斯"和"马格诺波利斯"），希望他们改过自新度过余生。庞培也着手终结第三次米特拉达梯战争，为此他迈出了罗马自前2世纪20年代以来最具决定性的一步。比提尼亚、本都王国的一部分、叙利亚、腓尼基，还有大幅扩张的奇里乞亚，自此统统都成了向罗马纳税的行省。小亚细亚剩下的邦国至此已经完全沦为罗马的卫星国，包括北起黑海、南抵犹大的广大地区，唯二的例外是亚美尼亚和版图已经大大萎缩的本都。前62年，庞培回到罗马的时候夸口说，他已经为罗马增加了8500万迪纳厄斯的岁入，在此之前罗马的岁入仅有5000万迪纳厄斯而已。

我们尚不清楚，在这次重整东方的战事期间，罗马人究竟是不是期望这么一个结果。庞培至此已经成为共和国最为炙手可热的将军，然而他在前61年到前60年间寻求元老院批准自己东方政策的时候，却遭遇了连绵不绝的阻力，尽管大部分阻力都源于政治仇恨——庞培挤掉了卢库鲁斯，也把这位新贵及其朋友变成了不共戴天的仇敌。同时，也有许多罗马人担忧，如果不能有效抑制，庞培势将滥用他的巨额财富和庞大声望。最终，庞培不得不依靠一桩肮脏的政治交易，与其他两大失意而又行事不择手段的军头显贵——克拉苏和恺撒联手，才得以使自己的东方政策被通过。这就是历史上的"前三头同盟"，也是罗马共和国政治制度的不祥之兆（见第四章）。

◇◆◇

罗马对东方大块领土的并吞也开启了一个崭新而又暴力的帝国主义新时代。巨大增长的国库收入被视为罗马人的专属资源，而不是整个帝国的公共财产。当然了，出于罗马的利益而在意大利以外进行的公共工程，大概也可以顺便惠及外省：在亚细亚行省，罗马人在前129年之后修筑的路网大大改善了交通情况，庞培对海盗的镇压也让所有人的出行和贸易都更安全了。不过，阿塔鲁斯三世的财货却被罗马人用作安抚贫穷罗马公民的农地支出；前1世纪70年代和60年代新搜刮的巨额收入也大部分用于罗马自己的需求；前57年，罗马也在某个煽惑人心的保民官鼓动之下占领了另一个托勒密王国——塞浦路斯。罗马侵吞了塞浦路斯的财产，以此支出罗马城内免费分发的谷物（被废黜的塞浦路斯王则自杀了）。

同样，或者说更险恶的是，东方战事也为得胜而归的罗马将军带来了无法比拟的财富和高光荣耀的凯旋式，其中尤为著者便是他们对小亚细亚的反复侵掠。罗马人对这些战利品的渴望，也让他们在公共事务中越来越没有顾虑。前88年，马略与苏拉就曾为争夺讨伐米特拉达梯六世的领兵之权而大打出手，尽管两人都在镇压意大利叛乱盟友的胜利中赢得了至高殊荣。两人之间的内战打了三个来回，直至前81年苏拉最终取胜才告结束。短暂的第二次米特拉达梯战争，部分原因也要归结为穆雷那对本都战利品的觊觎。庞培对米特拉达梯战争指挥权的野心（踩着卢库鲁斯上位）也从物质利益中得到了丰厚回报，哪怕他为此树敌众多。

说到卑鄙险恶的行省总督，恐怕还没有人能与恺撒相比。前61年至前60年间，出任外西班牙总督让恺撒赢得了益处良多的"军事荣誉"，也帮助他摆脱了巨额的债务。这要归功于他对自由露西塔尼亚人的进攻和洗劫。不过，比这更好的机会还要等到前59年，恺撒结束外西班牙总督职位，转而做了五年时间的山内高卢和伊利里库姆（就是亚得里亚海岸群岛，此时还是军事交战区，得名伊利里库姆）行省总督。此外，得益于原先获任者的死亡，恺撒也拿到了山外高卢的任命。就像是宿命一般，恺撒将他的雄图大略从伊利里库姆转移到了高卢地区。从前58年到前51年，恺撒善用一个又一个战争借口挥兵驰骋高卢的中部南部，以前所未有的规模按计划推行他的暴力和种族灭绝：杀死了一百万敌军将士，还奴役了另外一百万（按他自己的说法）。恺撒还烧毁了城市、神庙、圣坛，还系统地掠夺他们的财富，征服了从大西洋到莱茵河之间的全部广大领土，还对德意志和不列颠发动了一次次著名的突击。高卢中部地区在前52年爆发了一场针对恺撒的大规模叛乱，领头的人是阿维尔尼贵族维钦托利，参加叛军的人甚至还有罗马的老盟友埃杜伊人。这场叛乱在前51年遭到血腥镇压，其他抵抗势力也灰飞烟灭。正是在高卢人的尸骨之上，恺撒累积了庞大的财富、不朽的军事荣誉、狂热忠诚的士兵，这些资本都帮助他在前49年初渡过卢比孔河反抗元老院，并且赢得了因之而起的战事。

前44年3月15日恺撒遇刺的时候，罗马在三大洲统治着十六七个行省：从新获得的高卢领土（三大行省很快得名阿奎塔尼亚、卢格敦高卢、比利时高卢）到叙利亚，从英吉利海峡到努米底亚（前46年由恺撒吞并）和昔兰尼。虽然这个帝国已经两百岁了，但在帝国版图内外还是星星点点存在着大量尚未被吞并的领土，其中绝大部分都由独立国家占据，比如天险难越的阿尔卑斯山谷里尚有诸多小型聚落。只要它们允许商人和旅者通过，恺撒就容忍它们的存在。但在另一个极端，基本保持独立的埃及仍然存在。罗马帝国主义对外征服的胃口直至独裁者恺撒死亡并引发内战之后才告中止，尽管这种中止只是暂时性的。

第三章

罗马共和国诸行省

罗马共和国的帝国霸业并非有意为之。无论是西西里岛、撒丁岛、科西嘉岛，还是内外西班牙，罗马人吞并这些地区的初衷都是为了击退迦太基人。之后，罗马并没有急于吞并其他地方，阿非利加行省、亚细亚行省和山外高卢都要等到前2世纪的下半叶才落入罗马手中。同样，罗马也没有按"现有模式"将新占土地化为行省。西西里在前228年才迎来第一名常任总督；前210年再度平定之后，被征服的叙拉古王国在全岛范围内小心翼翼地设立了基于农业产出的十税一和二十税一制度，这才确立了制度化的税收体制。内外西班牙在一开始也只不过被视为可供抢掠和临时性征税的占领土地，一直到前168年，卸任回国的罗马总督都会带上海量的金银钱币来充实罗马的国库；罗马对西班牙矿产、农产的常态化税制，要到前190年才开始一步一步建立。从前191年到前173年之间，山内高卢也散布着罗马和拉丁的殖民地，在这个世纪里意大利半岛的移民蜂拥而入。山内高卢一直都没有像海外行省那样被课税，而是享受（或者说忍受）年度或是双年总督的统治。罗马的执政官和军事裁判官定期赴任山内高卢，他们的主要任务是镇压边境地带的反叛民族，尤其是亚平宁北部的利古里亚人。

罗马在前2世纪末取得的领土也源于相似的机会主义：阿非利加行省是吞并而来，以此抚绥罗马人对宿敌迦太基那历久弥新的敌意，尽管实际上大片领土都赠予了亲罗马的城邦和努米底亚。罗马还吞并了山外高卢，以确保来往西班牙的交通线，同时大概也为了让这个区域更方便罗马商人和拓殖者进入（这一点我们没有明确证据）。实际上，罗马商人和拓殖者果然迅速涌入，山外高卢行省在不到40年的时间里就住满了罗马人。亚细亚行省作为地中海地区最富有的地区，则是另一番光景：这对罗马而言堪称一笔横财，尽管罗马花了几年时间将其吞并（前文已述），然后又花了几年时间进行合理开发。

时间进入前1世纪，情况已经大为改变。罗马此时新占领土绝大多数都是有意为之：庞培在东方其疾如风的领土吞并，恺撒在高卢的征伐扫荡，最后是前74年征服的小小昔兰尼、前57年征服的塞浦路斯。这些新吞并的领土都是为了改善帝国的安全状况（在某种程度上据说是这样），满足那些成功将军及军官劫掠财富并赢取荣耀的胃口，扩张共和国的财政岁入。当然，以上顺序并不一定代表着实际的重要程度。

对降服领土的称呼也随着时间逐渐演化。Provincia（行省）一开始并不指代罗马统治的领土，而是指分配给那个到任行政长官的任务。因此，负责管理国库的罗马财务官也会把这项工作称为自己的Provincia。城市的Provincia则由聆讼听讯的裁判官负责。后来，将军事行动的任务交给某个执政官或是裁判官，无论是意大利本土还是外省，这个行动地点也被称为他的Provincia，所以到了前2世纪末，Provincia就成了描述某个新征服区域的术语。事实上，前2世纪20年代并入罗马的山外高卢很快就涌入了大量的罗马拓殖者，还从意大利渗透而来了罗马文化。于是，该地居民开始称这片土地为"行省"（当然，普罗旺斯还叫"普罗旺斯"）。

"imperium"一词原本只代表"权力"，给这个词语加上领土意义而解释为"帝国"还要花上更长的时间。前2世纪，罗马统治的地区都得到了类似"罗马人民主权之下"的修饰语，现存的两份与爱琴海小城邦签订的希腊语条约就是这样，其中一份签订于前165年，另一份签订于前105年。前122年颁布的一部改革法律规定，对"那些罗马人民指导、统治、施权或是相友的人"横征暴敛的行省总督会被处以极刑。上面这个短语中，前三个词实际上就意味着：帝国。但在前1世纪，imperium（帝国），或者偶尔以短语形式出现的imperium populi Romani（罗马人民的帝国），也等价于"罗马人民的权力"。这个术语固然指"权力"，但偶尔也会影影绰绰地指代"领土"。

西塞罗时代的一本修辞手册就曾提到，罗马诸盟友的角色就是帮助"我们维护imperium"。西塞罗本人写下的著名寓言《西庇阿之梦》（前129年）里提到，小西庇阿拜访天堂，然而目睹了这样一幅景象："我们的imperium"仅仅是地表上的一个点而已。之后的恺撒也记载说，日耳曼人曾在前55年警告他不要渡过莱茵河，因为那里是"罗马人民imperium"的边界。在上述案例里，imperium的意思可以是罗马的权力，也可以是罗马主权统辖下的领土，或者两者皆是。最终，在奥古斯都大帝时代，罗马人的imperium才引申出"帝国"的意涵：皇帝本人大笔一挥，将埃及划入了罗马的版图。

◇◆◇

从一开始，罗马帝国的扩张就给被吞并的地区带来了深重灾难。首先，吞并的前奏总是战争，而战争总是残酷无情的。西西里岛的阿格里真托就是一例，该地在第一次和第二次布匿战争中都惨遭洗劫。前261年的第一次战争留下了幸存者25000名，而前210年的第二次战争幸存者人数未知，每一回的幸存者都被卖作了奴隶。而且从整体上看，西西里岛在第二次布匿战争中遭遇了比第一次更惨烈的损失，全岛几乎化为灰烬，无情地遭到围城（以叙拉古为最著名）、毁灭和奴役。无论是前167年毁灭伊庇鲁斯，还是二十年后毁灭迦太基和科林斯，元老院和罗马统帅在自觉合算的时候从不吝惜自己的野蛮。同样，罗马总督在行省内外面临抵抗的时候也会行事极端。极负人望的提比略·格拉古任前177年的执政官，曾在前177年至前176年对撒丁岛重拳出击。据闻他将8万名战俘投入了奴隶市场，由此也催生了一个与之相应的撒丁谚语："廉价的撒丁人啊，一个比一个命贱。"大格拉古的铁腕让撒丁人整整"安静"了一个世代。没过几年，前173年的执政官波普利乌斯·莱纳斯也镇压了一支难缠的利古里亚山民：斯塔特拉特人。拉埃纳斯一度许诺，只要放下武器就会善待他们，结果一转眼却把他们都卖作了奴隶。义愤填膺的罗马保民官随即插手，向元老院施压让尽可能多的斯塔特拉特人重获自由。

安分守己当顺民，也并不总能让这些地区从罗马人的攫利欲望中自保。前189年的执政官曼利乌斯·乌尔索就曾经在错过与安条克三世的战争之后，跑到加拉太大肆掠夺，获利颇丰。虽然这次作战因未经授权而备受批评，乌尔索依然没有受到任何惩罚。如前所述，加尔巴、卢库鲁斯等人在罗马并不掌控的西班牙地区也大打掠夺性战争，那些地区对意图抢掠的人来说很有吸引力。找个借口袭击别人再大行抢掠，这种行径甚至可以拿来开玩笑：在前2世纪90年代末的喜剧《埃庇蒂库斯》里，普劳图斯借缺钱的聪明奴隶之口，说出了一句谐谑之语："现在我就要召集我们国家那些帮腔的元老了，决定一下对谁宣战，好让我轻轻松松抢走他们的银子。"总而言之，我们主要还是要感谢李维《建城以来史》里的数据：据他的估计，在前200年之后的50年里，运送到罗马的战利品总额可能达到了4.15亿迪纳厄斯。

劫掠依然是家常便饭，而且程度愈演愈烈。负债的尤利乌斯·恺撒在前61年以裁判官的身份出镇外西班牙，在大西洋海岸大肆蹂躏露西塔尼亚地区，不但偿还了自己的债务，还为自己赢得了最初的军事荣誉。恺撒更大的成就还在后面：从前58年到前51年，他到比山外高卢行省更远的高卢地区大肆劫掠。自由高卢的绝大多数地区都经济富足、人口众多，建满了圣堂。洗劫这些地区也让恺撒至少可以与他的政敌庞培一样富裕，正是地中海东部的财富养肥了庞培。在宣传的时候，恺撒毫不讳言高卢战事带来的人口损失，据他本人估计就有119.2万名高卢士兵阵亡（如前所述），还有200万高卢人被掠为奴隶。恺撒更愿意将其视为自己军事荣誉的一部分，不过这种宣传也无意中暗示了后来由他发动的内战中死亡的罗马人人数，这可是敏感得多的话题。前99年到前50年之间（根据推测），有2亿迪纳厄斯以劫掠所得战利品的形式流入了罗马。

◇◆◇

人口劫掠，也就是将战俘充作奴隶，同样也是帝国扩张的鲜明特色。奴役战败的敌军士兵，甚至奴役整个族群，这对古代国家而言十分稀松平常。罗马人在意大利的战事中，这种情况也是家常便饭。人口掠夺也在意大利之外的土地上发生了很多次，不时出现在历史记载中：前261年，罗马人在长期围城之后拿下了西西里岛的阿格里真托，执政官决定将剩下的2.5万名虚弱不堪的幸存者抓走为奴；前254年，同样位于西西里岛的帕诺尔穆斯陷落，2.7万名平民犯人之中有1.3万人被卖为奴隶（其余犯人以每人2迈纳的价格买回了自由，相当于当时罗马货币的2000阿斯，或是那个世纪晚些时候的200迪纳尼厄斯）；前209年，罗马人从汉尼拔那里收复了意大利南部的他林敦，该城的3万人由此进入奴隶市场；前177年，撒丁岛有8万人沦为奴隶，这"多亏了"大格拉古；前146年，迦太基有5万人沦为奴隶。罗马史上最大规模的一次奴役发生在前167年，这场战争前文已经涉及，伊庇鲁斯有15万人被掠为奴隶，只因他们的国王更亲近马其顿而不是罗马。

前264年以来，罗马在地中海各地进行了大大小小许多战争，每次战争都繁荣了意大利内外的奴隶市场。与奴隶贩子一样，海盗业也曾在不同的历史时期因为罗马人而受益——肆无忌惮的罗马人反复侵扰比提尼亚王国，掠取那里体格健壮的男子，直至前104年元老院出手阻止才告终结；前167年，雅典附近的提洛岛在罗马的一纸法令下成为免税港口，很快这里就发展成了一个庞大的奴隶市场，曾经在极盛期创下了单日卖出1万人的纪录（一直到前88年，米特拉达梯大帝摧毁该岛，奴隶市场才告终止）。奥古斯都时代的地理学家斯特拉博指出，绝大多数奴隶都落入了西方买家之手，现存铭文也显示，罗马和意大利商人还建立了一个主要由提洛人组成的定居点。奴隶贩子所过之处都发生了人口灭失，一批城邦和地区深受其害，它们往往经历了长时间的人口经济损失，比如迦太基和撒丁岛，更不用说伊庇鲁斯和后来落入尤利乌斯·恺撒铁蹄之下的高卢。他林敦再也没有恢复自己在意大利南部卓越的旧时地位；阿格里真托在西西里岛的地位也同样没落；迦太基也是满目疮痍，一直到前46年，才作为罗马的辖地得到复苏。哪怕是阿里斯顿治下的雅典，也因为统治者在前88年极不明智地选择与米特拉达梯结盟，而倒了大霉：两年之后，裁判官苏拉肢解了雅典，这里的人口也部分遭遇了灭失。

前2世纪及其之后的一段时间里，意大利本土和西西里岛累积了规模庞大而又常常心怀不满的奴隶人口，也助长着经久不息的骚乱苗头。这个定律时不时就灵验一次。早在前196年和前185年，罗马当局就得出兵处理意大利本土颇不宁静的奴隶运动；此后在前2世纪30年代，一场大规模的暴动席卷了西西里岛，领导这场运动的人叫攸努斯，一个极具个人魅力的叙利亚奴隶（他也给自己取了塞琉古的国姓——安条克）。罗马人直到前132年才将攸努斯起义镇压下去，但就在刚刚吞并的帕加马王国故土上，假冒王室血统的阿里斯东尼克扯旗造反，他吸引的追随者除了奴隶之外，还有饱受压迫的乡下人。阿里斯东尼克给自己人取了一个极具个人魅力的名字"太阳的子民"。另一场大规模的西西里岛奴隶起义发生在前104年到前100年间，领导这场起义的是两个人，一个是萨尔维乌斯，他给自己化名"特里芬"，另一个是阿瑟尼翁，两人联手蹂躏了西西里岛。加入他们的除了奴隶，还有心怀不满的投资分子，那些自由的西西里人，他们趁乱大行盗贼暴力之能事。最著名的奴隶起义发生在前73年到前71年间，这场洗劫意大利乡间的起义由色雷斯角斗士斯巴达克斯领导。一直等到富豪出身的克拉苏接任裁判官，这场大起义才被镇压下去（但是有一部分军功被刚刚从西班牙返回的庞培攫取了）。

奴隶人口究竟有多庞大，这在罗马的任何时期以及任何地方都没有记载。但是所有现存的史料都证明，这个数字相当之大。意大利本土无疑是奴隶人口的最大集中地，到前30年，这里就已经有大约200万奴隶与五六百万自由公民一起居住。但是，奴隶在几个海外行省无论就比例还是绝对人数而言都堪称庞大，其中又以西西里岛最为典型：古代史料记载的当地奴隶反叛兵力数字差距甚大（从2万到20万不等），但无论就哪个程度而言，都已经足够直面甚至不时击败罗马军团。大约前150年，西班牙南部"新迦太基"的银矿已经有4万名奴隶在工作。恺撒抓来了100万高卢战俘，使得各接收地区的奴隶人数大大增加，其中又以意大利本土最多。随着战俘被掠为奴，新扩张的"行省"人口减少，这样就可以解释，为什么这批人会在此后的几场内战中给罗马制造麻烦。

另一方面，奴隶加入，并不意味着人口数量是在现有基础上进行简单累加。事实上，人口总数是波动的。疾病和年老会适时地减少家庭或地区的奴隶数量；罗马奴隶主也越发盛行释放奴隶，特别是主人知根知底的那些家庭奴隶，可以通过法律授予其公民身份。马其顿的腓力五世在前214年致希腊某城邦的信件中提到，罗马人素有释放奴隶的习惯（这对希腊人来说颇不寻常）。腓力五世认为，正是这个习惯帮助罗马人充实了他们的殖民地。此外，在前129年，也就是腓力五世去世那年，小西庇阿还曾嘲笑一队罗马敌军，说意大利对他们而言其实也就是个"继母"（因为他们以俘虏身份来到罗马，后来才被释放）。尽管奴隶有时也会获准组建家庭，尽管被穷困父母抛弃的婴儿有时也会沦为奴隶，但罗马的奴隶供应主要还是来源于战争。当然，战争带来的奴隶也不是一直数量庞大，来源于提洛岛等地的奴隶贩子也不能保证稳定的奴隶供应，即使罗马这边存在定期需求。比方说，一旦撒丁岛和伊庇鲁斯抢来的一百万奴隶中有四分之一在之后的几十年里死去，并不能保证意大利或其他行省能有另外二十五万奴隶刚好填补这个空缺。与之相反的情况也会发生，从前91年开始，一波波内战加外战的浪潮又让罗马的奴隶人数如火箭般蹿升。

◇◆◇

罗马要有效统治一个行省，通常的程序是先任命一名裁判官。前241年到前197年间，年度裁判官的人数从一人扩容到了六人。其中只有四名裁判官会负责行省领土，因为最开始的两名裁判官，分别负责"城市"和"外邦"，要留在罗马处理司法事务。过不了多久，行省裁判官通常也会得到司法权力，也就是所谓的imperium。如果任期顺延到第二年的话，此人就会获任为"资深裁判官"。一旦某个行省遭遇严重叛乱或者入侵，当年两位执政官之一就会受命，前去充任该行省裁判官的上级：前195年，老加图就接管了两个叛乱的西班牙行省；前74年，奇里乞亚与亚细亚由卢库鲁斯统领，以便应对战火方炽的第三次米特拉达梯战争。与数百年来的传统程序相符的是，一旦有执政官的"权力"年限长于他的公职年限——往往都是出于作战需要，而不是为了统治某个行省——他就会得到"资深执政官"的任命。

行省总督的幕僚团队规模不大，往往还都是业余性质。就拿财务官来讲好了，这是罗马一种不大重要的行政长官，经选举产生，往往与行省总督一同赴任，照看那里的财政（即使财务官都是刚刚开启公职生涯的年轻人）。此外，行省总督还可以带上一个或是多个元老院的朋友为他做副手，也就是所谓的"代理人"。赴任官员都会有私人部属和奴隶，也许还有一些朋友陪同，但并不存在常设的公职人员；作为代理人，总督会任用军官，任用自己的随员，随着罗马定居人口的增长也会任用当地头面人物的罗马人和罗马化的外省人。因此，在实践中，罗马行政机构保留了相当多的临时性色彩，往往非常依赖总督的个人能力（也可能毫无能力）、品格和兴致。总督及其副手没有薪俸，尽管后来元老院通常会票决，提供充足资金作为当地的行政开支。这笔津贴名叫"维蒂库姆"（viaticum）或是"瓦萨略姆"（vasarium）。前58年的执政官卡尔普尼乌斯·皮索，也就是恺撒的岳父，就曾得到高达1800万塞斯特斯的津贴，合450万迪纳厄斯，以便他处理马其顿的事务（西塞罗宣称，皮索将这笔钱全部花在了罗马本土）。

当然，绝大多数日常行政事务都必须交给位于省内城镇和农村的地方当局。他们的工作就是维持地方秩序，协理地方上的税收细目，养护城市及周边的建筑设施，执行总督下发的一切指令。罗马人对当地文化甚少干涉，尽管他们也希望西方行省的行政官员懂得拉丁语，期待东方行省的官员像自己一样通晓希腊语。当然罗马统治的冲击和移民的涌入都对不少地方的社区和个人影响深远，尤其是那些西部行省：正如我们所见，他们接受了一些罗马式的生活方式。

罗马统治一旦在某地确立，就会遵循三大关键原则：维持秩序，裁定法律案件，征税。即便是那些起初出于战略原因而吞并的领土，罗马人也格外地看重它们的税收和资源价值（这是所有宗主国政府的标准态度）。一俟在西西里岛和西班牙设立行省，罗马人就设立了固定的税收制度：在西西里，相对公平的叙拉古税制，也就是十税一和二十税一制被推广到全岛范围，时间大概从前210年开始；在西班牙，罗马人推行的税制并未留下完整记载，但肯定包括对谷物的二十税一制，也被称为"维塞斯马"（vicesima），以及对半岛银矿等矿产外运时征收的关税。前146年吞并的阿非利加省则要缴纳人头税和土地税（根据农业产出），这些税种都承自迦太基列王。之后罗马在新占地的税收也遵循着相同的套路，可惜这些税制的细节并不总能保留下来，比如恺撒在征服高卢期间如何每年搜刮到4000万塞斯特斯（1000万迪纳厄斯），以及这么一笔庞大的金钱如何计算、如何在当地分配，又如何征收并运往罗马的。

甚至在罗马，公共项目都由私人或财团（社团）负责修建，比如庙宇、街道、桥梁、下水道等。他们处于"罗马骑士"等级，并非元老院的贵族等级。经营合同通过竞争投标，在审查机关下发后可进行固定期限的经营，比如五年的期限。竞标成功者被称为包税人，因为他们处理的是国家的商贸事务。包税人根据他们对未来税收收益的评估，向国库支付一笔钱，然后就可以亲自或借助代理人从公众那里收取实际税款。可以想象，收上来的实际税款要比汇给国库的金额更多。换句话说，中间的差额是合法的利润，而对国库来说，好处就是可以如期地得到大量资金，以满足国家的开支。因为几乎每个地方的税收和建筑工程都通过合同来运作，所以有很多类似项目可以争取（就像波里比阿在前2世纪中期指出的那样）。

在各个行省，总督完全可以把税收和其他合约承包给富裕的当地人。然而，在有些领域，高额的利润很快就吸引了罗马人和意大利人。

比如说，西班牙南部的大量银矿就在前2世纪吸引了大量罗马人和意大利人前来淘金；狄奥多罗斯就曾记载他们如何残酷地虐待奴隶，强迫他们采矿；波里比阿也提到，在他的时代（前150年左右）光是新迦太基附近的矿场每天就能为罗马人产出2.5万德拉克玛（或者是迪纳厄斯）。至于矿产承包人挣了多少钱，我们就无从得知了。而在亚细亚行省，当地的征税人在罗马统治确立之后只挣了短短几年钱，因为从前123年开始，罗马的包税人就接手了亚细亚行省的税收合同，包括港口关税和大片官地的租金。实施这项改革的正是保民官小格拉古。罗马每年从亚细亚行省收上来的岁入可能高达2400塔兰同（1440万迪纳厄斯）。包税人当然是逐利的，外省人因此需要多缴税。

行省的赋税至少应当有一部分服务于本省利益，但是没人想到要这么做。如前所述，无论是前133年的帕加马国库、十年之后的亚细亚行省新税政策，还是前57年的塞浦路斯王国国库，仅仅这三个案例就足以表明，税收最后都成了罗马人的好处费。西塞罗在前66年公然宣称，除了亚细亚行省，其他行省的税收都不足以覆盖保卫它们的支出。不过，这番话也是在为西塞罗自己的政策辩白（任命庞培为行省总督，出兵弹压米特拉达梯）。事实上，当时没几个行省需要军事防御，西班牙、山外高卢、西西里岛和阿非利加行省收上来的钱肯定超过当地的军费支出。

◇◆◇

罗马在征收税之时，无论是行省总督还是包税人，都没有什么一以贯之的准则，也没有多少顾忌。早在前171年，西班牙各行省的代表就向元老院呈交了一份清单，列出了他们的沉痛控诉：行省总督不法榨取钱财，军官在城乡间强摊军费，总督在作物收割前就决定5%的谷物税，并且安排给私人包税人征收，绕开当地政府。怨愤的当地人发现元老院总是对他们的请愿推来阻去，他们也没有拿到被榨取钱财的补偿；但是，无论如何，他们的诉愿还是得到了满足：几名前任总督和有罪总督被"自愿"放逐到罗马周遭的城镇（得到了优厚的待遇）；元老院也发布敕令，终止苛政；还有前面提到的西班牙几个总督，他们最严重的暴行都发生在西班牙两行省以外。前149年，鉴于这些滥权中饱之事，罗马人开启了立法的第一步，约束各省总督。

但即便如此，罗马各级行政官员仍然认为，他们在处理各省事务时食利自肥的行为天经地义。前129年的执政官马尼乌斯·阿基里乌斯镇压了新行省亚细亚对罗马统治的抵抗，还在当地累积了大量的个人财富，回到罗马以后也得以逃脱元老院的指控。小格拉古结束在撒丁岛一年的财务官任期后，回来谋求竞选前123年保民官，强调了自己的守正自持。小格拉古告诉选民，他回来的时候只带了一个空空如也的钱袋；不但如此，他也没有与俊俏的男人来往，没有与妖娆的妓女交欢。而其他外省长官回来的时候都带着盛满银子的酒罐。不必怀疑，罗马也有与小格拉古一样的诚实官员，但是令人厌恶的丑闻仍然此起彼伏。前106年的执政官昆图斯·塞尔维里乌斯·卡埃皮奥就在镇压山外高卢叛变的托罗萨王国时，抢走了那里惊人海量的神庙宝物（各类金银加在一起超过20万罗马磅）。然后这笔财宝却在执政官回程罗马的时候神秘遗失了。自知将面临盗窃罪、叛国罪等一系列指控的卡埃皮奥落荒而逃，在前103年流亡到了国外。

前82年左右，阿非利加行省总督法比乌斯·哈德良努斯的腐败犯了众怒。甚至是罗马驻军仍在尤迪卡（当时的阿非利加行省省会）的时候，当地人就在总督在家的时候纵火点燃了他的宅邸。大概就在同一时期，平平无奇但八面玲珑的小贵族维勒斯利用他出任奇里乞亚军团长这一腐败职务的机会，羞辱腐蚀了其他几个东方行省威名素著的地方官员，盗窃艺术品，还调戏别人的女儿。西塞罗的攻击目标、荒淫享乐的皮索（此君的爷爷就是一百年前制定第一部勒索法案的老皮索），被指控将高达1800万塞斯特斯的行省津贴挥霍在了罗马城，然后在他任职的马其顿行省大肆搜刮，以弥补这笔支出（还有一种可能是他卑鄙无耻地洗劫了马其顿，如西塞罗所说）。尽管西塞罗本人并非尤利乌斯·恺撒的政治盟友，但他还是渴盼分享恺撒前54年入侵不列颠的收益，见证一批新收为奴的不列颠人的到来，这也是他弟弟、恺撒副官昆图斯·西塞罗所承诺的（尽管没有一个字证明西塞罗曾经接收过这批奴隶）。后来的结果让西塞罗颇为幻灭：恺撒这次远征根本没弄到一丁半点的战利品。

从前73年到前71年间，维勒斯这三年的行为淋漓尽致地展现了一个无所顾忌的行省总督和他的佞幸私昵可以多么无法无天。西塞罗的辛辣指控《反维勒斯演说》（发表于前70年对维勒斯无结果的审判之后）让这名裁判官的恶行永垂于世：毫无羞耻地盗窃、挪用公款、索贿受贿、操纵审讯，甚至还针对那些惹恼他的罗马人进行司法谋杀。前72年，元老院甚至发布了检核维勒斯司法越轨的敕令，结果也是收效甚微。虽然前70年，西塞罗也代表愤怒的西西里人指控了维勒斯，但是此君既有权势逼人的梅特利家族奥援，又得到了另一名顶级演说家霍尔滕西乌斯的辩护（西塞罗的朋友，次年成为执政官）。纵使如山如海的证据压过来，这个泰然自若的前任裁判官还是得以全身而退，带着他的不义之财从容远走马西利亚。

这些丑闻无不显示，针对弊政的治理举措并不总是奏效。小格拉古拍卖亚细亚行省的征税权，意在保证罗马国库最大程度的进账，进一步将国库收入用于各式各样的昂贵工程，以此增加罗马公民的工作机会，让他们买得起粮食。行省总督的合同发包则为地方上的贿赂和偏私大开方便之门。这些制度漏洞已经在罗马城引发关注，特别是引发了格拉古兄弟这样未来改革者的关注。在罗马，合同发包的过程（理想状态下）要在元老院和人民的监督下进行。但硬币的另一面是，富有的罗马包税人可以结成联盟，向罗马城里的元老院和行政官员施压。得益于他们的财富和人脉，这帮人同样可以在感觉自身利益受威胁或是财路被阻的情况下，向亚细亚行省的总督们施压。硬币的这一面才是更可能出现的情况，元老通常也会在包税人联盟的份额中分得一杯羹。小格拉古的灵机一动，也为未来累积了麻烦。

小格拉古推行了著名的改革，审判行省官员敲诈勒索案件的陪审团，要排除元老，换上罗马骑士等级的成员（这些人被认为更加公正）。不过颇具历史反讽意味的是，格拉古将亚细亚行省的征税权交给骑士，导致权力的滥用，被行省总督"厚道"地忽视了，更严重地说其实就是纵容。罗马骑士及其代理人催逼日甚的严苛行为甚至成了公开的丑闻，正是他们下手洗劫了邻近的比提尼亚王国，奴役了该国的居民。一直到前104年，一条尴尬的元老院敕令才宣布释放所有惨遭奴役的盟国公民（比提尼亚不是唯一的受害者，亚细亚行省的包税人联盟也不是唯一的加害者）。在亚细亚行省内部，他们多年来几乎都是肆意妄为。这种状况最终在前95年得以终结：原则性很强的执政官穆修斯·斯卡沃拉在第二年出任亚细亚行省总督。斯卡沃拉得到了备受景仰的军团长卢修斯·鲁弗斯（也是前任执政官）的帮助，推行了一系列严厉的行政改革，同时激怒了现任和未来的包税人联盟。这帮人的复仇怒火转向卢修斯（因为斯卡沃拉声望太大）：在前92年那次耸人听闻的案件里，敲诈罪法庭的陪审员一如往常由骑士等级构成，他们给卢修斯定的罪名是"从行省受贿"。卢修斯因此遭到放逐，目的地是亚细亚行省。

　　罗马行政官员有多惹人憎厌，从四年之后"亚细亚晚祷"的大屠杀就能看出来：数万罗马人和意大利人——不仅仅是税吏，也不仅仅是男性——都在本都国王米特拉达梯王的指挥下，死于外省人之手（卢修斯逃脱了）。只有少数几个地方拒绝执行米特拉达梯的命令：比如说希俄斯岛和罗得岛，还有内陆城邦阿佛洛狄西亚斯。罗马资深执政官苏拉在击败本都国王之后，残酷惩罚了剩下的这批跟风的屠杀者。米特拉达梯的支持者惨遭处决，仍然顽抗的城邦被洗劫一空，被战火蹂躏的行省还被科以20000塔兰同的罚款（1.2亿迪纳厄斯），这样的惩罚远远超过了行省的偿付能力。这桩美差不可避免地又落到了罗马金融家的手里（又是骑士等级）。结果就是，这笔巧立名目的债务膨胀了600%，直至十五年后，资深执政官卢库鲁斯才将这个数字降到了可控的水平。明智的举措重建了亚细亚行省的稳定，也让该省恢复了些许繁荣。不过也可以想见，卢库鲁斯的政策为他招来了"金融阶层"

的刻骨仇恨。前66年，卢库鲁斯的东方行省指挥权被庞培替代。"亚细亚晚祷"的教训并没有让罗马人记取太久：二十年后，贪婪跋扈的罗马税吏在黑海之滨的城邦、比提尼亚的赫拉克里亚（埃雷利）大肆催课，受创尤甚的市民义愤填膺，一拥而起杀光了所有税吏。

"金融同盟"的生意横跨包税和借贷领域，他们的业务范围也遍布了整个地中海而不局限于在罗马各行省。他们动用的资金也不仅仅源自骑士等级的投资。尽管元老依法不得从事商业与买卖，但他们并不费力就能让骑士等级的朋友和代理人做他们的白手套。而且正如前文所述，他们往往会为自己买下"金融同盟"的份额。元老与骑士等级无论在社交还是金融上往往都有紧密的联系，西塞罗和他的毕生好友、富有的彭博尼乌斯·阿提库斯就是一例。现存的西塞罗书信里就有一封公文，礼貌地向各省总督引荐他的骑士朋友，罗马骑士在这些行省里可以大做生意。元老在包税合同和借贷生意上的投资也会制造问题，即便一个良善的总督也难免不受其害。

素具操守的西塞罗在前51年至前50年间（不得已）出任奇里乞亚和塞浦路斯行省总督的时候，就经历了这种尴尬。一个名叫斯卡普蒂亚斯的金融家在塞浦路斯以不人道的方式催逼高利贷债务：在萨拉米斯城，他甚至将当地议员关在他们的议院里，造成五人饿死的惨剧。而在西塞罗出手控制此人的时候，他惊讶地发现，斯卡普蒂亚斯不仅索要高达48%的复利（法定利率是12%），而且事实上只是名望甚高的元老尤尼乌斯·布鲁图斯的代理人，就是后来刺杀尤利乌斯·恺撒的那个备受崇敬的人。令人尴尬的是，布鲁图斯坚决支持敲诈勒索行为，西塞罗最好的朋友阿提库斯亦然。而在同一时间里，斯卡普蒂亚斯也在催逼小亚细亚的加拉太国王德约塔卢斯，要他偿还布鲁图斯的债务。鉴于布鲁图斯也是西塞罗的密友，无奈之下此事只能不了了之，留给下一任总督解决（而下一任总督也同样会成为布鲁图斯的朋友）。

◇◆◇

不过，硬币的另一面同样重要。罗马当局和选民也承认一项原则：他们对各臣属民族和附属国负有道德责任。前171年第三次马其顿战争期间，裁判官卢克莱修不但给希腊中部被吞并的城邦带来了苦难，也放任他的军队肆意施暴于优卑亚的盟邦查尔西斯。前170年，保民官联名对返回罗马的卢克莱修发起指控，对他施以重罚（100万阿斯，相当于10万迪纳厄斯，当时这是一笔巨款）。如前所述，元老院也在前171年迫于压力颁布敕令，制约西班牙行省官员的过度征税行为。前149年皮索颁布的保民法律，就回应了苏尔皮奇乌斯·加尔巴针对露西塔尼亚人的种族灭绝罪行，也呼应了老加图对加尔巴的猛烈抨击。

必须指出，这些举措都是由平民保民官推出的；作为利益共同体，元老院可没那么热心规训他们中的某个成员。依据皮索定下的法律，被指控敲诈钱财的前任总督将会接受由元老组成的陪审团的审讯，这就意味着，即使被告有罪，有时仍会逃脱制裁（比如结束亚细亚行省总督任职的阿基里乌斯）。这种状况最终催生了罗马人针对行省总督滥用权力的另一番重大举措：由另一位保民官、改革者小格拉古在前123年推出的《返还法案》。这部法案之所以如此命名，正因其关键作用就是要追讨并返还敲诈所得的资金。

《返还法案》的诸多详细条款都保留在一段残损的青铜铭文里：敲诈勒索成了刑事犯罪；陪审团成员也会从可用的罗马骑士等级里挑选（而皮索的陪审员都从元老院里征召）；无论是罗马人，还是代表怨愤行省的外邦人，都可以发起指控。法案还仔细列举了多个条款，规定了案件的立案、听讯和判决细则。如果被判有罪，罪犯则要返还两倍的敲诈金额。陪审团的规模很大，达到了450人之多，简单多数即可裁决结果。

如前所述，改革仍然存在一些瑕疵。首先只有元老及其近亲才能应讼，即便骑士等级已经在发包合同里占据主要的位置。这当然要感谢格拉古兄弟对亚细亚税制所做的种种改变。同时，由于罗马没有国家公诉人这一说，必须由个人（不管是罗马公民还是外邦人）针对行省总督的暴政发起指控，所以，如果前任总督人脉活络或是家财万贯（或者两者皆有），指控人往往可能遭遇威逼利诱。诉讼偶尔也会变成另一种情况，比如前92年的卢修斯·鲁弗斯就成了包税团伙怒火发泄的对象，只因他与斯卡沃拉挡了包税团伙在亚细亚行省的财路。而在前70年，西塞罗代表西西里人发动对维勒斯的指控，他首先需要说服时任的裁判官不要接受一个势将成为敌手的控告人——维勒斯自己的前任财务官，卡埃西里乌斯。此人的目的很单纯，就是接受案件然后输掉。此外，哪怕被告被判有罪，或是像维勒斯这样放弃辩护，他也可以选择离开罗马，自我放逐到几个舒适的外省城市，完好无损地带走他的财产。

尽管存在种种缺点，《返述法案》的颁布仍然标志着罗马人对帝国主义和皇权的接纳上迈出了关键一步。这部法案不仅强化了国家负有关照臣民之责的原则，也画定了一幅补偿虐行的路线图。罗马人整治暴政的举措在之后数十年里仍然不断推陈出新。比如说，有罪判决之后返还金额从之前的2倍增加到了2.5倍，重罪罪犯也将面临重罚（实际操作就是流放）；从敲诈金中得利的第三方也会被起诉，案件中收受贿赂的陪审员亦然。罗马人还颁布了详尽的细则。特别是尤利乌斯·恺撒前59年出任执政官时颁行的那部长篇而又不失精致的《返还法案》，限制了行省总督在行省任上、赴任路上可以征用的商品和劳务，还要求他们在总督任期结束后提交书面的支出记录，同时禁止总督在未经罗马授权的情况下擅自离开行省或是在辖境之外发动战争。然而，这些条款与其他条款一样，往往被人置若罔闻，甚至连恺撒本人也常常将其弃置一旁，但它们仍然保有法律效力，并且在未来数百年内得到进一步的修正和补充。

小格拉古、斯卡沃拉、卢修斯、卢库鲁斯（在一定程度上也包括）、西塞罗，他们的行为显示，还是有一批罗马官员践行了更为正直的品格。更早的案例有老格拉古，也就是前179年在内西班牙任上的改革派裁判官（格拉古兄弟的父亲）。正是老格拉古在西班牙人那里的崇高声望，拯救了四十年之后努曼西亚城郊被俘的罗马军团。同时代的老加图对公款是出了名地一丝不苟，他那个与西塞罗和恺撒同时代的孙子小加图也是如此。另外，一个不那么有名的公职人员典范是在前120年至前119年前往马其顿任职的财务官安尼乌斯。正如一段留存至今的铭文记载，塞萨洛尼卡附近的莱特城就有赖于安尼乌斯激情满怀的保卫。铭文详细说明了马其顿行省在安尼乌斯总督阵亡之后，如何击退了来犯的蛮族。即便是西西里岛那个一言难尽的维勒斯，他也得与两名正直的罗马代理人——塞尔维乌斯与塔迪乌斯相抗衡，有时还得设法周旋，比如他将这两名罗马代理人排除在其恭顺备至的咨委会之外。

◇◆◇

　　罗马各行省的斗争对象不仅仅是品格各异的总督，还有越来越多从意大利涌入的新移民。前2世纪及之后的一段时间里，罗马和意大利商人走遍了地中海地区，他们不但拿下了一个又一个采矿合同和包税合同，也投资农业或其他粮食产品，比如谷物、油，还有广受欢迎的腌制鱼酱。正如提洛岛商业中心的大量铭文所揭示的那样，时至前100年，这些商人已经主宰了海上尤其是爱琴海地区的贸易。他们忙碌的身影也穿梭在帝国以外的世界，比如前149年以前的迦太基，还有前112年的努米底亚首都锡尔塔（该城的罗马商人大批地被朱古达杀害）；如前所述，元老院也在前104年得知，比提尼亚人正在被这些商人掠卖为奴。

　　直至前1世纪80年代，海外意大利人的内部还有拉丁人、"意大利同盟者"和罗马人的分野，而这种分野在罗马公民权普降意大利之后终结了。从前218年到前191年拉丁人和罗马人在山内高卢建立的各殖民地，经过前173年的土地分配和后来移民的涌入，在西塞罗的时代变成了意大利实质扩张的区域，以牺牲早期居民作为代价。因此，山外高卢居民先后获得拉丁身份和罗马公民权也是顺理成章的事情了。前42年，山内高卢行省正式并入意大利。内外西班牙早在前206年大西庇阿建立意大利卡的时候就开始接收意大利定居者了；此后数百年里，罗马士兵和商人纷至沓来,其他新来的移民也选择了留下,其中一部分罗马请愿者前171年在喀提亚定居,罗马人和本土定居者前151年建立了科尔多瓦,还有3000名"西班牙本土罗马人"(斯特拉博就是这么命名的),在前123年殖民了马略卡群岛的帕尔马和波伦蒂亚。前1世纪70年代先后建立的庞帕埃罗和梅特利努姆两市,大概也重演了罗马人和西班牙人混居的状况。争议颇多的保民官瓦里乌斯在前90年成了已知第一个出任罗马城行政官员的外省罗马人,他也得到了瓦伦西亚附近的苏克罗人的"欢迎":有人无礼地称呼他为"杂种"。

前171年的请愿者是活生生的证据,证明来自罗马和意大利的男性定居者与西班牙女性的通婚(无论合法与否),已经比不到一百年前罗马军团初抵西班牙的时候更为普遍。没过多久,通婚就合法化了:瓦里乌斯并非私生子(那样的话他也不会成为罗马公民了),罗马人可以凭借通婚权与外省女人结婚。拉丁殖民地喀提亚就拥有通婚权;苏克罗是否也有通婚权则不得而知。本土西班牙人被称为"西斯潘尼"(Hispani),而在西班牙的罗马人则得名"西斯潘尼塞斯"(Hispanienses),他们的后代会在历史上扮演重要角色(比如图拉真皇帝)。

山内高卢的意大利半岛移民与当地原住民之间的通婚,历史文献少有记载。根据波里比阿的说法,在他的时代(前150年左右)山内高卢行省的所有原住民都被赶回了阿尔卑斯山麓,不过这些文字记录并不可信。其实在比西班牙更广阔的区域里,山内高卢行省形成了民族大融合,他们对罗马历史和罗马文化造成了显著影响。同样的过程也发生在山外高卢。罗马征服该地之后不出几十年,大量罗马人和意大利人就成了土地主、商人和放贷人（人数规模甚大，以至于西塞罗在前69年宣称，这里没有一个硬币的交易不经过罗马银行家之手）。

　　向各行省移民，实际上没有阻碍，尽管从明面上看，一个移民要想旅行定居需要充足的个人资源。罗马官方有时会鼓励移民，比如山内高卢各殖民地，还有前2世纪的土地赠予，以及后来小格拉古将迦太基重建为罗马殖民地的计划：他准备给这里取名朱诺尼亚。最后，这个计划并未落实，但被选中的殖民者接受了阿非利加行省的土地赠予。此后在前118年左右，罗马决定在山外高卢西部建立纳尔波·马尔狄乌斯。用西塞罗的话说，此地乃是"我们帝国的瞭望塔和堡垒"。这句话显示，这些新建殖民地包含了国防考量；但是还有几个新建殖民地是为了给罗马公民在新的土地上创造机会（比如说，山内高卢的土地赠予，那些迦太基周边的殖民地，以及一百年后恺撒与奥古斯都的大型工程）。

　　殖民地的规模各有不同，随着当地条件和居民需求有所变动。在意大利，各个拉丁殖民地接收了2000到4000名定居者（包括其家人），罗马公民的殖民地则要少得多。比如在山内高卢，皮亚琴察和克雷莫纳在前218年都有了6000户定居者家庭，因为这两个殖民地都是在新政府的领土建立的（即便如此，它们都要在汉尼拔战争之后重新补充定居者）。前191年，穆提纳和帕尔马各有2000户，波诺尼亚则有3000户。在20年后，外西班牙的喀提亚也成为拉丁殖民地，这里生活着4000名罗马-西班牙请愿者，加上已有的住户一共达到了6000名乃至更多。与小格拉古大胆的朱诺尼亚计划相同的愿景再度推出，不过它仅限于罗马人。殖民者总能得到规模不等的赠予土地，具体多寡与土地的位置和接受者身份有关。如果李维的著作还算准确，那么山内高卢殖民者彼此之间获赠土地的规模差异很大,尽管证据有限:每名殖民者在穆提纳只有吝啬可怜的5尤格(1.25公顷),而一个普通的定居者在阿奎莱亚可以拿到50尤格的土地;前任百夫长可以拿到100尤格,列名骑士等级的可以每人获赠140尤格。在小格拉古的朱诺尼亚计划里,每个殖民者都可分得200尤格之多的土地(根据一部保存至今的土地法文本),这也与传记作者普鲁塔克笔下的小格拉古形象吻合:他旨在为"最值得尊重"的定居者服务。

拉丁殖民地与罗马殖民地都是自治实体,行省也是如此。因此这些殖民地就成了外省人效仿的典范:每个殖民地开始建立的时候都有说拉丁语的意大利定居者,有一个"元老院"(名叫"奥多"),还有殖民地公民选举产生的有限任期官员。他们应用罗马法规则,也会因此自然得到罗马总督及其代理人的赏识。

定居外省的罗马包税人、商人、地主还给身边的外省人带来了另一大影响:罗马人会建立"罗马公民团"(conventus civium Romanorum)。这是一个由罗马公民组成的协会,他们通常会选举自己的非正式官员,对某个外省城镇施加支配性的影响力,即便他们的人数只有几十人或是几百人。从西塞罗的指控文字我们得知,前70年,也就是那个备受谴责的维勒斯当政的时代,西西里岛已经有了一些罗马地主,他们早在前2世纪30年代就已经来这里居住。其中一人也许就是备受尊敬的罗马骑士洛里乌斯,哪怕他已年且九十,还是会被维勒斯手下的马仔凌辱虐待。

而在那些并非罗马直接统治却又在罗马霸权辐射范围内的地区,包括希腊与爱琴海、小亚细亚、埃及、北非,同样接收了大批意大利商人、借贷者、税吏和土地投资者,他们或长期或短期地成为这些地方的居民。而在同一时间段的亚细亚行省及其周边地区,米特拉达梯王的支持者揪出并屠杀了8万乃至更多的罗马人和意大利人。在前1世纪40年代的内战期间,西班牙南部的罗马人还足够富裕,能够承担前49年恺撒的反对者在资金和物资上严重勒索;四年之后,起兵反抗恺撒的四个罗马军团之中就有一个军团是由罗马定居者组成的。西塞罗的朋友拉比利乌斯·波斯图姆斯甚至因其商业上的影响力,短暂地成为埃及的财政大臣(见第四章)。在前2世纪到前1世纪的爱琴海诸岛(比如提洛岛和科斯岛),意大利移民也与那里的希腊人平等地组成了政治实体,他们一起做宗教祭献,一起向罗马领导人致敬。

罗马商人在附庸国和行省的公民团也可以成为有力的政治实体。前112年,在努米底亚的锡尔塔,罗马人和意大利人组成的商人群体就组团抵抗了努米底亚王的对手朱古达(他们也在城市陷落时付出了生命的代价);前82年在阿非利加行省的尤迪卡,正是罗马公民团体以私刑料理了腐败的总督哈德良努斯;在西西里岛,正如西塞罗后来控诉的那样,维勒斯对这里为数众多的罗马公民团置之不顾,任用佞幸私昵做他的代理人,或者只从罗马公民团里选用那些最惹人讨厌的人。在恺撒战争期间,科尔多瓦和莱什(伊利里亚)两地的罗马公民团就在前49年帮助恺撒控制了这些城市。在三年之后,尤迪卡的强大公民团——俗称"三百人"——却站在了恺撒的死敌小加图这边。尤迪卡和该省的其他城市(比如哈德鲁美图姆)的公民团确实也在恺撒取胜之后为此付出了代价:恺撒单独拎出"三百人",对他们处以5000万迪纳厄斯的巨额罚款。相较而言,在爱琴海的科斯岛,"做生意的罗马公民"（罗马公民团的另一种说法）则很开心地感谢恺撒在前44年初释放的善意举动。他们的铭文不但将恺撒推崇为统治者，而且还将恺撒奉若神明——这比恺撒正式封圣还早了两年。

随着公民权在外省的普及，罗马人定居者组成的公民团中也加入了当地的新罗马人。在奥古斯都的时代，西班牙西南的富庶岛屿城市加的斯已经有了多达500人的罗马骑士，山内高卢的帕塔维乌姆也是如此（这里是历史学家李维的出生地）；加的斯与西班牙其他几个地区的居民，就像山内高卢的所有罗马殖民地一样，都成了罗马人。同样，长期通婚也产生了越来越多的罗马人和外省的罗马人后裔（比如说前90年的审讯保民官瓦里乌斯）；外省的罗马人也会在未来成为帝国的共治者。

◇◆◇

罗马定居者越来越多，自然而然地影响了各个行省。特别是在西部行省，当地人开始掌握拉丁语。拉丁语文学中出现非罗马作者的身影，至早可追溯到前3世纪的诗人李维乌斯·安德罗尼库斯，他是出生于意大利南部他林敦城的希腊移民。此外在意大利半岛南端的卡拉布里亚·鲁迪埃，也出了个多才多艺的恩尼乌斯。各个行省很快就有了更多拉丁语作者，比较著名的有恩尼乌斯的同时代人、山内高卢的剧作家卡埃西里乌斯·斯塔提乌斯，还有据说是迦太基奴隶出身、前158年就英年早逝的释奴泰伦斯（也就是普布利乌斯·泰伦提乌斯·阿非尔）。山内高卢后来还出现了与西塞罗同时代的来自维罗纳的卡图鲁斯，以及博学多识的科尔内利乌斯·尼波斯，这两人都至少部分拥有高卢血统。还有一种说法声称,哲学家兼诗人卢克莱修也是山内高卢人。因此毫不意外,在前1世纪70年代,西班牙的科尔多瓦也出现了一个文风绮丽而又热情激荡的拉丁诗人圈子(西塞罗语带鄙视地提到过他们)。甚至在更早的时候,前100年左右,一些西班牙人就已经对希腊修辞和语文学表现出浓厚的兴趣,他们在客居于此的比提尼亚学者阿斯克莱皮亚德斯的门下受教。

从很早的时候开始,罗马官员就希望外省人懂得拉丁语,至少是外省的领导人要懂拉丁语。喀提亚的拉丁殖民地从一开始就使用这门语言,至少在官方正式场合。同样,早在前190年或前189年1月,阿米里乌斯·帕乌鲁斯(后来的马其顿征服者)就以外西班牙裁判官的身份发布了一则敕令,宣布之前被附近罗马士兵统治的一个奴隶社群重获自由。这则敕令是西班牙最早的拉丁语文件,至今仍然保存在青铜石板上。前104年,外西班牙行省发布了另一封裁判官青铜石板敕令,允许位于今天阿尔坎塔拉附近一个投降的反叛群体(名字难以辨认)可以在严格条款下保有他们的土地和法律。这种敕令的抄件当然也在接受者那里保存,以证明他们的新境遇。在前117年的山内高卢,两名专员(名叫米努西乌斯兄弟)发布了一封冗长详尽的裁定书,这篇保留至今的文件要求将罗马的法律原则应用于沿海城市热努亚(热那亚)与邻近农业城市朗格尼塞斯·维图里之间的土地纠纷。

在西班牙,各居民群体也引入了各种罗马式的生活方式。意大利的一处铭文显示,来自内西班牙行省勒里达(位于今天的莱里达)的一队骑兵取了罗马化的名字,比如科尔内利乌斯、法比乌斯。那时还没到前89年,他们因"萨卢伊坦中队"的英勇表现而获得公民权作为嘉奖。改名行动肯定早在二三十年前就开始了：他们的父亲在当时改成了凯尔特人名字，就像莱里达骑士改用罗马名字一样。西班牙发现的另一段铭文显示，康特雷比亚·贝拉斯卡（埃布罗河中游南岸小城）正在仲裁与邻近三个农业社区之间的用水纠纷，罗马总督批准了这次裁决。这段铭文按照罗马历法是前87年5月15日，不但用了拉丁语写成了符合罗马法律措辞的仲裁，也显示康特雷比亚已经有了一个元老院（原文如此）和两个主要的行政官员，被称为裁判官。与此同时，这些官员和他们的低级官员使用的都是凯尔特名字。

从前3世纪末，罗马就开始授予外省人公民权。前219年，德高望重的希腊医生阿里斯塔克斯成为罗马公民，罗马也为他购置了一间手术室；在西西里岛，两名叛变的迦太基军官：莫埃里库斯和莫托内斯，也在数年之后得到了罗马公民权，这是对他们同汉尼拔作战的奖赏。莫托内斯后来改名成了瓦勒里乌斯·莫托内斯（他的恩主是资深执政官瓦勒里乌斯·拉埃维努斯），后来也发家致富了：他在前190年到前189年间成为罗马在德尔斐的荣誉代表，与有荣焉的还有他的四个儿子：普布利乌斯、盖尤斯、马尔库斯、昆图斯，四人也都成为罗马公民。莫托内斯的案例显示，获得罗马公民权的人就会接受恩主的名字，但就像之前的奴隶一样，他们也可以保留自己的姓氏。他们的子孙后代也顺理成章地成为罗马公民。

授予公民权的现象仍然罕见，因为罗马人并不情愿给别人哪怕是同胞意大利人以公民权。而在外省，第一批大规模授予更高法律地位的行为发生在前171年，给予喀提亚和罗马-西班牙请愿者以拉丁公民权，而不是罗马公民权。西班牙东海岸的瓦伦西亚创建于前138年，当时还只是一个普通的外省城市，但并不妨碍这座城市在前50年左右称呼自己为"殖民地"：这是一个意外之喜，毕竟这个城市在前1世纪70年代还与塞尔托利乌斯的叛乱者在同一战线。但情况或许是这样的：得胜而回的行省总督庞培和梅特鲁斯重新在这里安置了忠于罗马的人或者是退伍的老兵，然后为其赢得了拉丁公民权或者罗马殖民地地位（后者可能性不大）。前81年，全意大利都得到了罗马公民权，而在同一时间里，拉丁公民权也被授予给了波河以南的山内高卢地区。无论是拉丁公民权还是罗马公民权，外省至此得到法律身份的人也就更多了。庞培与梅特鲁斯的确得到授权，赠予特定的西班牙人以罗马公民权，奖励他们的忠诚服务：最知名的受益人就是加的斯的大富翁科尔内利乌斯·巴尔布斯。此人后来（颇为讽刺地）成了庞培政敌恺撒的密友。前44年恺撒遇刺后，巴尔布斯又成了雄心勃勃的屋大维的关键支持者。四年之后，巴尔布斯成为罗马第一个来自行省的执政官。

各大行省在罗马的政治中也发挥了重要作用。前91年以来，它们不断卷入罗马内战，而且并非被动参与。行省出兵参与内战，比如现身意大利的萨卢伊坦中队，以及一支高卢骑兵，在前53年配合行省总督克拉苏参与了灾难性的帕提亚战争。恺撒第五军团，绰号"云雀"（得名于他们帽盔上的鸟羽），征募的就是高卢人，此外还有1万名由西班牙人和高卢人组成的骑兵部队，都加入了前36年马克·安东尼发动的针对帕提亚的战争。那场战争同样是灾难性的。外省罗马人无论是移民还是本土血统，纷纷成为元老或出任公职。恺撒当政期间，罗马城里流行一个玩笑：恺撒在他的凯旋式上顺手提拔了俘虏来的高卢人，然后进入了元老院。这个玩笑算是对恺撒政策颇具嫉恨的夸大：

恺撒正是从山外高卢和内外西班牙大力提携后进，才一路挺进到了权力高峰。诗人科尔内利乌斯·加鲁斯是恺撒的军中门徒维吉尔的密友，也是吞并埃及后的第一任总督（前30年到前27年）；他出身骑士等级，也来自恺撒在高卢北部的基地城市弗雷姆尤利（弗雷瑞斯）。罗马与各个行省，就这样在缓慢而且断断续续的状态下开始了融合的脚步，尽管当时很少有人意识到这一点。

第四章

帝国主义共和国的政治衰弱

前2世纪，罗马人开始忧心忡忡：共和国在地中海地区霸权的大规模扩张，究竟会给他们的社会带来什么？人们对希腊文化与日俱增的兴趣成了批判的靶子。监察官老加图本人虽然精通希腊文学历史，但他也抱怨涌入的希腊思想和生活习惯，从哲学理论到医生莫不如是（老加图就禁止他的儿子去看希腊医生）。失意沮丧的老加图甚至怒骂希腊人是"毫无价值而又跋扈难制的种族"。前186年，元老院也对流行一时的酒神崇拜深表忧虑。酒神狄奥尼索斯（这又是一个东方舶来品，尽管并不明确是从希腊进口），对应的罗马神名为巴克斯，固然风靡一时充满魅力，但据说极其下流淫荡。因此酒神崇拜催生了一条严格管制的法令，尽管没有严格地将其禁绝，但禁止罗马人成为酒神祭司。这份元老院决议也是现存最早的一份。罗马在前172年的外交方针以欺骗的方式让马其顿的珀尔塞乌斯重新相信，罗马并没有要发动战争。部分元老认为，这种欺诈手段"很不罗马"，是一种"新出现的聪明过度的狡狯"，这也是对新哲学风潮的抨击。

罗马人还在前155年见识了一次希腊式智慧的表演，这次表演可谓臭名昭著。当时，带着外交使命来到罗马的著名怀疑主义者卡尔内阿德斯做了两场有关"正义"的讲演：第一天，他以有理有据的论点捍卫了"正义"的概念；然而在第二天，卡尔内阿德斯又痛陈，"正义"仅仅存在于那些热衷于证明自己正确的人的心里。卡尔内阿德斯的前后矛盾大大地冒犯了自认正确的敏感听众，在老加图的请求下，元老院将哲学家从意大利驱逐出去。而在几年之后，老加图尖锐刺耳的要求"迦太基必须毁灭"也遭到同样声望卓著的西庇阿·纳西卡的反对。纳西卡认为，罗马必须一直允许一个敌国存在，才能让罗马国家免于傲慢自大和沉沦堕落。也是这位纳西卡在前154年推动元老院做出决策，拆毁了罗马第一座石筑剧院。他的依据是，这座剧院会鼓励罗马人坐下来文恬武嬉，侵蚀共和国的优秀道德品质。

早期罗马人以他们的节制自持倍感自豪（他们的子孙后代也乐于如此想象），比如，前275年，科尔内利乌斯·鲁菲努斯（独裁官苏拉的祖先）据传因持有10罗马磅之重的银器而被元老院除名。后来的道德家也乐于夸大这种清俭自持。前211年，罗马为海军筹集作战资金开征了一种特别税，最高一级针对财产超过100万阿斯的公民，以新银币计算的话就是10万迪纳厄斯。粗略估计，拥有如此雄厚资产的公民每年要上缴约5000迪纳厄斯的税收，超过一个士兵120迪纳厄斯收入的40倍。前170年，罗马针对作恶的资深执政官卢克莱修罚款100万阿斯，这个数字相当有代表意义。但随着财富以战利品、补偿金、行省税收、贸易投资所得，以及奴隶的形式大量流入罗马国家，社会精英的收入和炫耀性消费也在迅速增长。

炫耀性消费也让道德感很强的罗马人大为困扰。他们的应对方法是不间断地颁布法案，序幕就是前215年对女性拥有黄金和奢侈品的各项限制。尽管这项法令于前185年撤销，还违逆了老加图的敦促，但紧跟着在前182年，又出台了一部相对温和的法案，限制出席晚宴的客人人数。之后就是前161年，某执政官发布的《法尼乌斯法》，规定了一个人在宴会上可以花多少钱；这部法律在前143年某保民官发布的《蒂丢斯法》中得以延续。反对奢靡生活的立法后来继续颁布，最著名的就是独裁官苏拉与恺撒。越来越多的禁奢法令依次颁布，其实说明违法是家常便饭，更不用说还有大量关于奢侈品的考古证据和文献证据。事实上，除非有政治运动，否则很少有人提起诉讼。禁止奢侈、禁止高利贷剥削、禁止元老从事商业活动，这些法律其实都收效甚微，毕竟世界强权的地位给了罗马精英太多致富奢华的机会（对元老经商的禁令可以追溯到前218年；在西塞罗的时代，人们将其视为各项"古老已死的法律"之一）。人们对道德哲学的兴趣也根本无法保证实际生活中的道德。著名的布鲁图斯对道德哲学非常热爱，但这并不妨碍他在外省的敲诈性放贷。更不用说小加图在前57年为了罗马的利益毫不留情地抄没了塞浦路斯的国库。数年之后，西塞罗也热衷于研究他的贵族反对者皮索，究竟是贪图享乐多一点，还是穷奢极欲多一点。

从前2世纪开始，罗马精英不仅仅因罗马的势力扩张而获得日益增长的财富，还在海外享受了地位和荣誉。希腊化的东方已经适应了君主对赞美的热衷，他们也将相似的赞词用在了得胜的行省总督头上，比如弗拉米尼努斯、小西庇阿、苏拉、庞培，从雕像、热情洋溢的法令、节日（比如说，弗拉米尼努斯笑纳的迪特伊亚节），到对其近乎神灵的荣崇。每逢罗马高阶官员东行，比如前140年至前139年包括小西庇阿在内一路考察爱琴海和埃及的使团，代理人所到之处无不获得了奢华的款待。一些东方国家乃至东方君主都需要对罗马代理人倍加尊崇。即使是一个罗马人在尊荣和威望上稍逊，他也会受到尊重。有些人会无耻地滥用这种尊重，比如维勒斯。但是更好的例证是元老梅米乌斯，他前112年的春天访问埃及，受到埃及王室官员格外热情的招待。一份留存至今的纸草书显示，王室官员要求法尤姆（金字塔附近）的官员以"特别奢丽"的规格接待梅米乌斯（包括礼物和住宿），甚至将那些本来用于祭祀的珍品圣鳄用来招待罗马使节。而在西班牙，如前所述，科尔多瓦热情的当地诗人曾在前1世纪70年代对他们的行省总督大加赞扬。当时的国王远远不能和罗马领袖相提并论。

◇◆◇

土地田产仍然是经济生活与社会生活的基石：最富有的贵族也是富有的地主，即便他们也会身兼银行家或包税人的身份。老加图晚年的《农业志》正是为他儿子这样的富有农民撰写的，书里谈论的是中等规模的庄园，面积大约100到240尤格（25到60公顷），劳动力主要是奴隶。当然了，老加图会想当然地认为他的读者也是这种经济条件。考古发掘发现，这种规模的财产在前2世纪最为普遍，大庄园则没有那么常见。昂贵的家具和家用器皿也是罗马人的乐趣所在：早在前2世纪20年代，法比乌斯·阿罗布罗吉库斯（山外高卢的征服者之一）就拥有1000罗马磅之重的银器（老普林尼如此写道）。他是第一个达到如此财富值的罗马人。到了前100年，非常多的元老和罗马骑士都拥有乡间别墅和地产，这些农场、羊群、牧场、果园、鱼塘遍布意大利半岛和海外各地。

当时，10万迪纳厄斯（40万塞斯特斯）是进入骑士等级最低的经济门槛：依照大致估计，骑士身份将为他带来5000到6000迪纳厄斯（20000到24000塞斯特斯）的年收入。西塞罗在一篇哲学论文里做了一番犀利的比较，他评断说，年收入达到60万塞斯特斯的人可以称为奢侈，而从他做过执政官的视角而言，年收入10万塞斯特斯是"不足挂齿"的。在西塞罗的愿景里，年入60万塞斯特斯的人拥有乡间别墅、大理石门、雕像、绘画,以及造价不菲的服饰和陈设。如前所述,一个军团士兵的年薪只有区区120迪纳厄斯(恺撒在前46年给它涨了一倍)。西塞罗笔下的富人可以每年供养1250名军团士兵,这几乎是个小型军队了。前1世纪50年代那个脆弱的三头同盟(克拉苏、庞培、恺撒)就喜欢自夸说,除非能养得起如此规模的小型武装,否则你就不配做个富人。

并非所有元老或是骑士都拥有这么高的收入,但在西塞罗的时代,事实上,所有元老和骑士都比他们之前的祖先富有得多。有些人是真的很有钱。西塞罗的朋友、对政治不感兴趣的骑士阿提库斯在前32年去世后,留下了价值1200万塞斯特斯的财富(合300万迪纳厄斯);借助投资和放贷,阿提库斯在罗马城及其周边以及亚得里亚海对面的伊庇鲁斯也拥有地产。西塞罗本人大概要更富裕一些。与他的朋友一样,西塞罗也在罗马、意大利和海外拥有大笔地产(包括贫民窟寓所);同时,他也能从辩护士的职业里获得大笔进账(从法理上说,这是客户的礼物),同时与阿提库斯一样的是,西塞罗总能得到大笔遗产捐赠。前51年到前50年还在奇里乞亚总督任上的时候,西塞罗就从官方津贴中"省下了"55万迪纳厄斯。前44年,他的儿子马尔库斯在雅典学习的时候,西塞罗给了他1.9万迪纳厄斯的路费。前文已经提到,西塞罗同时代的巨富、尤其忙碌的骑士波斯图姆斯,此君不但是形形色色包税人同盟的一员,还拥有一支负责进出口的驳船船队。他在东方行省大做放贷生意,充当了庞培在海外的顶级金融代理人。不但如此,靠着这个人际纽带,他甚至还成了前55年到前54年的埃及财政大臣,尽管任期短暂且不得人心。但即便是这些巨富,与其他几个西塞罗同时代的顶级富豪相比，也要黯然失色。前55年，克拉苏的财富超过了8000塔兰同（4800万迪纳厄斯），身为执政官的他将财富的十分之一捐给了大力神赫拉克勒斯，还把大笔金钱赠予罗马居民。但即便是这样，克拉苏还是有7100塔兰同的巨款。他的对头庞培财产同样巨大（尽管恺撒后来没收了其中的大部分），甚至在庞培死了十年之后，他的儿子还得到大约7000万塞斯特斯，这个数字大概是庞培本来财富的三分之一。庞培的巨额财富有一大部分都源自他对东方的征服，不少财富也以高利贷等形式在当地继续投资。出任奇里乞亚总督期间，西塞罗发现，加拉太国王德约塔卢斯（他也欠了布鲁图斯的钱）就因为偿还债务的问题被庞培的代理人折磨得不堪其扰。这个倒霉的国王每月可以搜刮33塔兰同（19.8万迪纳厄斯），但依然不够偿付其债务的利息。

前50年，顶级的巨富还是要数那位高卢的征服者，他在高卢残酷无情的十年抄掠意味着可以向朋友和潜在支持者慷慨地提供礼物和贷款。保民官库里奥得到了1000多万（或许是5000万）的塞斯特斯的金钱；前50年的执政官阿米里乌斯·帕乌鲁斯收到了3600万塞斯特斯，尽管他后来并非恺撒的有力支持者。即使经历了三年代价高昂的内战，前46年恺撒在高卢取得胜利，据说还弄到了高达6.5万塔兰同（15.6亿塞斯特斯）的巨款、总重超过2万罗马磅的金冠，还俘虏了100万敌军士兵（掠卖为奴）。史料并没有记载恺撒转卖战利品为自己赚了多少钱，但在遗嘱里，恺撒向每个罗马男性公民派发了300塞斯特斯，而当时拿到钱的公民至少有90万人；而且，他也向至少15万具备资格的罗马城公民派发了粮食救济。此外，恺撒还给自己选定的继承人屋大维留下了庞大的财富，帮助这个年轻人在前44年到前43年如火箭蹿升一般到达权力的巅峰。

◇◆◇

无论如何，帝国的巨额收益还是回馈给了普通的罗马人，居住在罗马城或附近的人，以及罗马军人。按照惯例，战利品一部分用于公众节日和娱乐活动，另一部分则作为奖金派发给打仗的军官和士兵。前201年大西庇阿凯旋的时候，就给每名军团士兵派发了40迪纳厄斯作为奖赏（通常情况下他给百夫长和骑士的奖金大概率会更多）。他的兄弟卢基乌斯·西庇阿也在前189年击败安条克三世的时候，给每名军团士兵发放了25迪纳厄斯。前167年，马其顿征服者阿米里乌斯·帕乌鲁斯给每名军团士兵发放了100迪纳厄斯以安抚他们（每名百夫长200，每名骑士则是300），因为第一次发放奖金的时候太过吝啬发生了剧烈抗议。时间来到前1世纪，罗马发放的奖金就更多了。前61年，庞培在东方的光辉胜利让他的军团士兵拿到了每人不少于1500迪纳厄斯的报酬，相当于超过十二年基本薪酬的总和。十五年之后的恺撒与之相比一点也不逊色，他在更光辉的"三天胜利"后一掷千金，给每名士兵都发了5000迪纳厄斯。前49年到前29年间的内战让绝大多数士兵都拿到了奖金，虽然钱数不多，但是次数很多。每次每人大概都能拿到500到1000迪纳厄斯，这也是为了维系他们的忠心。

更多战利品大概会用于修建纪念神庙、公共工程或纪念碑，这也意味着工人和工匠增加了就业的机会。弗拉米尼乌斯在前221年到前220年间做监察官的时候，就在台伯河岸建造了一座体育场，名叫"弗拉米尼乌斯马戏场"，还修了一条通往北方的弗拉米尼亚大道。这些工程的资金至少有一部分是之前山内高卢几场胜仗的战利品。前146年罗马吞并马其顿之后，征服者梅特鲁斯·马其顿尼库斯还修建了一圈石柱廊，环绕罗马第一座祭祀宇宙之神朱庇特的神庙。即便在恺撒镇压高卢的战役尚未结束之时，他就已经利用劫掠得来的巨大财富修建了一座新的集会广场，也就是卡皮托林山山脚下的恺撒广场。这仅仅是众多工程中的一例。几年之后，恺撒又在广场上修了一座维纳斯神庙，祭祀他神圣的女性先祖。前51年，恺撒又拨款900万迪纳厄斯，为他的政治盟友阿米里乌斯·帕乌鲁斯在旧广场附近修筑了一座奢华的方形会堂（地基直到今天仍然清楚可见）。

自然，当时的罗马人也将行省得来的收入当成他们的财产，为他们的利益服务。波里比阿就曾提到，在他的时代（他在约前150年访问西班牙），新迦太基城的银矿每天都能带来2.5万迪纳厄斯的收入，这对罗马人民而言就是每年912.5万的巨款；史料并没有记载西班牙的矿场能否把收益留给西班牙当地各族群。改革派保民官大格拉古在前133年刚刚得知阿塔鲁斯三世将帕加马"遗赠"于罗马之后，就颁布了前文提及的那部法案，预先将阿塔鲁斯的财富用作他在意大利半岛赠予土地计划的本金。十年之后，他的弟弟小格拉古同样受到启发，想将亚细亚行省的财富用于自己那些更加昂贵的计划；当然，这些财富与行省的纳税人丝毫没有关系。前57年，塞浦路斯重演了这一戏码，（保民官克洛狄乌斯下令）没收了当地的国库，用这笔钱向罗马城居民分发免费的粮食救济，以此代替小格拉古起初推行的廉价粮食补贴。意大利半岛上的普通公共工程也是如此，它们的经费全部或部分都来自行省收入。建于前144年到前140年间的玛西亚引水渠长达91千米（这是一百五十年来的第一条引水渠），裁判官马尔修斯·雷克斯修建的这个工程每天能给罗马多输送18.7万立方米的干净用水，罗马城的总供水量因此增加了42%。这项大工程耗资高达1.8亿塞斯特斯（4500万迪纳厄斯），其经费毫无疑问源于罗马在迦太基和科林斯的战利品。

◇◆◇

自第二次布匿战争以来，罗马城海量涌入的财富无可避免地引发了意大利同胞的嫉妒，这种嫉妒后来发展成了怨望。自汉尼拔入侵以来，意大利人的领土遭受了严重毁坏，而在前201年之后纵横地中海无敌手的罗马军团里，意大利应征的士兵人数要多于罗马士兵；更严重的是，他们的自治地位也被罗马的行政官员和元老院侵蚀，甚至是忽视。前186年元老院的敕令就是一个早期案例，这纸旨在限制酒神崇拜的敕令直接在整个意大利地区颁行，但战利品和岁入却或多或少地由罗马人专属。小格拉古作为改革者曾经告诉罗马公民，一个前任执政官在访问坎帕尼亚的泰阿农·西狄奇努姆之时公开鞭打了一名当地行政官员，罪名是他没有清洁男人的公共浴池，而且将其挪为妻子的私用；而在拉丁姆平原的费伦迪诺，同样有行政官员因为类似越界行为负罪自杀。

时间进入前2世纪20年代，意大利人开始觉醒，认为他们也应当享有罗马公民权。罗马人对此却并没有什么热情，尽管这是罗马国家几百年来得以壮大的原因。罗马人对此犹疑不决，这种犹疑发展到极致就完全成了自私——正如前122年小格拉古提出授予拉丁人公民权的时候，执政官法尼乌斯警告选民说："如果你将公民权授予拉丁人，你认为自己将来还能像现在这样在各级大会里占据一席之地吗？或者说，你还有份参与竞赛与节日吗？你不觉得这些拉丁人会拿走一切吗？"小格拉古的提案也因此失败。罗马政治精英还有其他顾虑：雄心勃勃的意大利贵族会竞逐公职和荣誉，大批新选民与罗马元老家族的联系会变得稀疏，战利品和帝国财富在三倍于罗马国家人口基数的基础上分配。结果就是，屡次申请公民权的动议都被挫败，哪怕是仅仅给予拉丁公民权的动议也没通过：前125年，执政官福尔维乌斯·弗拉库斯就曾推动这项动议；他的朋友小格拉古在前122年的法案也曾提出，不但给予拉丁人公民权，也要向其他意大利同盟做出让步；反对派保民官李维乌斯·德鲁苏斯否决了格拉古的法案，他本人想推行更缓和的提案，可也遭到否决。之后三十年里，那些例行公事的举措很难抚慰意大利人的羞恼，比如"授予那些在敲诈官司里获胜的拉丁人以公民权"（前101年的法案）、允许杰出将军马略授予少数值得照顾的同盟者士兵以公民权。罗马人的固执仍在继续。前95年，声望胆识俱佳的两名执政官，李锡尼乌斯·克拉苏和穆西乌斯·斯卡沃拉，还是颁布了一部法律，将那些伪造公民权身份的非罗马意大利人赶出罗马城，某些案例里甚至还起诉追责。虽然很少有意大利人真的被起诉，但这仍然深深激怒了意大利人。最终在前91年，李维乌斯·德鲁苏斯之子小德鲁苏斯在保民官任上推动了一项新的改革计划，意在给予同盟者以公民权。但仅仅因为这个就遭到了元老院的否决，连带他的其他改革措施也未能通过。没过多久，小德鲁苏斯就遇刺了。

罗马人的顽固不化最后反噬了自己。罗马共和国那些数不胜数的、最古老也最好战的意大利同胞，在前90年到前89年间拿起武器，一场蔓延全意大利的恶性战争开始了。在这场战争里，西班牙来的萨卢伊坦中队大出风头。最终，公民权还是到来了：罗马先是授予拉丁人和其他仍然忠诚的意大利人以公民权，然后是反叛者。罗马人在一开始运用策略，将他们一股脑儿地划进了区区35个投票部落。但即便如此，反复上演的罗马内战还是起了作用。至迟到前81年，整个半岛都已普享罗马公民权，新的罗马公民也得到了公正的选区划分。至此，"罗马人"的概念也扩大到了山内高卢一半的土地，还有其他类似西班牙骑士这样的忠诚者。意大利半岛经历长期延宕后终于历史性地并入了罗马国家，但尽管如此，它的加入也没有减轻这个"帝国主义"共和国的诸多压力。

◇◆◇

从前2世纪50年代开始，这些压力日渐增长，直接导致了一个帝国的诞生。为了保卫并扩张领土、对抗其他国家，罗马人总是需要大量军队：哪怕是在相对和平的前167年到前154年间，罗马人都有四到六个军团在服役（当然里面还有意大利士兵作为补充），同样和平的前1世纪90年代，罗马也保留了五六个甚至七个军团。依照罗马法，军团主要从罗马农民中招募，应征者必须是土地所有者；这么一来，农民的数量在前2世纪40年代及之后的日子里开始困扰罗马各位首领。尽管有历史记录的人口普查中，男性公民的总数比前3世纪的时候高得多：从前204年的21.4万人到40年后的33.7万人，又到了前135年的31.8万人，但农民人口在下降，原因是富有的土地投机者和军事服役带来了多重压力。虽然我们没有罗马的农业统计数据可供查证，但至少许多罗马人都相信这一点。与此同时，罗马城本身也在快速扩张（正如玛西亚引水渠表现出来的那样）：城中居民数量从前200年的约15万涨到了一个世纪之后的约37.5万，到奥古斯都大帝时代则飙升到100万人。罗马城人口的不断膨胀也意味着大家需要更多的公职人员和就业机会。这也意味着，住在行政官员公共集会地步行范围之内的公民人数更多了，进行正式立法和选举活动的各级会议也有了更多的参与者。一些罗马领导人也相信，国家需要在法律和行政方面进行修正和改良，比如征收行省税收、处理贿赂敲诈案件等。

理想情况下，这些问题都不应对富有而成熟的国家带来沉重压力。三个多世纪以来，罗马人之间那些最根本的争端——平民与贵族的矛盾、对负债者的重罚、各级官员的权力——都以双方的妥协或一方向另一方让步得到解决。自从前439年半传奇色彩的那个事件以来，还没有一个罗马公民因为政治而遭杀害。但从前133年以来，这种政治谋杀就越来越多了。贵族与富有精英表现出了强硬甚至充满敌意的态度，他们不愿意放弃罗马帝国霸权在增长多年后带来的资产，甚至不愿后退一步：他们握有大量外租公地的实际控制权；依靠现有罗马公民的选票，毫不动摇地庇佑罗马公民的现存政体；贵族依靠低收入士兵的贡献狂热追逐"荣誉"；元老院与行政官员对国家财务、国内外行政机构和公共秩序享有不受限制的主宰权；还有罗马对意大利的榨取，侵夺了意大利人本身的利益。许许多多的罗马人都加入了坚定的保守主义阵营，他们认为，土地赠予、补贴廉价粮食，还有（后来）大幅削减私人债务，即便不是犯罪，也与犯罪相差无几。每当罗马人在这些议题上情绪高涨的时候，暴乱的临界点往往就会来临。

这并不是什么阶级斗争，因为斗争的领导人往往都是上层阶级的成员，其中一些人（比如格拉古兄弟，还有后来的恺撒）事实上还是贵族，是祖上做过执政官的精英家族。后来的罗马流行这样一种说法，小格拉古让骑士等级成为敲诈案件陪审团成员的做法，已经让罗马社会与元老院之间形成了长久的敌意，也让罗马骑士等级获得了持久的政治权力。但这种说法理由并不充分。陪审员资格（这对绝大多数现代人而言有些难以接受）确实造成了长达半个世纪的声望之战，但骑士等级往往与保守派站在一起拒绝变革。早在前121年，一些骑士就团结在执政官奥比米斯身后，屠杀了小格拉古及其支持者。此外他们还与执政官马略一起，镇压了一场真正的骚乱（这仅仅是一例）。前92年，骑士出身的陪审员以荒谬的理由判定卢修斯·鲁弗斯犯有敲诈罪，这引发了一场轰动：要知道，这次审讯之前，敲诈罪法庭的判决往往都是全票赞成的。

这些斗争也不存在什么广泛的意识形态冲突。前133年到前101年间，绝大多数有争议的法案都仍然有效，或者为相似的法案所取代。对改革的敌意，或者说对改革者个人的敌意，并没有化作对改革内容的盲目反对。然而这一切到前100年都变了，保守派的反应从那一年开始越发激烈。这项改革，绝大多数罗马领袖和罗马普通人从一开始就拒绝接受的改革：授予意大利同胞以公民权。

早在西塞罗的时代，想要改革的人就被称为"民众派"（因为他们要求推行有利于罗马人民的政策），反对改革的人则扬扬自得自称贵族（意为"最好的人民"）。尽管如此，一个推动"民众派"议题的政治家并不一定就会支持其他改革议题，在整个公职生涯中也不一定会持续推动这些改革议题。出身贵族的保民官多米迪乌斯·阿赫诺巴布斯在前104年让大祭司的选举成为公民大会的议程（此前这项职务都是内部选举），但此人仍然是个坚定不移的保守派，前92年出任执政官后甚至还禁止了拉丁语教学。苏拉在前80年废止了罗马城的粮食补贴，随后他在前78年去世。之后的十年里，这项政策却被他本人所属派系的领导人逐渐扳改回来：他们不是民众派，只是出于对大众的不平心怀恐惧。同样，权势日盛的克拉苏和庞培也在与自己目标相符的时候推动民众派的政策，比如前70年他们恢复了保民官的全部职权（之前保民官的职权已经被苏拉大大削减了）；但在其他的情况下，他们只会考虑自己，比如在前55年，他们就给自己和同盟恺撒安排了又一轮为期五年的高卢行省军事总督职权。克拉苏本人也不顾保民官的反对，悍然对帕提亚人不宣而战。意识形态在罗马领导人反复多变的算计中只占很少的分量，更不用说理想主义了。

不过，暴力在政治生活中依然有其作用。暴力往往伴随着争议性的提案，通常也由这些因素被挑起，比如赠予穷人或无地公民以土地，为包括退伍老兵在内的罗马公民开拓新的殖民地（其中许多都位于西部行省），对罗马公民和管理不善的外省人提供更强的法律保护，向罗马城居民提供粮食补贴，更加严苛地监督行政官员和元老的腐败、专横以及公认的无能。这些反复出现的要求，虽然并非全部，绝大多数也都是由活跃的保民官提出。这些保民官本身也是精英阶层，他们将改革的热望与个人的政治野心（在不同程度上）混杂在一起。反过来，他们也往往遭遇了许多甚至绝大多数一代代罗马领袖以及其他元老的强力抵制。激烈冲突甚至在公民大会的会场上都会时有发生，在前133年和前121年发生了两次，在前104年到前100年间又反复发生，在前91年、前88年至前87年、前78年以及之后的时间里间歇发生了几次。直至前30年那几场大型内战结束后，暴力事件才完全结束。

以严重暴力解决纠纷，这对过往的罗马人而言还是天方夜谭。但毕竟今时不同往日，现在最新鲜的事情变成了某一派人会以何种方式不时暗杀政治对手。最早死于暗杀的人就是格拉古兄弟，身为撒丁岛掠夺者之子的他们在巷战中死于反对者之手。前133年殒命的是大格拉古，十二年后则轮到小格拉古（小格拉古在绝望中自杀，而不是被杀害）。大格拉古的300名支持者和小格拉古的3000名支持者也死于非命，杀人者也没有得到任何惩罚。二十年后，刚毅果决的阿普雷乌斯·萨图尔尼努斯（前103年和前100年的保民官）和他的盟友塞尔维里乌斯·格劳奇亚（前100年的裁判官）也都以暴力震慑他们的反对者：野心勃勃的他们在前100年杀死了公职的竞争者。如此颠顶乖张的行为也让他们在当年12月10日被加以私刑，一群暴怒的元老和罗马骑士干掉了他们，不惜违抗执政官马略对他们的保护令。

前91年的暴力行为也帮助了改革派保民官小德鲁苏斯，使得增选骑士等级的人进入元老院，给予意大利人公民权的法案得以通过。但在最终，敌对的执政官马尔西乌斯·菲利普斯重新夺回了主动权，操纵元老院否决了全部相关法案（本来他已经快被暴怒的保民官击败了）。小德鲁苏斯被人群中的刺客一击毙命之后，许许多多怒不可遏的意大利城邦发动了内战。经历了几年同盟者战争的血流成河（奥古斯都时代的作家维莱伊乌斯写道，有30万人死于战火，他的祖先也参与了战争），意大利人终于赢得了罗马公民权。战争结束后，小德鲁苏斯的朋友苏尔皮奇乌斯·鲁弗斯在前88年的保民官任上也颁行了打击反对派的各项法律。出乎意料的是，这些法律旨在追求道德：终结对新意大利公民的不公对待，惩罚负债累累的元老。但在执政官苏拉从坎帕尼亚回师占领罗马清算反对者之时，苏尔皮奇乌斯·鲁弗斯也被杀死。然而等到苏拉率军东征米特拉达梯王的时候，苏尔皮奇乌斯幸存的支持者（其中就有马略）带着自己的武装杀了回来，重新占领罗马城，反攻捕杀他们的反对者。这是一段恶性争斗的时期，直到苏拉本人在前83年回到罗马、打赢新一轮内战之后，混乱才告终结。苏拉在前81年杀死了数千名实质的，也可能只是名义上的罗马政敌。

◇◆◇

自前133年以来，罗马的地中海事务也开始影响乃至扰乱本国政治。大格拉古之所以预先将帕加马的国库据为己有，还是因为元老院不顾传统、拒绝为他的土地赠予法案拨款。前118年以后，罗马人则要应对努米底亚王朱古达肆无忌惮的野心：从前118年到前112年，罗马人控制和抚绥朱古达的努力统统付诸东流，人们怀疑罗马大使收了丰厚的贿赂。战争开打之后，朱古达在前109年对一支罗马军队先捉后放，罗马人的一股无明业火也喷薄而出。保民官马米利乌斯立法创立了一个特别法庭"审判法庭"，意在查出究竟有哪些大使、行政官员和将军收了朱古达的钱。嫌犯都是元老，陪审员也清一色出身骑士等级，这让西塞罗和后来的人都恼怒不堪。即便如此，这次审判也算不上是一次政治迫害：三人陪审员组成的主席团都是资深元老，其中就有德高望重的元老院领袖阿米里乌斯·斯卡鲁斯，他本人也被归为嫌犯，尽管并未遭到起诉。审判的结果，只有五人被定罪。

无论如何，朱古达战争都加深了罗马人对精英阶层的怀疑。前105年结束战争的那位将军马略，并非贵族出身，正是他将俘获的朱古达带到罗马处决（马略与西塞罗都出生于罗马东南的小城阿尔皮努姆）。从前104年到前100年，马略赢得了史无前例的执政官连任，因为罗马公民相信，他可以击败那些来回游牧的日耳曼民族，正是这些日耳曼人最终入侵了罗马领土。那些在他手下和身边领兵打仗的贵族也都自觉执行马略的号令，比如苏拉（马略在努米底亚的财务官）和卡塔卢斯（马略前101年时的执政官同僚），这让马略在很长一段时间里成为那个时期罗马最声名卓著的领袖，尽管他需要同样精力过人的盟友，不论盟友是贵族还是低级别的贵族。这与之前出任执政官的"新人"没有区别。事实证明，最具活力的盟友乃是热衷暴力的萨图尔尼努斯和格劳奇亚，马略也在前100年后输掉了自己的卓著地位。不过，仗着自己优秀的军事指挥能力，马略在前91年至前89年的同盟者战争期间又挣回了部分威信。

然而，这场战争的余波无疑也为罗马国家带来了新一轮的危机。马略的前盟友苏拉（前88年的执政官）激烈反对苏尔皮奇乌斯·鲁弗斯的改革计划。苏尔皮奇乌斯于是颁布法令，夺走了苏拉东征米特拉达梯的指挥权，转而任命他的支持者马略；对此，苏拉发动了一场军事政变，结果不仅重新夺回指挥权，也清洗掉了苏尔皮奇乌斯及其改革方案。

无论合法与否，苏拉的政变都标志着有组织的军队力量开始涉足罗马政治。前107年还在执政官任上的马略就已经绕开本已很低的财产要求，接纳无地志愿兵应征入伍参与朱古达战争。马略的做法大大地解决了征兵问题，可一旦推而广之，就意味着这些老兵临近退伍也希望拿到土地赠予，成为农民。前88年，正是这群职业士兵重新确认了苏拉及其执政官同僚的统治权，镇压了（他们眼中）扯起叛旗的反对派。随后，前87年苏拉的政敌马略和科尔内利乌斯·秦那，以及前83年至前81年重返罗马的苏拉都利用这支职业军队，从民选的行政官员手中夺回了权力。现在的士兵已经大都为穷人或是无地的人，他们比老一代农民都更热衷于支持自己属意的将军：这一方面要感谢战争中锤炼出来的忠诚，另一方面（也许更重要）是他们对战利品的渴求，这也是苏拉手下士兵在前88年追随他的理由。此外还有战后的利益，比如土地。在前80年，全部意大利人都成为罗马公民，缔造单个军事同盟的偶然因素就消失了。至此，照顾所有士兵的重任就落到了每一名募兵统帅的头上。

萨图尔尼努斯通过立法将山内高卢、阿非利加和撒丁等地赠予退伍士兵，赢得了马略的支持，几乎到了最后时刻。赢得前83年至前81年的内战之后，苏拉第一时间就得为估计不下12万的退伍老兵派发农地（相较而言，前201年与迦太基议和之后，罗马国家只需要为4万人分配土地）。苏拉没收了全意大利反对他的那些城邦的土地，逼迫那些失去土地的地主自食其力。但在同时，苏拉手下许多农民出身的士兵也陷入窘迫，负债累累，部分原因是前73年至前71年斯巴达克斯领导的奴隶和角斗士在整个意大利范围内的起义。贫穷、债务和不满都让罗马化的意大利在前1世纪60年代碰到了新一轮麻烦。

◇◆◇

苏拉本人（前81年的独裁官，前80年复任执政官）给罗马政治混乱的历史打上了难以忘怀的印记，那就是他在法外施行的一次次屠杀：一般而言，他杀掉的是那些名字被写进公敌宣告的政敌，但这个名单往往也包含了无辜的人。他们被列入名单，方便私敌更容易抢走他们的财产。至少40名元老和1600名骑士都被苏拉杀死，但在意大利全境，大概还有几千人蒙难。最著名的无辜遇难者要数塞克斯·罗斯西乌斯，他是苏拉支持者梅特鲁斯·皮乌斯及其家族的非政治家朋友。罗斯西乌斯的两个兄弟觊觎他的13座农场，于是就杀了罗斯西乌斯，并将他的名字加到公敌宣告中，还试图罗织罗斯西乌斯的儿子入罪，诬陷他杀死父亲。幸运的是，小罗斯西乌斯的辩护士是年轻的演说家西塞罗。

如果说苏拉属于保守派，其实他也在努力成为一名有建设性的改革者。苏拉将保民官从几乎所有的政治角色中剔除，废除了廉价的粮食补贴，补选骑士进入已经没有多少人的元老院（一如德鲁苏斯所愿），颁布了新一批法律限制奢侈品消费（包括葬礼），虽然这些法律一如往常毫无指望。更具进步意义的是，苏拉还颁布了更严格的法令，限制各省总督；他将永久性法庭"审判法庭"扩充到了七所，负责听讯特别案件（贿赂、暴力、刺杀、伪造文书、行省敲诈、侵吞公款、叛国）；苏拉还大幅增加了财务官和裁判官的人数，让前任财务官自动成为元老。完成这些改革之后，苏拉就辞职并很快去世了，他的各项改革旨在巩固元老院在罗马领袖的领导下对各项事务的掌控，同时让罗马国家的体制更加与时俱进。事与愿违的是，这套改革需要所有领导人之间的永久合作，还要其余人长期顺服，可这两者都无法长久。保民官的各项权力逐渐恢复，廉价粮食也必须在饥荒袭扰罗马城的时候向公民提供，罗马人也不得不容忍维勒斯这样作奸犯科的总督，哪怕他让元老院大失脸面。

即便算上这些问题，改革之后罗马共和国体制的最大弱点还是在军事方面。征兵仍然是每一名执政官或是行省总督受命领兵之后的头等大事，意大利和罗马也没有任何常备的国防力量。奥古斯都大帝会在未来某一天将这两大问题统统解决，但这是后话，对苏拉及之后的一系列继任者，这两大问题迟迟得不到解决。罗马在意大利本土遇到危机时，比如斯巴达克斯起义，或是前63年到前62年的债务人叛乱，不得不征募新兵。前63年西塞罗出任执政官时，债务人领袖喀提林及其贵族朋友据称正在罗马策划一场平民政变。西塞罗无奈之下只能仰赖一队队武装的罗马骑士在城内巡逻，而他的同僚安东尼乌斯则招募了一支仓促成军的军队，在埃特鲁里亚的乡间击败了喀提林手下装备粗劣的农人。罗马之所以落入这种窘境，并不是因为他们缺少久经战阵的老兵，而是因为这些精兵都已驻防在从西班牙到帕提亚边疆的地中海广大地区。在前1世纪70年代末，多达40个罗马军团还在服役（15万到20万人），而在前1世纪50年代这个数字还是15到21个军团，但意大利本土却无兵可用。

罗马军队的规模和政治实力强大的领袖，本身就是潜在的问题。军团士兵和其他战士都需要供养，一个5000人的军团每年就要花掉600万迪纳厄斯的军饷，同时在他们退伍后还需要赠予土地或其他回报。因此，军事统帅也在争取手下士兵的忠诚，用以实现政治目的。军中枭雄苏拉两次进军罗马，他的举动不可避免地被后来者效仿。无论是前71年克拉苏镇压斯巴达克斯起义之后的凯旋，还是庞培打败塞尔托利乌斯之后回师罗马，两次都有罗马人担心他们会效法苏拉。前62年庞培重新平定东方世界之后，相似的担忧也在罗马人心中浮现。

克拉苏与庞培并没有效法苏拉反戈罗马，但在此后的十年里，两个人都是当时最有实力的人，也是最受罗马领袖献媚的人。即便是庞培从前67年到前62年再度统兵远征，先是镇压海盗然后又干掉米特拉达梯王，克拉苏只需要往前一步就是出任前65年的执政官（这次任职是出了名地不成功）。像西塞罗和恺撒这类新崛起的野心家，也努力与他们交好。也有其他罗马领袖对此做出有力反对：他们两次挫败了克拉苏。第一次是前65年，他们阻止克拉苏吞并埃及，至少在一定程度上阻止了他侵吞埃及国库。第二次是前61年至前60年，因为当时"包税人同盟"在亚细亚行省的包税合同的金额上已经得到承诺，所以他们阻止了克拉苏自负的减税政策。前61年至前60年，庞培卷土重来，希望对东方行省的吞并重组能得到批准，也希望让手下老兵得到土地。但他的种种努力却在反对者的操作下陷入僵局。领衔反对的是之前就反对他出征米特拉达梯的老对手卢库鲁斯，还有年轻但又特别有道德热忱的小加图，他也是老加图的后代和模仿者。

然而，对克拉苏、庞培的这番羞辱，已经是那些罗马领袖对抗两名枭雄的最后胜利。前60年末，两人与野心勃勃而又不问道德的恺撒结为政治同盟，这一同盟有时被非正式地称为"前三头"。庞培甚至娶了恺撒唯一的女儿茱莉娅。恺撒则借着盟友的钱一路行贿，青云直上，终于在前59年坐上了执政官大位。恺撒对投票者动用了一切可能的暴力手段（他得到了庞培老兵的支持），帮助他的政治伙伴实现了之前被挫败的心愿。而且正如前文所述，恺撒本人也拿到了山内高卢、伊利里库姆，以及山外高卢五年的行省总督任期，仿佛这种想法是在指定的行省总督过世后才产生的。紧接着，恺撒对高卢的征服行动如期进行。恺撒式政治在罗马很快就蔚为风尚：就在恺撒离开罗马的时间里，和萨图尔尼努斯相同规模的暴力活动反复吞噬罗马，冲击了公共生活和政府体制，这又以平民保民官克洛狄乌斯（由贵族派转为平民派）前58年及其之后的那些行动最为著名（克洛狄乌斯强制西塞罗走上流亡之路，还没收了塞浦路斯国库以补贴他的免费粮食法），其他反对派比如塞斯迪乌斯、米洛也不遑多让，西塞罗也在法庭上为这两个人辩护。恺撒式政治发展到后来，像是西塞罗这样的元老甚至都不得不在武装保镖的护卫下才敢冒险外出。

尽管三人中的任何一人都不信任其他两个人，前三头同盟的主宰地位在前56年4月还是变得非常明显。三人在山内高卢的卢卡相会，调节彼此纠纷，大约200名元老，包括不少行政官员和行省总督，还有一些士兵，都跑去拍马邀宠。会议的结果是，庞培与克拉苏在前55年当选为执政官，他们是以暴力手段将执政官选举推迟到了这一年的。他们还将帝国领土在三人之间平分。恺撒控制的行省一直持续到前55年，克拉苏拿下叙利亚（他本来打算入侵帕提亚），庞培则分到了两个西班牙行省。不过庞培可以留在意大利,他通过代理人远远控制这两个行省,这也是罗马帝国未来统治的预兆。

前55年后,即便整个贵族阶层都联合起来反对和抗争,那个统治地中海及周边世界的罗马国家还是处于三个政治巨头的统治之下。前53年克拉苏死后,就只剩下两个超级强人统治着罗马。无论是机会主义的平民派,还是负隅顽抗的贵族派,他们都在纷纷扰扰的对抗中出局。与此同时,这些政治强人也很务实。如果他们在罗马内外提高行政效率、进行土地赠予或是殖民地派发,同时提拔新来的人到高阶职位,他们也会支持保守派的举措,维护保守派的价值。独裁官任上的恺撒也会禁止工匠和职业人士组成的私人行会,像苏拉一样压制过于豪奢的生活方式。他们无法相互合作,也不能彼此为敌。

前52年,克洛狄乌斯在新一轮骚乱中死于非命,庞培史无前例地当选为唯一的执政官(他因此避免了"独裁官"那个不得人心的名字),很快恢复了罗马的和平。庞培在罗马城的无上地位没有争议,但是恺撒延宕已久的返程意味着,要么两人分享权力,要么就得来一场火拼。无论是阿米里乌斯、卡埃西里乌斯、卡西里乌斯等贵族派,还是科尔内利乌斯、法比乌斯、尤尼乌斯、塞尔维里乌斯等平民派,拥有高尚血统的贵族纷纷站队,都在事实上成为恺撒或庞培的代理人。前50年到前49年,两位巨头终于反目成仇,一场新的内战也由此爆发。几乎每个贵族家族(包括恺撒在内)都分成了两派混战。自然,地位较低的贵族很难保持独立性,尽管有部分类似西塞罗的贵族依然试图保持中立。

庞培与恺撒都在贵族阶层中取得了领导地位,因为前50年的时候他们已经是罗马最富有的公民，也是政治上最残酷无情的人（即便庞培相比恺撒还是要克制一些）。他们拥有全部行省，拥有卫星国国王的扈从，还把外围城邦当成自己的私属。两个人还长期统辖着罗马国家的主要军队，士兵甚至准备好了随时听命，哪怕违抗国家的主权。这种情况之所以出现，并非因为罗马城邦的政治体制已经不足以满足需求（这是惯常的解释）。在任何一个国家，如果有少数公民获得了过度的个人自愿，同时又无意尊重那些他们成长过程中的规范，这个国家都会面临相似的威胁，就像后面几百年里罗马在帝制下的遭遇一样。庞培与恺撒的无上地位，靠的是他们的军事能力和领土征服。事实上，庞培与恺撒的成功也让罗马的帝国主义得以成功凌驾于罗马共和国之上。

◇◆◇

前49年到前45年的内战，以尤利乌斯·恺撒的短暂胜利和自由共和国的倾覆而告终。出身中等贵族家庭的中层元老如火箭般蹿升（如同恺撒在前60年之前的状态），这在前59年以前还不可想象。一切都在十年之间发生了改变：克拉苏去世后，恺撒与另一位"巨头"共治罗马。前48年8月庞培在希腊的法萨卢斯战败，在逃亡埃及的时候死于非命。庞培余下的支持者和儿子也在前46年到前45年先后在阿非利加和西班牙一败涂地。恺撒于是成为实际上的永久独裁官兼执政官（前44年初成为正式的永久独裁官）。

与苏拉相比，恺撒并没有用放逐或是大面积没收财产的手法大肆报复政敌。恺撒坚持以宽容政策对待他们（这些政敌并非高卢人）；贵族阶层也接纳了他作为事实上的君主，尽管并非心甘情愿。身为统治者，恺撒自有一套高效行政和社会改良的理念，他运用的还是传统举措，但规模空前。从罗马的八万平民到数千退伍老兵，所有人都得到了外出建立殖民地的机会，其中就有重建的迦太基和科林斯。大型公共工程也拔地而起（恺撒广场就是其中之一），多个城市得到了罗马公民权（比如西班牙的加的斯），甚至还有整个行省都被授予公民权的情况，比如波河北岸的山内高卢地区以及西西里岛。恺撒也授予其他诸多城邦以拉丁公民权，其中著名的就是山外高卢和西班牙。

元老院的规模再次得以扩充，现在几乎达到900人之多。至此，元老院的来源遍布整个意大利，外加一些边缘行省。其他一些官职也大大增编（比如说，现在已经有了十几名裁判官）。恺撒巩固了他在前59年颁布的那部严格的行省行政法律；他还让亚历山大里亚的数学家索西琴尼校正了已经混乱不堪的历法（一开始就将前46年增加到了445天）；如前所述，恺撒还立法，进一步限制了奢靡消费之风，取缔了绝大多数私人工匠组成的行会，因为这些行会容易坠入那种恼人的政治狂热（在贵族视角看来）。恺撒短暂缓解了普遍存在的债务问题，但也并没有解决问题。他还削减了罗马城内免费领取粮食补贴的人数，从32万降到了15万，削减人数超过一半。

恺撒的一部分政策颇具前瞻性，这也为他赢得了许多赞誉。特别是将土地赠给那些征服了各个行省的当地公民，这一举措深入人心。但是，其他一些政策本质上还是治标不治本的短期行为，并不能从根本上解决问题，比如他的殖民地政策、公共工程政策，还有为期一年的债务减免。恺撒将军团士兵的报酬从每年120迪纳厄斯涨到了225迪纳厄斯（900塞斯特斯），但与苏拉一样，他并未解决招募和复员军队的关键问题。这在前44年的罗马可不是个小事。除了退伍老兵，罗马此时仍然有35个现役军团。

同样糟糕的是，恺撒疏远了许多贵族，尽管少了这些贵族他就没法统治罗马共和国，或者说整个帝国。当恺撒笑纳了海量的甚至可以说是近神或是半神的荣誉，而且在日益炫耀他的至高地位（比如，恺撒在前44年将自己的独裁官任期从十年变成了永久），他付出的物质回报和宽容政策远远不够。当恺撒年届56岁，健康状况也未必如意之时，他开启了新一轮野心勃勃的战争。战场位于帝国边境之外，先是向北越过多瑙河，然后进攻帕提亚。恺撒的各项工程其实也没完工，他手下的两大副官阿米里乌斯·雷必达与马克·安东尼嫌隙丛生，西班牙内战的余烬也延绵未绝。3月15日，恺撒遇刺，死于两个之前他已宽恕的政敌手中：布鲁图斯与卡西乌斯（据文字记录），也死于那些因幻灭而背叛的支持者，比如布鲁图斯的兄弟德西穆斯、特雷波尼乌斯。恺撒遇刺可能也阻止了罗马国家与帝国的灾难性内爆。

当然了，3月15日的事件并未拯救那个自由的共和国。刺杀恺撒的人也是最后支持平等主义寡头制的人，其中绝大多数也在下一轮内战里片甲不留。恺撒的继承人在前42年马其顿东部的腓力比之战中将他们一网打尽，他们包括人所共知的两名副官（安东尼与雷必达），以及出人意料的继承人奥克塔维乌斯，也就是恺撒年轻的甥孙。奥克塔维乌斯领受了独裁官的遗嘱，得名恺撒·屋大维（他本人从来没有用过第三个名字）。前43年末屋大维与两名恺撒系竞争对手结盟，伴随着军事强权，自封为正统的后三头同盟。在军团士兵的围逼之下，罗

第四章　帝国主义共和国的政治衰弱　113

马公民大会投票认可了他们。新一波公敌宣告卷土重来，其中最著名的要数西塞罗：他曾经试图利用屋大维对抗安东尼，以挽救共和国。新一轮大规模的土地圈占也先后降临了腓力比和意大利，因为后三头还是要满足大约17万退伍老兵对农地的渴求。

他们之间进行了几波新的内战，又对东部各省和附庸国造成了残酷破坏。前44年到前42年，布鲁图斯与卡西乌斯在东方榨取了大约1.5亿迪纳厄斯的钱财，以支给他们的军队。接下来又是安东尼，他强迫亚细亚行省在两年时间里上缴九年的总税额，之后的十年也战争连连。前40年到前38年，帕提亚大肆入侵罗马东部（这也是对克拉苏迟来的回应），被安东尼击败；之后在前36年，安东尼对亚美尼亚又发动了灾难性的反击。在这期间，安东尼也断断续续地在地中海与庞培的幼子塞克斯图斯大打出手。最后在前36年，安东尼联合埃及的克里奥帕特拉七世还有他们的盟友，又与屋大维爆发了最终的内战，给东方行省又加了几分痛苦。一百年来相似主题再次上演，但屋大维与安东尼的内战规模更大。帝国境内那些倒霉的土地主，不得不为历代君主奉上政治军事上的利益，他们自己却没有从中捞到任何好处。

前31年9月，在希腊西部的亚克兴海战中，安东尼与克里奥帕特拉遭遇了决定性的失败。十一个月后，两个人在亚历山大里亚双双自杀（雷必达早在前36年就已经退役）。屋大维从此独自掌控罗马世界，成为最杰出的元首、军事统帅、神独一无二的儿子（尤利乌斯·恺撒在前42年封神），也是事实上的君主。摆在屋大维面前的是艰巨的任务：百废待兴的帝国疆域，新一轮的帝国扩张。而这一切都要在一个新修正的独特头衔之下完成：绝对统治者·恺撒·奥古斯都。

第五章

奥古斯都：最伟大的帝国主义者

恺撒（屋大维的头衔。——编者注）的胜利让罗马帝国大为受益。说得更精确一些，是内战的熄灭让罗马帝国大为受益。安东尼与克里奥帕特拉在前30年双双自杀，漫长的内战结束了。此外，还有一件事也让罗马和屋大维受益，那就是埃及最终成了一个行省，罗马收割了托勒密列王留下的财富。无论罗马的法律细节是什么，征服者在埃及人面前都俨然一副新法老的模样。前27年1月16日，屋大维在罗马接受了一个新的名号：奥古斯都（Augustus），这个名号融合了两重含义："吉兆"和"令人尊崇"。在之后的四十年里，屋大维的官方名号就成了Imperator Caesar Divi filius Augustus，意为"绝对统治者·恺撒·神之子·奥古斯都"，这在罗马历史中是独一份的。对罗马统治者而言，"皇帝"（emperor）这一军事上的敬语，也即将成为他们的标准头衔。不过，之后的三百年里，奥古斯都及其后继者还是继续使用平民意涵浓厚的"第一公民"（元首，princeps）这个称谓（低级别的罗马领导人只得另寻他名）。这个新时代也就顺理成章得名"元首制时代"。

塔西佗在历史著作中证实，罗马诸行省之所以接受新的帝国体制，是由于"他们并不信任元老院和人民的统治，因为政治强人相互倾轧，行政官员贪婪不堪，法律给予的扶助少之又少，又被暴力、腐败、金钱扰乱了秩序"。其实，腐败与管理不当并未停止。前16年前后，统治者派出的税收长官在高卢的所作所为就是明证：皇帝派出的释奴李希努斯是出了名地贪财，最后不得不将他召回了事。随着时间的推移，各省总督和行政官员又受到罗马更全面的监管，开始领取薪水（相当大一笔薪水），无法随心所欲地发动战争，也不能再出兵劫掠。大批军队无须承担沉重的税负（也不会发生财产征用和强制劳役），军队也不会在行省发动毁灭性的军事行动。罗马军团和外省辅助部队的人数大为削减，其中绝大多数军队单位都部署在边疆，或者干脆就驻扎在边疆（比如莱茵河与幼发拉底河），军营与兵舍都得到了有效控制。安置退伍老兵的机制也得以规范化：他们要么在意大利或海外得到小块的土地，要么就一次性拿到一笔补偿金——尽管罗马政府为了省钱，并不总能公平兑付这笔资金。

在罗马城，元首和他身边的一小圈心腹进行着高效统治。他们掌管立法，控制着谁能当选公职、谁有资格进入元老院、谁来统治行省。他们直接受命于奥古斯都，指挥帝国全境的军队。奥古斯都还在一纸公开敕令里坦言，他希望以"理想政府之庇护人"的身份为人铭记。卡西乌斯·迪奥在二百年后总结了当时的实际情况：元老院一如往常集会开会，各级人民会议依然如故，"但要是恺撒不乐意，什么事也做不成"。

在前1世纪20年代，元首尝试了好几种办法，将其对罗马国家的掌控整合进政治结构中。前43年到前33年的"后三头同盟"时期事实上是独裁统治，到了前32年至前23年则被常任执政官取代。到前23年为止，屋大维已经连任11届执政官，远远超过了马略的7次。从前27年起，元首也将西班牙、高卢、叙利亚和埃及变成了他的执政官辖区。之后，屋大维从执政官的位子上退了几年（连任11年已经让他的至高地位过于明显），但继续以行省总督的身份掌控行省及军队的指挥权。前18年，屋大维再一次调整了行省总督的权限：毕竟在理论上，执政官是有权向行省总督发号施令的。奥古斯都对此做出了革新，他让罗马人民通过决议，让他的权力与执政官平起平坐。这样他不需要再担任执政官,重复十年或是五年的任期。前23年,屋大维还拿到了终身保民官的全部职权,尽管身为贵族的他并不能实际成为保民官(因恺撒收养,他获得了贵族身份)。最终在前12年,屋大维当选为罗马的大祭司。

身为实际上的执政官兼保民官,奥古斯都已经拥有了他需要的一切法律上的权力,此外还有无形却有力的尊荣和威望,甚至凌驾于地位最为崇高的贵族同僚之上。奥古斯都大帝还在他的官方回忆录《功业录》(*Res Gestae*)里夸口说,唯有在威望方面他才出类拔萃。同样,绝大多数罗马军队都部署在奥古斯都自己的行省,剩下为数不多的几个军团部署在别的行省,由行省总督统辖。这些行省总督要么是屋大维的亲属,比如他的女婿阿格里帕、他的继子提比略和德鲁苏斯,还有德鲁苏斯之子日尔曼尼库斯,要么也是一些尽忠职守、安分守己之人。军团士兵在意大利征募,但不在意大利部署。在罗马城内和附近,奥古斯都单独指挥军队:六个城市卫队作为警察(兵力3000人),这也是罗马史上第一支常备国防军;还有七个庞大的夜巡民兵卫队(兵力7000人,绝大多数都是释奴),实质上也是一支常备性质的消防队,这在古代城市中尚属首创。还有驻扎在邻近城市的九个精英卫队,这也是最重要的罗马禁卫军,大约4500人,由两名长官统领,军饷优厚。奥古斯都还有一支全部由非罗马士兵组成的私人卫队(通常是日耳曼人),他的后继者也有这种卫队。

至此,罗马世界实质上已经由一名君主统治。他并没有正式君主头衔,收拢来的法律权力原则上也可以由元老院和人民依法取消。但在实际上,只有他才能决定罗马国家如何运转,决定运转它的人是谁。

奥古斯都本人也没有像许多人认为的那样讳饰他的统治，从一开始，罗马人就认可并敬重他的君主地位。诗人贺拉斯就在他最早的一首颂歌里激情满怀地将奥古斯都比作前来拯救世界的天神墨丘利。建筑师维特鲁威也在元首制时期的初期就盛赞奥古斯都的"神圣心灵与天才神机"以及他的指挥才能，暗指他可比肩天神之长朱庇特。维特鲁威还不无欢欣地表示，元老院和人民"都被您那无不包的圣裁圣断统治着"，这与贺拉斯在数年之后最后一本颂歌中发出的赞颂类似。没过多久，人们就可以（也理应）向元首的才华和他的领袖精神致以宗教性的尊崇。

意大利本土的颂圣之词也有其他的表达方式。维特鲁威颂圣三十年后，作家奥维德不幸被皇帝下令流放，只因奥古斯都断定他的那句"罗马国家即恺撒"乃是谄谀之词（后世的路易十四也会重复这种情绪）。4年，埃特鲁里亚人比萨埃正式哀叹了奥古斯都外孙兼养子盖尤斯·恺撒的去世，他还称呼元首为"罗马帝国的守护人，全世界的保护者"。从奥古斯都大帝执政伊始，东部各行省就将他视为活着的神，到后来西部各行省也是如此（见第十一章）。埃及人会将奥古斯都与自由之神宙斯相比（将他视为救星）；小亚细亚的哈利卡纳索斯也绝不是唯一一个盛赞奥古斯都为世界和平缔造者、人类之父兼救世主的地方。

正如卡西乌斯·迪奥指出，罗马国家的体制仍然一如往常地运行着。但现在的关键是，一个独立的利益集团在高效地管理着国家，奥古斯都又居于这个集团的中心。即便是那些最老的贵族世冑，比如科尔内利乌斯、阿米里乌斯、瓦勒里等家族，想要成功也必须得到奥古斯都的支持。除此之外，他们还得与实力稳步上升、来源多种多样的"新人"分享这种支持,许多新人都因前91年至前89年的"同盟者战争"而获得政治权力、登上政治舞台。奥古斯都大帝本人最核心的圈子,包括在他政治生涯的早期就担任将军和长官的最杰出的维普萨尼乌斯·阿格里帕(此人的第二任妻子是元首唯一的孩子),以及从未担任公职但智计过人的埃特鲁里亚骑士马埃塞那斯。数十年来,还有许多人加入或接替这两个人:奥古斯都的养子提比略·尼禄和德鲁苏斯·尼禄(两人都是奥古斯都妻子李维娅与前夫克劳狄乌斯婚内所生,屋大维的后三头同盟在前38年下令强迫二人离婚);德鲁苏斯长子日耳曼尼库斯;皇帝的亲族塞克斯·阿普雷乌斯、多米迪乌斯·阿赫诺巴布斯;还有一名罗马骑士,萨鲁斯迪乌斯·克里斯普斯(历史学家萨鲁斯特的甥孙兼养子,也是马埃塞那斯死后奥古斯都最信任的私人顾问);还有"新人",如斯塔迪里乌斯·陶卢斯、洛里乌斯、苏尔皮奇乌斯·居里尼乌斯(《福音书》里的塞伦尼乌斯),还有森迪乌斯·萨图尔尼努斯。

除了马埃塞那斯、克里斯普斯两位骑士,上述所有人都统率军队、支持奥古斯都的帝国扩张;其中许多人还与奥古斯都的女儿、侄甥女或是表亲结婚,与皇帝建立了直接联系。奥古斯都不厌其烦地培养中意的继承人,君主制的色彩也因此越来越浓:先是他的外甥克劳狄乌斯·马尔凯鲁斯(很快就去世了),然后是养子提比略·尼禄,最后则是茱莉娅·恺撒(屋大维之女)与阿格里帕的长子和次子。皇帝很快就收养了他们,为他们赐名盖尤斯·恺撒和卢西乌斯·恺撒。两人拿到了超乎寻常的特权。1年,年届二十的盖尤斯就成为执政官,在此之前他就已经成为东部行省实质上的总督了,奥古斯都大帝在致盖尤斯的信件中表示,总有一天孩子们会接过他的"哨兵职务",也就是帝国的统治权。卢西乌斯死于2年,盖尤斯也在两年之后离世,两个孩子的过早辞世沉重打击了年迈的皇帝,他闷闷不乐地收养了提比略,在德鲁苏斯死亡十三年后,他是皇帝唯一还活着的养子:被收养的人同样闷闷不乐,他后来成为提比略·尤利乌斯·恺撒,也收养了日尔曼尼库斯。

君主的垂青同样危机四伏。维吉尔的朋友科尔内利乌斯·加鲁斯曾经出任山外高卢总督和埃及第一任总督(前30年到前27年),不知为何就失去宠信,在被召回之后,于前26年畏罪自杀。与他辉光日新的公众形象有所不同的是,奥古斯都大帝面对任何挑战都很冷酷无情:他不仅在统治期间不断处决那些暴露行迹的各色阴谋家,特别是在前27年之后的十年间,甚至对自己的女儿茱莉娅(当时是提比略的妻子)也毫不留情。前2年,奥古斯都将女儿流放外地、褫夺名号;8年,奥古斯都还将茱莉娅的那些情夫统统处决,即便是马克·安东尼之子伊乌鲁斯也不例外,奥古斯都曾一度将此人视如己出,擢升他为执政官,还把外甥女嫁给他。运气好一点的政敌,会得到流放的待遇,比如小茱莉娅的丈夫阿米里乌斯·帕乌鲁斯。无耻通奸是他的官定罪名(帕乌鲁斯完全符合),向来谨慎的奥古斯都大帝判了他死罪。但是帕乌鲁斯可能(或者说更可能)的罪名也许是,已经年迈的元首担心自己会大权旁落或是被干脆罢黜,毕竟这更符合年青一代的利益。

因为皇帝公然栽培养子,哪怕是提比略也曾与奥古斯都发生争吵。提比略从前6年到2年自我放逐到罗得岛,一度非常担心自己的生命安全。4年,他终于回到罗马,也成为奥古斯都的养子。在后面几任皇帝的统治期间，王朝体制的失能还将带来更严重的问题。

◇◆◇

前30年，罗马还有60个现役军团，现在已经缩减到了28个，退伍老兵都被安置在意大利和各行省的殖民地。奥古斯都在他的《功业录》里强调说，这些都需要花钱，而他为此承担了全部成本。仅在意大利的土地就花费了高达6亿塞斯特斯（1.5亿迪纳厄斯），在外省则花费了2.6亿塞斯特斯。剩下的军团里只有少数部署在奥古斯都直属的行省之外，而在之后的几十年里只有一个新的行省（努米底亚）和那里的一个军团加进了这个行列（努米底亚的异常状况后来在奥古斯都大帝的曾孙卡里古拉那里终止）。

正如庞培在西班牙的前例，绝大多数罗马皇帝的行省实质上都由代理人治理，这些代理人都是元老院中的元老。前任执政官统领的是军事上重要的省份，比如叙利亚、内西班牙，后来则是不列颠；前任裁判官治理的则是更容易治理的行省，比如伊利里库姆、露西塔尼亚（这个外西班牙的西半部分，后来成了一个独立行省），高卢的阿奎塔尼亚，还有加拉太。类似安排当然可以根据情况需要有所改变：加拉太在前12年之后由前任执政官苏尔皮奇乌斯·居里尼乌斯治理了大约十年，为的就是对付托鲁斯山脉与皮西蒂亚那些桀骜难制的民族。而从前12年到前9年，三高卢（这些行省由尤利乌斯·恺撒吞并）和他们的代理人则归奥古斯都的养子德鲁苏斯节制，正是此人迫使日耳曼各民族臣服于罗马。撒丁岛和科西嘉岛一开始还是由一名前任裁判官治理，后来则转到了一名禁卫军长官手里，以便击退海盗袭扰、镇压当地叛乱。这些禁卫军长官都是直接听命于罗马皇帝的骑士；他们绝大多数都被派到元老的威严还难以施展的地方，比如前15年至前14年间有两名禁卫军长官被派往阿尔卑斯西部地带，还有在6年吞并的犹太地区。埃及的情况也是如此，这块领土极具战略意义，元老也需要奥古斯都大帝的允许才能到访。

理论上，元老院直辖的那些省份都是（或者说几乎都是）远离边疆或大或小的和平之地，比如西西里岛、贝提卡（古老的外西班牙行省的南部富庶之地）、阿非利加行省、亚细亚行省、比提尼亚，还有克里特－昔兰尼加（前30年以后两地合并）。这些行省仍然保留之前的执政官和裁判官，现在他们都已经成为不折不扣的行省总督，但元老院的统治在事实上当然会遵照罗马皇帝的意旨。罗马皇帝也会不时将行省职权转到代理人或是禁卫军长官手里以便直接控制，就像撒丁岛和科西嘉岛，还有110年图拉真皇帝对比提尼亚所做的那样。罗马皇帝同样会亲自插手某个元老治理的行省，就像前7年到前6年他下手规范昔兰尼的法律事务。奥古斯都大帝还在一封措辞严厉的信件里（同样在前6年），向半自治的岛屿城邦、爱琴海的尼多斯当局重申了司法上的事务。

行省之内，各地继续实施自治，比如西西里岛、贝提卡、外高卢（已经改名纳博讷）的那些城市和市镇，还有从希腊到叙利亚的许多东部岛屿。其余地区都是农业行政区，这些地方往往会有罗马当局建立的小镇作为行政中心（纳博讷的沃康蒂不同寻常，有两个中心：卢库斯·奥古斯蒂、瓦西奥）。在传世铭文和文献记载里（比如老普林尼的地理调查），绝大多数社区都是普普通通的纳税单位，其中只有少数自由社区享有免税特权，而且在理论上如果有偶然出现的征税的话，那就是出自行省总督的干预。

绝大多数罗马行省都出现了越来越多享有特权的行政中心，那是罗马人建立的"罗马殖民地"和拉丁小镇（享有拉丁公民权的外省小镇），同时还有获得罗马公民权的外省小镇，比如西班牙的加的斯。这类地区虽然在奥古斯都大帝的时代还不多见，但随着时间的推移变得越来越多。这种混合行政模式的存在，以及越来越多非罗马的外省人进入辅助部队当兵，大大刺激了西部行省和多瑙河等地的外省社区，都让他们自己在奥古斯都大帝及之后的时代里接受了越来越多的罗马文化形态（见第八章）。

◇◆◇

身为尤利乌斯·恺撒的儿子、同名人和继承人，即便身为后三头同盟的一员，奥古斯都大帝也要依靠战争和征服获取"荣誉"。屋大维与安东尼之间的内战就被扭曲并美化为一场针对东方堕落帝国埃及的国战。有赖天神庇佑，埃及人在罗马面前以败北告终。罗马人真正的劲敌乃是帕提亚（这个敌人纯粹是罗马人自我的），但是该国却是实打实不在罗马控制范围内。正如克拉苏与安东尼灾难性的入侵，以及帕提亚在两人东征间隙的反击，这些都显示了帕提亚战争的风险实在难以预测。罗马人最后还是选择了一个外交解决方案。前20年，年轻的提比略与帕提亚达成协议，罗马的硬币将其描绘为一个很大的外交胜利：一个帕提亚人跪倒在地，交还了前53年他们抢走的罗马军团鹰形旗帜（正如后来第一门的奥古斯都雕像显示的那样）。

在奥古斯都大帝看来，还有大把地区可以进行相对安全的战争，以供罗马扩张。伊利里亚与达尔马提亚都是便于获得荣誉的传统地域。维吉尔的赞助人、执政官兼历史学家阿西尼乌斯·波利奥就在前39年的伊利里亚拿到了一些荣誉；屋大维在前1世纪30年代末也在这里打了几仗，旨在镇压沿海地带，同时染指内地。这些经略也为后续扩张打开了通路。而在同时，那些重要的罗马支柱——内外西班牙的行省总督，也在前40年到前29年轻而易举地取得了军事胜利，似乎把罗马的永久性统治推进到西北方的阿斯图里亚斯山和坎塔布里亚斯山边缘地带。前29年到前28年，马其顿总督、克拉苏的同名孙子（小克拉苏）又将罗马的霸权延伸到了邻近的色雷斯和北边的多瑙河地区。多瑙河两岸遍布着好战成性的部族，他们长期以来都在给罗马历任总督制造麻烦，就像他们一度对马其顿列王所做的那样。小克拉苏甚至还在私人决斗中击杀了巴斯塔尼亚国王，这在那个古老的年代（但正如克拉苏所知，在奥古斯都大帝的新政治格局里，情况并非如此），足以为他赢得自己觊觎已久的丰厚战利品。小克拉苏的战绩也许是太过成功了，以至于让元首不太高兴：他为小克拉苏举行了凯旋式，从此再也不让他指挥作战了。

边疆地带与好战民族的缠斗已经成为家常便饭，而且不仅限于欧洲。北非各民族，包括加拉曼特人、盖图利人，还有其他部族，他们都在阿非利加行省之外，却总是一次次向罗马当局开衅。也正是凭借弹压加拉曼特人的成就（战役总是这样很快结束），科尔内利乌斯·巴尔布斯的侄子,也是他的同名后辈,在前19年举行了最后一场并非新的恺撒家族成员的罗马人凯旋式。埃及以南的努比亚人与埃塞俄比亚人则在独眼女王坎迪斯(可能也是头衔而非姓名)的强势领导下,在前1世纪20年代击败了第一任罗马的埃及总督科尔内利乌斯·加鲁斯及其后继者,之后才达成和平协议。远在小亚细亚南部,崎岖不平的托鲁斯山脉地区,杀死加拉太的阿明塔斯的凶手、好斗蛮横的伊苏里亚·纳登人也被苏尔皮奇乌斯·居里尼乌斯镇压下去,此时已经是前1世纪末了。当然,这次镇压同样也不彻底。

在欧洲,无论是在莱茵河的边境还是巴尔干地区,罗马人都备受外部势力的困扰。多瑙河以北的巴斯塔奈人对色雷斯的突袭,就曾直接引发了克拉苏在那里的战役。达奇亚人也同样不止一次顺着多瑙河汹涌而来,罗马人必须得将他们逐之于北。莱茵河东岸的苏刚布里人也在前16年发动了对高卢东北部的一次狂暴突击,夺走了一个罗马军团的神圣旗帜(这面旗帜后来得以复归),并且从此开始连续数年骚扰高卢地区。同样,多瑙河中游地区的潘诺尼亚人也在定期纠缠达尔马提亚和伊斯特利亚,比如在前16年的那一次就规模甚大,直至他们的地盘被罗马人吞并,骚扰才终于结束。本地人的不满情绪也可以被外来者点燃。历史上,阿格里帕不止一次扑灭了高卢北部地区的造反(在前39年到前38年,还有前20年),他们无疑受到了苏刚布里人等莱茵河东岸部落的怂恿。诸如此类的烦恼,反而帮助罗马人在奥古斯都时代发动了新一轮的扩张。

◇◆◇

这几轮扩张开始的时候，帝国政权刚刚建立。刚开始的时候战事都很有限。前25年，奥古斯都本人就快速袭击了西班牙北部的坎塔布里亚人和阿斯图里亚斯人（也拿到了更多的荣誉）。但一直到了前19年，势不可当的阿格里帕才摧毁了他们的抵抗。好比塔西佗的经典格言所说的那样，"弄成一片白地，然后宣称和平"，罗马就是这样最终统治了整个伊比利亚半岛。正如维莱伊乌斯·帕特库鲁斯后来所说，这个过程持续了整整两百年之久。同样是在前25年，第二任埃及地方长官阿埃利乌斯·加鲁斯受命沿着红海南下，攻击富裕的示巴王国（今天的也门）。显然，这是一场赤裸裸的劫掠之行，根本没落得什么好下场，只能草草退兵了事。罗马人也吞并了小亚细亚中部的加拉太（同样在前25年），其时纳登人刚刚杀死了加拉太的国王阿明塔斯。

在阿尔卑斯山脉的西部地区，从前16年开始的十年战事让顽固不化的山民最终归化为罗马臣民，成为三个新的省份：滨海阿尔卑斯省，科蒂安阿尔卑斯省，还有更北面的格雷晏阿尔卑斯省。之前曾是山地之主的科迪乌斯王仍然保留了名号，只是在降顺之后成了当地的罗马长官尤利乌斯·科迪乌斯。罗马军事征服总是会给被征服者带来沉重的人口损失：根据斯特拉博的记载，仅仅在格雷晏阿尔卑斯省，当地的萨拉西人就有1.6万名非战斗人员与0.8万名被俘士兵一起沦为奴隶。

通过各式各样的吞并行为，罗马人有效实现了多年经营的领土利益。自从罗马与帕提亚为敌以来，加拉太已经成为东部国防的重中之重。而前16年之后，罗马人启动了一个完全不同的帝国扩张计划。

这次扩张集中在欧洲，而且范围广大。首先，奥古斯都大帝的养子向北翻过阿尔卑斯山脉，将罗马的控制区进一步扩大到多瑙河的上游地带。罗马军团征服了文德里奇、拉埃蒂和诺里奇，建立了雷蒂安行省和诺里库姆行省，也就是今天的奥地利西部地区。贺拉斯在他的《颂诗集》里尽职尽责地庆祝了这次领土并吞。前13年，德鲁苏斯控扼高卢，准备跨越莱茵河，发动远至威悉河和易北河的军事行动。那些土地上的部族与罗马都是老相识，包括北海沿岸和易北河岸的卡乌基人（他们的名字意为"高个子的人"）、卡蒂人（他们的名字以"黑塞"传世）、剽悍难制的苏刚布里人、即将由阿米尼乌斯领导的切鲁西人、莱茵河口诸岛上的巴塔维人，此外还有乌比人：他们的主要城市奥皮德姆·乌比奥鲁姆，终有一天会变成阿格里皮娜殖民城。

虽然不是有意讽刺，可正当罗马人准备军事入侵日耳曼，元老院就投票支持奥古斯丁建立起一座祭坛，为和平供奉果实与欢乐。这就是前13年7月4日修建的和平祭坛。祭坛在前9年1月30日举行了盛大的封圣仪式。和平当然是帝国享受的战利品，但对那些征服目标而言并不总是如此。

德鲁苏斯在莱茵河的基地包括与今天乌得勒支相邻的菲克提奥（韦克腾）、莱茵河与支流利珀河交汇处对岸的卡斯特拉·维特拉（克桑腾）、莱茵河中游短暂西流处的莫根台孔（美因茨）。罗马在这里投入的兵力从高卢东北和中部调来，他们加在一起可能多达8个军团，此外还有外省辅助部队（但数量不详）。前12年，德鲁苏斯本人带领至少4个罗马军团挥军进入德意志北部地区，惩罚了苏刚布里人，还执行了向北直抵海岸的军事经略。他带上了战舰，和沿海一带的有力盟友弗里斯人一同出击卡乌基人。这次出征仅仅为了教训一下这个强大的民族，以便让前11年到前9年间罗马军队在德意志北部和中部的一系列系统性作战得以实现。

德鲁苏斯的战线在前11年已经沿着利珀河一路推进到威悉河，到前10年（似乎）又从莫根台孔沿着美因河北进，征服卡蒂人和桀骜不驯的苏刚布里人。利珀河畔，哈尔滕的一座重要要塞（考古挖掘已经完成）正是在这几年间建立的：哈尔滕要塞和同一地区以及更南的要塞（特别是罗德根，美因河以北30千米）一起，标志着德鲁苏斯在日耳曼战役中的成就。前9年，德鲁苏斯沿着相同路线再次进击卡蒂人，然后进攻东面的马科曼尼人，最后渡过威悉河北上，攻打切鲁西人。此后，德鲁苏斯继续前进，甚至抵达了易北河中游才班师回到莱茵河，那里距离威悉河已经不下160千米了。一个广为流传的故事说，易北河有个身材异常高大的女人出现在德鲁苏斯面前，命令他不要再前进了；但更有可能的是，德鲁苏斯的补给用完了（正如他两年前在威悉河面临的情况）。

德鲁苏斯的胜利为他带来了凯旋的荣誉和执政官的职位，但这一切并非易事。德意志森林密布，河谷往往布满沼泽，洪水泛滥，而且日耳曼人也拒绝接受失败。前11年，日耳曼人几乎已经将德鲁苏斯及其军队引进了"一个狭窄的通道"（大概在比勒菲尔德附近，德鲁苏斯刚刚向北渡过利珀河的位置），只是他们自己疏忽大意才让罗马人得以逃脱。前9年，一场更严重的失利沉重打击了奥古斯都大帝的这位养子：他在回程的路上不慎坠马，伤势恶化，一个月后就死去了。

德鲁苏斯的哥哥提比略此前一直负责镇压达尔马提亚人和潘诺尼

亚人，此时他顺理成章地接掌了德鲁苏斯的职权。提比略在接下来的一年（前8年）以及前7年的一段时间里都在整个德意志地区来回扫荡，击败和震慑敌人；为了压服桀骜的苏刚布里人和其他部族，他迫使40000人移民到莱茵河以西地区。根据提比略的疯狂崇拜者维莱伊乌斯的说法，德意志现在"几乎"已经成了一个称臣纳贡的罗马行省。不过，"几乎"只是美其名曰。实际上，罗马要想对德意志进行有效的税收和治理，还有很长一段路要走。

日耳曼人对罗马的抵抗还在继续，但是罗马帝国也在不断崛起。罗马军队依然在德意志的要塞里驻扎，时不时也会发动进一步的军事行动，尽管我们对前6年到前7年这一段史实所知不多。前6年之后，多米迪乌斯·阿赫诺巴布斯（尼禄皇帝的祖父）就曾担任日耳曼"行省"的总督，当然更可信的说法是伊利里库姆。他从多瑙河出发挥军深入德意志，跨越易北河，与德意志东部的一部分民族建立友谊，并为奥古斯都大帝筑起了一座祭坛（奥古斯都大帝即使在意大利以外也被奉若神明）。多米迪乌斯回师途中，与仍然剽悍的切鲁西人交兵。切鲁西人相当难缠，多米迪乌斯决定催军西返，到莱茵河过冬。这也给罗马下一任驻德意志的统帅维尼修斯（M. Vinicius）出了个难题：必须处理德意志人那些遗留的麻烦和反抗，但具体细节我们尚不清楚。

在实际行军中，罗马军团遵循东西向的横向进军路线，也就是沿着利珀河与美因河的河谷，以及北海海岸，在友军舰队的配合下来回扫荡（多米迪乌斯从多瑙河地区出发的军事干涉是个别情况）。尽管从4年到6年间，德意志的大片土地仍有新的大战发生，引发了提比略更多的关注（事实上他在4年就是在利珀河过冬的），但到6年，罗马仍然在利珀河岸留有几座要塞和军营，在美因河畔也至少留有另外两座要塞，包括临近法兰克福的罗德根，以及临近伍尔茨堡的马克布雷特。从莱茵河口一直到弗里斯兰的海岸地带，人们都对罗马毕恭毕敬（这里是友善的弗里斯人的地盘）。罗马式的平民生活方式也开始在这里传播，这一点从罗德根以西的瓦尔德基尔梅斯出土的民居土木结构就可见一斑。

奥古斯都大帝一度声称他已经摆平了向北直抵易北河口的德意志全境。罗马统帅及其军团逐渐养成了在夏天前往德意志作战或巡逻的习惯；待到夏季过后，留下一部分卫队戍守要塞，主要军队则回到莱茵河舒服地越冬。实际上，尽管罗马军团纵横驰骋于德意志西部和北部的广大地区，舰队也沿着海岸线北抵日德兰半岛（有时也会遇到暴风雨），但罗马在莱茵河东岸的军事占领主要还是集中在利珀河与美因河两大流域。其中一座要塞离莱茵河最远，位于利珀河上游的安里本，距离威悉河有60千米之遥，距离易北河更是远达300千米。在马克布雷特的两个罗马军团，驻扎于友善的荷尔蒙杜里人中间，这里位于莫根台孔以东180千米，多瑙河以北150千米，似乎就是罗马在日耳曼最南部的安全据点。这些罗马卫戍区域以外的强大民族，尤其是威悉河以东的卡乌基人和切鲁西人，还有利珀河与美因河之间的卡蒂人，纷纷向罗马表示了臣服之意（或者至少是同盟之意），但仍然自行管理事务。而在德意志西南地区，也就是莱茵河上游与多瑙河上游之间的广大地区，似乎还是化外之地，当然还有位于多瑙河中游以北的波希米亚新兴强国：马科曼尼王国，尽管只存在了一小段时间。这个王国建立于前8年左右，是马罗博杜乌斯带着他的族人走出美因河东部地

第五章　奥古斯都：最伟大的帝国主义者　131

区之后建立的,为的就是避免罗马人的进一步关注。他们的故土后来被同样流离失所的荷尔蒙杜里人占据;这批人的故地更加靠北,正是多米迪乌斯·阿赫诺巴布斯将他们赶到了美因河东部地区。

◇◆◇

奥古斯都对多瑙河以南的地区也同样有兴趣。这是一片从诺里库姆延伸到黑海的广大地域。潘诺尼亚人鼓动诺里库姆人抵抗罗马的吞并,并在前14年再次威胁罗马领土,刺激了罗马前来征服。在罗马官员看来,这次征服无论如何都不可避免。第一个受命征服潘诺尼亚人的军事统帅阿格里帕在前12年意外去世,因此,作战任务转移到了元首最年长的继子提比略·尼禄手里。多亏了他的雄才大略,潘诺尼亚人在萨瓦河与多瑙河之间的广大区域于前9年被大体征服。第二年,这些刚刚臣服的人试图举旗再叛,又被提比略的继承人、奥古斯都大帝的外甥塞克斯·阿普莱伊乌斯狠狠镇压了下去。

多瑙河流域的纷扰并未就此结束,罗马军队还是反复渡过多瑙河惩罚突袭,宣传帝国的远距离实力。巴斯塔奈人与达奇亚人是主要的惩戒对象。小克拉苏在前29年到前28年就如此远距离地行军。大约二十年后,一个姓字不详的统帅再度击溃了巴斯塔奈人,详情记载在一段已经毁坏的铭文石刻里(可能是苏尔皮奇乌斯·居里尼乌斯,但更有可能是奥古斯都宠爱的另一名继承人,也就是前文已经提及的维尼修斯)。得胜的指挥官随后率军北向,深入中欧地区,一直走到斯洛伐克与波兰的界山塔特拉山脉,到达附近的铸铁重镇科迪尼,以此炫耀罗马的军事力量。在奥古斯都大帝执政末年,包括阿埃利乌斯·卡图斯与科尔内利乌斯·伦图鲁斯在内的其他代理人也在多瑙河沿岸忙个不停。前9年到前6年,伦图鲁斯击败了生活在黑海沿岸到多瑙河平原的盖塔人,赢得了凯旋式的荣誉。大概十五年到二十年后,卡图斯带着5万多盖塔人定居默西亚,这个区域在多瑙河下游绵延800千米,曾于前12年成为罗马行省。色雷斯与马其顿东部地区,北临默西亚和海默斯的群山(位于今天的巴尔干),南接爱琴海海岸的希腊城邦,在长寿国王罗梅塔尔凯斯一世的统治下,已经成为罗马的附庸国。此后数十年巴尔干地区的战役中,该国机敏地为罗马将军提供了帮助。尽管如此,多瑙河下游边境地区的局势依然不够稳定,这让诗人奥维德感到担忧。8年,奥维德出于莫名的原因触怒了元首,被流放到黑海之滨的希腊城邦托米斯(今天罗马尼亚的康斯坦察)。他在那里度过了生命的最后十年,请求重返罗马却不被允许,只能哀叹蛮族环伺的危险。

  时至6年,奥古斯都大帝已经将帝国疆域扩大了一倍之多。潘诺尼亚人与达尔马提亚人已经照章纳税、接受罗马的催课与征兵,在很大程度上源于他们日渐增长的"危险"。现在,奥古斯都决定让德意志也成为帝国行省,课以定期的税负,施行罗马法,至少是那些已占领的地区。更多的帝国工程也在筹划之中:马罗博杜乌斯率领他的马尔科曼尼人占据着新的波希米亚土地,与罗马人和平相处。他们无疑正是博取军事荣誉的绝佳对象。马罗博杜乌斯有信心以平等身份与罗马打交道,这让维莱伊乌斯·帕特库鲁斯非常厌恶(此人当时还是多瑙河军队的一员军官),也让罗马皇帝更为反感。马罗博杜乌斯拥有70000名步兵和4000匹战马,如此训练有素的军队,无论从何种程

第五章 奥古斯都:最伟大的帝国主义者　133

度上说，都足以让罗马人将其看作一个战略威胁，不利于罗马新占领的一切领土。奥古斯都大帝及其大臣们认定，波希米亚也必须吞并。

6年，罗马对马科曼尼人发动了一个野心勃勃的钳形攻势，动用了至少12个罗马军团：提比略·恺撒（至此已经成为继承人）从潘诺尼亚的卡尔努图姆进发，森迪乌斯·萨图尔尼努斯则从莫根台孔直驱莱茵河。这次战役本是奥古斯都扩张主义的高光时刻，但却戛然而止。各路军队刚刚出兵，行动就中止了。内陆地区的达尔马提亚人因为不堪忍受新主子的铁腕统治，开始奋起反叛。在一个名叫巴托的首领领导下，他们在早期战争中取得了几次胜利，打得罗马人目瞪口呆。之后，潘诺尼亚人也出现了"巴托"叛乱，这一叛乱中，大量罗马先遣队和商人遭到屠杀。叛军据说已经拥有20万步兵和9000骑兵，这在罗马城内引发了恐慌（虽然这样的兵力毫无疑问是在夸张）。同样惊恐不已的元首宣布，达尔马提亚人十天之内就会抵达意大利。奥古斯都被迫紧急征募退伍老兵，解放奴隶，课征税金。传记作家苏埃托尼乌斯评论道，这场战争也许是罗马自汉尼拔之后面临的最严重挑战。

由于两次叛乱疏于呼应，罗马人也在付出沉重代价后控制了锡萨克（现在位于克罗地亚中部的锡萨克，控扼前往意大利的路线）和西米乌姆（现在塞尔维亚的斯勒姆萨·米特罗维卡），也集中起越来越多的军队——事实上由于兵力过多，最后提比略不得不将默西亚和东部行省的兵力调了回去——再加上叛军内部不和（潘诺尼亚的巴托最终死于达尔马提亚的巴托之手），反叛地区一片焦土。这场叛乱也逐渐平定下去。当然，叛乱完全平息，还需要提比略与他的侄子兼养子日尔曼尼库斯

(德鲁苏斯之子)以及其他将军继续花上三年的时间。

◇◆◇

巴尔干地区的胜利没过多久,罗马就迎来了日耳曼地区的灾难。7年,奥古斯都大帝派他的姻亲昆提里乌斯·瓦鲁斯以代理人身份前往日耳曼。瓦鲁斯推行了一套更加严苛的统治体制,激化了日耳曼人的不满情绪。瓦鲁斯征收税赋(具体细节已不清楚),推行罗马法律和罗马法庭,而这一切都需要军官坐镇才能推行。这些行省化的举措后来成为正常操作,毕竟塔西佗的岳父阿格里克拉七十年后也在不列颠如此推行,虽然相对来说显得更加巧妙。瓦鲁斯的错误在于操之过急,因此(死后)被指控贪婪愚蠢。

9年夏天,瓦鲁斯与三个军团开拔到了威悉河畔,进入切鲁西人的地盘。此时的切鲁西人已经被视为温和甚至安居乐业的外省人了,二十多岁的尤利乌斯·阿米尼乌斯就是切鲁西人的年轻领袖之一。阿米尼乌斯是个罗马公民,也是瓦鲁斯身边久经战阵而且备受信任的骑兵军官。阿米尼乌斯与其他日耳曼领袖已经在秘密筹划一场北方民族的反叛了,联合布鲁克特利人、安格里瓦里人,大概还有卡乌基人。他们将瓦鲁斯及其军队引诱到了利珀河与埃姆斯河之间的森林地带,这里位于奥斯纳布吕克略北的地方,塔西佗称之为"条顿森林堡"。9月连续三个暴雨盈盆的日子里,日耳曼人对长条式行军的罗马军团发动了致命伏击,杀死或俘虏了罗马几乎全部的1.8万到2万名士兵,随军的仆人与平民也未能幸免。瓦鲁斯与剩下的军官最终自杀,以此避

第五章 奥古斯都:最伟大的帝国主义者　135

免胜利者的故意羞辱。1987年以来，在德国奥斯纳布吕克东北十七千米处的卡尔科里泽，在山脉与一块沼泽之间的狭窄山路，人们找到了大量奥古斯都大帝统治末期的罗马军民用品，包括皮带搭扣、弹弓子弹、炊事用具甚至是医疗用具。这些考古发掘差不多已经可以标明罗马军团的行军路线。

这是克拉苏在叙利亚沙漠折戟以来，罗马帝国经历的最惨重的一次军事失利。全军覆没的第十七军团、第十八军团和第十九军团后来再也没有重建，它们的番号也永远消失了。日耳曼的战事本来可能会更糟糕，幸好另外两个罗马军团扭转了战局：诺尼乌斯·阿斯普雷纳斯率领两个军团从莫根台孔出发，北上阻击日耳曼人得胜后进攻高卢；在莱茵河口的海岸地带，忠诚的巴塔维人仍然尽忠职守；从莱茵河口到北面盟友弗里斯人的地区，罗马人仍然掌控局势。在此后的七年里，提比略·恺撒与日尔曼尼库斯还挥兵深入德意志北部的广大地区，进行一系列的复仇和威慑作战。日尔曼尼库斯是个饶具魅力的将军，只是能力算不上卓越。他在另一场伏击中差点失去了部分军队，在暴风雨中也损失了大部分的舰队。但是，16年日尔曼尼库斯还是在一场公开战役中击败了阿米尼乌斯。日耳曼王子在这场战争中的表现不甚明智。决战地点就在伊迪斯塔维索，据说就在明登城外，奥斯纳布吕克以东60千米的地方。

12年到16年间，日尔曼尼库斯几次率军染指德意志北部，每次他都在冬天回师莱茵河下游。日尔曼尼库斯行军是标准的血腥残暴：（据塔西佗记载）他对手无寸铁的男人，对女人和老人都一样毫不留情。火与剑蹂躏了德意志的乡间，一座座神庙蒙尘倾覆。他们满足了罗马人为瓦鲁斯复仇的强烈渴望。但在17年,提比略皇帝召回了他的侄子,结束了这场日耳曼战争,原因在于实打实的征服其实并不能带来持续的收益。这一点就算日尔曼尼库斯还不清楚,皇帝心里也十分清楚。阿米尼乌斯的叛乱联盟瓦解了;他本人也在19年被自己部落的人暗杀,因为人们怀疑他有自立为王的倾向。不过条顿森林堡战役还是宣告日耳曼尼亚行省的终结,莱茵河也将和多瑙河一样成为罗马帝国的边界线,尽管罗马人后来还会多次跨越这条界河。

巴尔干与日耳曼地区的叛乱显示,奥古斯都时代的帝国霸业面临诸多障碍。在7年至8年的潘诺尼亚,罗马人集结了约10万名士兵参与平叛,这已经超过了罗马总兵力的三分之一。9年及之后,那三个在德意志全军覆没的军团再也没有恢复。为了让驻守在莱茵河畔的军力保持八个军团,罗马从西班牙等地调兵。此后许多年里,罗马现役军团的总数都保持在25个。巨额军费、意大利的厌战情绪,还有战争失败的幻灭之感,这一切都让年迈的元首推出了"限制帝国规模、谨守现有边界"的政策。这句格言也为他的继承者提比略遵守,尽管并不是每一名继任皇帝都遵守这条格言。

◇◆◇

奥古斯都与他的同胞为何如此坚定地追求扩张,这是个备受争论的话题。元首在自己的《功业录》里写道:"我为罗马人民扩大了每一个行省的边界,边界外的邻居是不服从我们权力的民族。"塔西佗记载说,14年奥古斯都大帝去世时,仰慕者在葬礼上列举了皇帝的功绩,作为遗产的一部分,他是如何让大西洋和遥远的河流成为帝国的"边界"。其他几个后奥古斯都时代的作家,如苏埃托尼乌斯和卡西乌斯·迪奥,也认为元首的各项政策是出于防御,或者说是"外部"的敌意迫使元首进行扩张。所谓"奥古斯都的帝国主义实质上是个防御性国策",这一点仍有许多现代人相信。另外一种比较有影响力的解释是,皇帝希望打造一条沿着多瑙河流域通往东方行省的安全行军路线,毕竟现有的路线在糟糕天气和冬日时节往往凶险异常(包括海路)。这种说法还有一个升级版:在6年和9年的军事灾难到来之前,罗马人都希望缩短并合理化自身帝国的欧洲边界,让边界沿着易北河,经由波希米亚,进入多瑙河中游和黑海地区。

与此针锋相对的观点现在也同样得到广泛认同:重新发动扩张的行为,说明罗马人回到了前1世纪60年代和50年代的征服心态。但这一次他们的目标更大:如果不能征服整块欧亚大陆,那至少要征服整个欧洲。这个目标其实没有乍一看那么好高骛远:一些罗马人和希腊人(并非所有人)认为,里海乃是大洋环绕大陆形成的一个海湾,塔纳伊斯河(顿河)是抵达大洋之前最后的河流。奥古斯都时代的诗人维吉尔和贺拉斯首先喋喋不休地述说帝国新的胜利与征服,无论现实的远至不列颠、帕提亚甚至是中国这种幻想的领土。而在《埃涅阿斯纪》里,朱庇特甚至说出了那句对罗马的著名承诺,"帝国永无止境":无论在空间还是在时间上都无边无界。《功业录》的大标题下用了这样一段文字形容这部书:奥古斯都大帝"将世界置于罗马人民的权力之下"。这虽然是一句夸饰之语,但也不能支持所谓"防御性帝国主义"的观点。

介于进攻性和防御性的争论之间,还有一种观点,认为奥古斯都大帝的帝国政策是务实的。原因在于，不论是他本人，还是他家族的男性成员，还是他们的密友，都需要军事荣誉，来有效地完成内战之后的政治部署。而同时，罗马也要处理外部来袭以及行省的动荡，特别是帝国在欧洲的边界地带。根据这一评价，即便帝国的宣传机器将每个大陆上的辉煌胜利、军事声望以及罗马对其他所有民族的主宰吹得神乎其神，并将这些成就归于元首的卓越领导，但帝国的目标还是因情境和诱惑的不同有所差异。

无疑，实用主义与机会主义总是混在一起的。罗马人宏大的欧洲征服计划（虽然还是比欧亚大陆小一些）仍然不切实际，不论罗马人如何低估其东部的地理界限。即便是在20年之后，日耳曼地区的行省最远也仅能延伸到威悉河而已，号称被纳入行省的大部分区域实际上仍然独立。在长达2800千米的多瑙河北岸，罗马军队也只能偶尔越界出击。而匈牙利平原与罗马尼亚西部高地，也就是位于喀尔巴阡山与塔特拉山围成半圆之内的这一大片领土，对于一个坚持扩张的政权而言唾手可得，多瑙河下游与东喀尔巴阡山之间的那块面积小但战略意义很大的地区亦然。尽管并非全部，上述区域有一部分在罗马与横跨多瑙河的蛮族历经一个世纪的争斗之后，由图拉真皇帝吞并。相较而言，奥古斯都时代则对占领这些地方不感兴趣，即便外来的突袭侵扰让奥维德和黑海沿岸的罗马居民心惊胆战。

奥古斯都大帝对不列颠也不感兴趣，即便诗人认为这会是另一个战利品。不列颠诸王表示友好就已经足够了，罗马人认为这是对自己霸权的接纳。在恺撒时代，西塞罗等人还对珍珠和奴隶心驰神往，可到奥古斯都大帝这里，这些已经不那么吸引人了。奥古斯都认为，从不列颠那里得到贸易税和关税令人更为满意。前面提到，奥古斯都大帝认为与帕提亚作战也没什么意义。前20年，好不容易才登上王位的帕提亚王弗拉特斯四世表示，愿意归还他们俘获的克拉苏旗帜。十年之后，弗拉特斯四世甚至还将他的四个儿子送到罗马做人质，为他自己排行第五的私生子扫清即位的障碍。这位国王还不情不愿地（的确有那么一点儿）容忍了罗马对缓冲国亚美尼亚王国的霸权。这项政策也延续到了弗拉特斯四世之子、弑父上位的弗拉特斯五世。历史事实很容易证明帕提亚对罗马的恭顺。

前2年，元首兴建了他全新的奥古斯都广场和战神玛尔斯神庙（复仇之神），也为著名凯旋将军的一排雕像揭幕，正是这些将军带领帝国走向伟大。他在一纸敕令中宣称，这些仪式会让自己和后来的元首符合同胞公民的要求，能够与这些历史上的模范人物相配。换句话说，元首期望（或据称如此期望），后世的领袖也有机会扩大罗马帝国。后来的帝王当然会继续扩张罗马帝国，但没有一个能与第一位皇帝取得的荣誉相提并论。

第六章

罗马帝国的得与失，14年到212年

从14年到68年，罗马帝国都处于奥古斯都家族的统治和暴政之下。现代人称这个家族为"朱里亚-克劳狄"家族，他们也是世界史上最荒唐失能的王室。奥古斯都养子提比略，或许他并不希望成为皇帝，（又或许）并不像后面那些皇帝那么堕落，但他还是变身为一名满腹猜疑而又深居简出的审判者。提比略动用叛国罪和通奸罪的指控，不但成功地驱逐了几个怀疑的贵族成员，甚至对家族成员也不留情，比如日尔曼尼库斯的遗孀大阿格里皮娜（阿格里帕与奥古斯都女儿茱莉娅之女），以及她的两个儿子。大阿格里皮娜硕果仅存的第三子、年轻的卡里古拉·恺撒在37年即位（他儿时的绰号就是"卡里古拉"，现代人也这么称呼他）。卡里古拉的统治一开始还不错，但很快就沉迷于自己恣肆的暴政：他有意无意地扮演起托勒密等希腊化国王那样反复无常的角色，也为自己的错误买了单。不仅贵族阶层背叛了他，罗马禁卫军也同他离心离德。41年1月，禁卫军士兵在宫殿附近刺杀了众叛亲离的卡里古拉皇帝。

尽管好几位前任执政官都认为，是时候恢复之前的寡头制共和国了，但禁卫军看得更清楚（恢复寡头制只会带来更多的内战）：他们迎立了朱里亚-克劳狄家族最后一名活着的男性成员、日尔曼尼库斯深沉内敛而又书卷气浓的弟弟克劳狄乌斯·德鲁苏斯，来担任新一任元首。克劳狄乌斯一直统治到54年，他智慧、怯懦、残暴，又"听命于妻子的大权"（据塔西佗所言），尽管他也处决了一个老婆，因为瓦勒里娅·梅萨里娜密谋要推翻他。克劳狄乌斯的行政措施值得称道，也为帝国兼并了新的领土，比如不列颠。但这一切也伴随着更多的叛国罪和对贵族的放逐，包括那些等级持续下降的贵族，甚至是奥古斯都大帝的远亲孙辈。如果有人胆敢反对克劳狄乌斯，就算是续弦妻子和宠溺的释奴也无法逃脱惩罚。克劳狄乌斯娶了日尔曼尼库斯唯一活着的女儿，在此之前，他已经处死了小阿格里皮娜的其余姐妹。这样一来，未来的传位得以确定，小阿格里皮娜的儿子得以在54年继承皇帝之位（这个儿子是小阿格里皮娜与多米迪乌斯·阿赫诺巴布斯所生，但由她的姑母家族抚养，也就是后来的尼禄·克劳狄乌斯·恺撒）。

尼禄异乎寻常的元首统治一直以来都是荒唐暴政的典范。尽管即位时还不到17岁，尼禄就已经因一己之私走向了真正的托勒密式（或是博尔吉亚式）极端：他杀死了继弟不列颠尼库斯，杀死了母亲和两个妻子，其中一个妻子还是臭名昭著的波佩亚·萨比娜。他还处死了朱里亚－克劳狄家族每一个活着的成员，以及无数元老和骑士成员（其中不乏一时俊彦，包括皇帝本人德高望重的哲学家教师塞涅卡），全都因为真假参半的谋逆罪名。罗马人很自然地将64年那场险些将整座城市烧成白地的大火归罪于尼禄，特别是这位皇帝随后就在一片焦土的市中心修建起金宫，耗费数百万之资。舞台表演和双轮马车竞赛同样没能打动他的贵族们。听说高卢人起义后，得到鼓舞的禁卫军再次推翻尼禄（尽管起义被迅速扑灭）。68年6月，兴奋的元老院宣布尼禄是国家公敌。最终，尼禄只得自杀身亡。

无论从何种意义上说，尼禄皇帝都终结了朱里亚－克劳狄王朝，但一切并未因此走上正轨。41年，本已避免的危险再度引发灾难，罗马再次面临没有公认皇位继承人的危险，年长的贵族塞尔维乌斯·苏尔皮奇乌斯·加尔巴，取代尼禄登上帝位。事实证明，加尔巴过度执着于缩减开支，因此惹恼了禁卫军。69年1月，加尔巴在议事广场被杀身亡。

继承皇位的是尼禄的旧友萨尔维乌斯·奥托,但他随即就遭到了莱茵兰军团的挑战。这支军队侵入意大利,拥立他们的地区统帅维特利乌斯为帝。4月,奥托兵败自杀,维特利乌斯即位。但很快,维特利乌斯又有了新的皇位挑战者,那就是弗拉维乌斯·韦斯巴芗,在犹太地区镇压叛乱的军事统帅。韦斯巴芗不仅得到了东部行省的拥戴,也博得了多瑙河沿岸地区的支持。他挥军进入意大利,击败了维特利乌斯的军队,于12月攻占罗马,在议事广场将维特利乌斯碎尸示众。

混乱持续的这一年间,高卢的东北部和莱茵兰地区桀骜不驯的部族纷纷举叛,犹太战争继续延烧,多瑙河沿岸地区的骑兵突袭队入侵了默西亚。帝国境内的一些地区(比如高卢地区的卢格杜努姆和维也纳)也看到了发动小型战争的大好机会。百废待兴的重任落到了韦斯巴芗的肩头,他与长子和继承者在1世纪70年代出色地完成了重新稳定帝国的任务。

朱里亚-克劳狄王朝与"四帝之年"在历史上留下了耸人听闻的名声。相较而言,70年到180年这一百多年的历史,现存史料无论在体量还是紧张程度上都大为逊色(见附录)。不仅如此,这一百多年间的罗马元首和罗马政治,除极个别例外以外,都显得更为平和一些。政治迫害、皇族内讧仇杀、政变、军事叛变并非不存在,但它们要比前1世纪到5世纪间的任何一个世纪都少。

韦斯巴芗次子弗拉维乌斯·图密善执政期间,罗马又回到了朱里亚-克劳狄王朝时代的尔虞我诈和铁腕镇压之中。塔西佗哀叹,十五年的时间又留给了肃杀与恐惧。图密善也为此付出了代价,96年他在自己的卧室遇刺身亡。不过,他短暂的继任者,年迈的涅尔瓦没有让这一切继续下去。涅尔瓦收养了图拉真作为继任者。图拉真是一位中正平和的杰出元老,更重要的是,他是阿尔卑斯山北麓、莱茵河上游的全军统帅。涅尔瓦在98年初去世,帝国托付给了罗马史上最知名的统治者兼征服者之一图拉真,他的统治长达二十年。尽管117年,图拉真的亲族哈德良即位时有些争议,即并不是所有人都相信他是图拉真选定的继承人,但是又一段绵长而运转良好的元首制时期开始了。哈德良是个性情多变、酷爱旅行而又博学多智的君主。

哈德良五十多岁的时候收养了他的继承人奥勒留·安东尼乌斯,一位前任执政官。他选定的继承人成为自提比略以来统治时间最长的恺撒(138年至161年),这位恺撒也得名安东尼·庇护。奥勒留·安东尼乌斯的继承人则是他收养的儿子马可·奥勒留和卢西乌斯·维鲁斯。两人都出身元老院显贵之家,也与哈德良关系匪浅。长兄奥勒留在161年独自做出决定,授予性情宽和的维鲁斯相同的头衔和权力,这一决定史无前例。由此,罗马帝国就拥有两名地位平等(尽管并非同样勤奋工作)的皇帝,直至维鲁斯在169年去世。

但是,持续2个世纪的继承人收养惯例后来为马可·奥勒留破坏。这位皇帝擢升自己的儿子作为继承人,这位继承人以家庭原因,得名康茂德,尽管康茂德当时只有16岁,在180年继承亡父皇位时也只有19岁。几乎可以预见,康茂德(第一个在任元首之子的恺撒)的统治回到了朱里亚-克劳狄王朝的状态,政治迫害、处决(包括一个亲姐姐)、作秀层出不穷。同样可以预见的是,192年康茂德的人生在一场宫廷政变中终结,这回他的遇刺地点是浴室。从此,罗马帝国进入了一个全新的暴力时代。

◇◆◇

奥古斯都大帝"限制帝国规模、紧守现有边界"的临终遗言在他谨慎而又平和的继承者提比略那里得到了忠实执行。16年,提比略叫停了日尔曼尼库斯对德意志北部耗资巨大而又不易成功的军事行动,也在十一年之后有意忽略了弗里斯人的叛乱,只因镇压他们的成本大过收益。而在东方,提比略也叫停了34年到36年与帕提亚的战争。帕提亚不再与罗马争夺对亚美尼亚的霸权,作为回报,提比略停止了对帕提亚王位争夺者的支持。

并不是所有人都对提比略这种持续的平静感到高兴:在一个世纪之后,塔西佗就尖刻地挖苦提比略是个"毫不关心帝国扩张的皇帝"。但是,提比略的继承人卡里古拉也拒绝扩张帝国,即便年轻的他本可以从军事荣誉中获利。卡里古拉在高卢地区的军力展示,据说预示着即将渡过莱茵河或是进入不列颠,但事实证明那些只是演习而已。

罗马五十年来的第一次军事征服发生在克劳狄乌斯执政时期。这位人到中年、久经忽视而又性格古怪的新皇需要尽量多的军事荣誉,来强调他与奥古斯都家族的联系。克劳狄乌斯轻而易举就实现了这一点,靠的是给自己的名字加上"恺撒"的尊号(提比略与卡里古拉虽然父系出身克劳狄家族,但也通过收养关系得到了"恺撒"的尊号)。不过取得军事荣誉要费力得多,克劳狄乌斯历尽艰辛才拿下了不列颠的中部和南部地区,不顾奥古斯都大帝"不要扩张"的遗命。而在军事荣誉之外,罗马人出兵还有第二个原因,那就是统治不列颠的国王库诺贝利努斯(莎士比亚笔下的辛白林)于40年去世后,不列颠南部出现了新的不稳定状况。库诺贝利努斯的一个儿子被流放,他跨越海峡来到高卢向卡里古拉求援;另一个儿子维里卡也出逃,42年从汉普郡的附庸王国来到罗马,向克劳狄乌斯发出了相同的求援。罗马政府也许会担心桀骜难制的不列颠人会跨越海峡进入高卢,不过出兵更重要的原因,肯定是不列颠日渐繁荣的经济和生产力,库诺贝利努斯治下广为流通的高质量硬币就是明证。罗马人深知,这座岛屿拥有大量的银、铜、铅,甚至还有金子。

入侵不列颠的军事行动始于43年,统帅是普劳迪乌斯(并不好战的克劳狄乌斯本人随着一支舰队前往视察)。到47年为止,罗马人已经控制了从塞文河到亨伯河口之间的土地。罗马人在这里还修建了福斯路,这条斜向干道贯穿不列颠中部地区,从西南部的伊斯卡(埃克塞特)军事基地一直延伸到林杜姆(林肯)。这次征服称得上成功,克劳狄乌斯洗刷了祖先恺撒的失败。大喜过望的皇帝为了纪念这次胜利,就给自己和新生的儿子都取了代表胜利的新名字"不列颠尼库斯"。克劳狄乌斯的政府只对不列颠有人定居的低地感兴趣,这一点从47年的划界可以看出。但即便在这条边界以南,仍然有一些地区实际上保持着独立,至多只能算是罗马的盟友而非纳税的臣民。诺福克的爱西尼人保持这种状态直到61年。汉普郡的阿特雷贝茨人或许也是如此,他们在长寿国王科吉杜布努斯(也叫托吉杜布努斯)的统治下保持了独立,这位国王以其在菲什本的宫殿而闻名。

作为新的不列颠尼亚行省的主要港口,泰晤士河下游的伦底纽姆发展神速。而在北面,维鲁拉米恩在稍早的时候甚至成为相当规模的罗马自治市;在坎努罗杜努姆(科尔切斯特,之前则是库诺贝利努斯的主要城市），克劳狄乌斯在49年为退伍老兵开拓了一块殖民地。47年之后，罗马又花了十五年的时间巩固了此地的统治和警戒工作。库诺贝利努斯的儿子卡拉塔库斯对殖民统治发起了不知疲倦的反抗，他率领好战的志留人从威尔士扯起义旗，一直到51年，起义才宣告失败。卡拉塔库斯跑到约克夏和诺森布里亚的布里甘特人那里寻求庇护，不料却被冷酷无情的布里甘特女王卡蒂曼杜亚交给了罗马军团长奥斯托利乌斯·斯卡普拉。女王本人也在48年到69年间反复依赖罗马军队的增援，以镇压强悍桀骜的布里甘特臣民。卡拉塔库斯与这位女王都在罗马的保护下得到善终，卡拉塔库斯及其家人甚至来到意大利颐养天年，克劳狄乌斯赦免了他们，并为他们提供了资助。

61年，在尼禄的领导下，罗马发动了对不列颠的新一轮征服。新任军团长苏埃托尼乌斯·帕乌利努斯率军直入威尔士，他渡过海峡抵达莫纳岛（安格尔西岛），摧毁了不列颠最后一个独立的德鲁伊教据点，这一宗教因为像煞有介事的野蛮仪式和反罗马的颠覆活动已在高卢禁绝。但是，罗马更大规模的扩张计划都因爱西尼王遗孀布狄卡在诺福克地区的大叛乱导致无功而返。也许是为了筹钱支付新一轮军费，也许是为了给自己谋利，这位王室代理人宣布，爱西尼王国是罗马行省的一部分；更糟糕的是，王国土地甚至是王室宅邸都被罗马军官洗劫一空。罗马士兵并未收手，他们虐打了王后本人，还强奸了王后的两个女儿（见第十章）。大量怨气在女王的臣民那里累积，也在邻国积累。特别是特里诺文特人，他们被迫容忍坎努罗杜努姆那些贪婪殖民者的暴政，所有人都被罗马官员和高利贷者剥削压榨（根据迪奥的说法，最贪婪的恰恰是尼禄的哲学导师兼家庭教师塞涅卡）。

罗马军队分散部署在不列颠的广大地区，这场大规模的暴乱差不多已经推翻了帝国在不列颠的统治。一个鲁莽冲锋独自迎敌的罗马军团被狠狠地切割开来，坎努罗杜努姆、维鲁拉米恩、伦底纽姆在战火中举城毁灭（61年的灰层仍然存于伦敦城地下），大规模的屠杀与毁灭席卷了不列颠东南部，7万甚至更多的罗马人和忠于罗马的不列颠人都在痛苦中死去。苏埃托尼乌斯·帕乌利努斯只有一个完整的军团，加上其他军团的一些零散士兵（第十四军团和第二十军团），此外还有几支外省辅助部队。不过最终他还是平定了叛乱，逼迫布狄卡的军队决战，进行了残酷的屠杀毁灭，平息了这场叛乱。但在之后，叛军的领地又兴起了一轮轮报复式的反扑，反扑的范围肯定远远超过爱西尼和特里诺文特两地，虽然最后只有这两地被历史记住。直至迟来的共识降临不列颠，这一切才告平息。这要感谢更具道德感的皇室新代理人——尤利乌斯·阿尔皮努斯·克拉斯西亚努斯。他召回了帕乌利努斯，推举更具怀柔气质的总督统治不列颠。

根据传记作家苏埃托尼乌斯的说法（并不知道他与不列颠总督有何关系），这场叛乱甚至让尼禄短暂考虑过放弃不列颠行省。但是，尼禄没有放弃，继之而来的是长达十年的休战。这段时间唯一值得记录的事情就是罗马军队在最后时刻成功营救了卡蒂曼杜亚女王，这位女王的王位被与其不和的丈夫维努蒂乌斯夺走。直到韦斯巴芗皇帝上台之后，罗马才对不列颠展开了新一轮的攻略。71年到83年间（一说是84年），一系列热情满满的总督，包括韦斯巴芗的亲族佩蒂利乌斯·塞雷亚里斯（他就是那个被布狄卡打得大败的军团首领）、塞克斯图斯·尤利乌斯·弗朗蒂努斯，然后是塔西佗的岳父尤利乌斯·阿格里

第六章　罗马帝国的得与失，14年到212年

克拉，都对之前保持独立的各个民族施行了直接统治，比如约克夏的布里甘特人、威尔士北部诸族（包括安格尔西）。阿格里克拉还广建要塞军营，最远甚至北抵卡莱多尼亚（苏格兰）。

不列颠尼亚的罗马军团开始修筑一座座永久性基地：威尔士南部的伊斯卡·西卢鲁姆（卡尔恩）和德瓦（切斯特）大概就是塞雷亚里斯修筑的，埃布拉科姆（约克）则大约出自阿格里克拉之手。帝国其他各地的辅助部队，加上从不列颠当地征募的其他军队，进驻了较小的要塞，其中著名的就包括北部边境的卡莱多尼亚地区，文德兰达是最知名的一座。不列颠行省屡仆屡起的叛乱、与卡莱多尼亚人的冲突，这都需要罗马人在岛上常驻军队。驻军兵力放在整个帝国历史上也相当可观：大概3万名士兵（满建制的时候），差不多是帝国总兵力的十分之一。

最终，尽管阿格里克拉在83年或84年取得了对卡莱多尼亚大盟军的胜利——战场在芒斯·哥劳皮乌斯，或者（更准确地）说是格拉乌皮乌斯，位于苏格兰的东北方，但是罗马的有效控制最远仍然没有跨越苏格兰低地各要塞。这个既成事实在2世纪20年代初得到承认，哈德良皇帝在御驾亲征之后修筑了以他名字命名的哈德良长城，城墙从今天的卡莱尔（卢古瓦里乌姆）附近一直延伸到纽卡斯尔。克莱德-福斯运河之间的峡湾曾经成为罗马人的实际控制线。这条运河是139年至140年间安东尼·庇护皇帝修筑的堡垒沟渠体系。但这条运河作为边界线，仅仅维持了二十年就被放弃。在此之后，哈德良长城便作为稳定的边界线固定下来。尽管塞维鲁皇帝及其诸子曾经亲自率军在208年到210年打到长城以北，但任何平定卡莱多尼亚的军事计划（如果有的话）都随着211年2月塞维鲁在埃布拉库姆的去世而告终结。

◇◆◇

不列颠并不是罗马在1世纪唯一新征服的地方，但其他的征服战争并没有不列颠那么激烈。不少实质上独立的国家仍然存在于奥古斯都时代和1世纪的帝国内外：希腊城邦，比如雅典、斯巴达、罗得岛，还有爱琴海上的尼多斯、山外高卢的马西利亚；叙利亚的大马士革，沙漠深处的帕尔米拉；6年以前的犹太王国（在41年到44年间也曾短暂独立）；不列颠征服之后数十年间的诺福克爱西尼，约克夏的布里甘特人，还有汉普郡的阿特雷贝茨（统治他们的是著名国王科吉杜布努斯）。

历史上那些希腊城邦仍是独立的国家，至少在法律意义上。但随着时间推移，一个又一个附庸王国出于军事、财政或是王朝的原因成了罗马行省。加拉太在前25年变为行省的情况前文已述；犹太王国也在6年步其后尘，只因君主大希律王的儿子亚基老既恶毒又无能。随后在18年，提比略又吞并了卡帕多西亚，因为该国年迈的国王（另一个亚基老）是他的私敌。这个新行省的税收让罗马的营业税率得以降到0.5%。卡里古拉在40年以克洛狄乌斯占领塞浦路斯的方式吞并了毛里塔尼亚，意在侵吞这里的国库。令人好奇的是，塞浦路斯王与毛里塔尼亚王都出身托勒密家族（毛里塔尼亚托勒密也是卡里古拉的同父异母表兄），两人的死法也颇为惨烈——塞浦路斯王死于自杀，毛里塔尼亚王则被草草处决。

入侵不列颠的三年之后，克劳狄乌斯兵不血刃地将色雷斯变成了罗马行省,这里从奥古斯都时代以来就是罗马的附庸王国。色雷斯从稍早时代开始就受困于宫斗,此时的国王罗梅塔尔凯斯三世(与卡里古拉、克劳狄乌斯本人和毛里塔尼亚的托勒密王一样都是马克·安东尼的后代)刚刚死于皇后比特洛多丽丝之手(皇后也是安东尼后代)。色雷斯固然给帝国国库充实了不少岁入,但是罗马人吞并色雷斯的主要原因仍旧是为克劳狄乌斯的帝国扩张伟业增光添彩,且能更牢地掌控这一地区。至此,罗马已经控制了多瑙河全流域,还控制了来往河上的大量强悍部族。

这些部族都是屡教不改的入侵者。尼禄时代一位默西亚军团长,普劳迪乌斯·西尔瓦努斯,就在他的记功石碑里夸口说,自己击退了萨尔马提亚人、巴斯塔奈人和洛克索兰尼人三番五次的进攻威胁,抓住了他们国王的儿子做人质,让这一地区得以和平。此外还推行了一项特别显著的政策,那就是将10万多名多瑙河以北的居民迁到了默西亚,这番举措让人想起奥古斯都时代阿埃利乌斯·卡图斯的那次大型移民。西尔瓦努斯此举也是在暗示,默西亚仍然有新移民屯驻的空间。尽管只是暂时性的,这次移民还是稳定了多瑙河北岸的局势。西尔瓦努斯的努力也得到了嘉奖,他得到了凯旋徽章和罗马城近卫长官的职位。

保卫边疆再次成为罗马人新一轮扩张的动力,73年或74年,德意志西南部开始了有限的扩张。塔西佗称这块新获得的领土为"德库马提亚之地":这块土地夹杂着森林山地,位于莱茵河上游与多瑙河之间,大部分属于今天的巴登-符腾堡地带,没有什么人口,也没有什么成建制的部落(塔西佗嘲笑这里的居民"完全是反复无常的高卢人"）。一条罗马大道修建于此，穿越这块土地，缩短了莱茵河与多瑙河两地军事基地和要塞之间的通行距离。很快，罗马人就在内卡河畔建立了一个城镇阿莱伊·弗拉威亚（洛特维尔），作为驻防重镇。吞并的第一步是将边界东移到美因河和内卡河。在哈德良及其之后的时代，罗马人又从南边的德库马提亚前进到了雷蒂安行省的奥古斯塔·文德里克鲁姆（奥格斯堡），这条防线全长超过550千米。战略据点和瞭望塔形成常规防御体系，辅以坚固的木质栅栏，为的就是保护这块日渐繁荣的飞地。这块土地一直都是帝国的一部分，直至3世纪末，日耳曼各族的不断侵扰让这里成为不堪防守的巨大负担。

◇◆◇

罗马的近邻，莱茵河和多瑙河流域从未完全平静过。1世纪，仍属化外之地的德意志各族就一而再再而三地渡过莱茵河碰运气（弗里斯人与卡乌基人在47年渡过莱茵河，卡蒂人则是在50年和82年），或是迁入罗马人的领土（比如弗里斯人与另一个族群安普西瓦里人在57年就试图如此，当然两者都被击退了），或者加入高卢北部和莱茵兰的叛军。卡蒂人、布鲁克特利人和其他日耳曼部族还一度支持69年到70年间的"高卢帝国"叛乱（见第十章）。88年，就在图密善皇帝刚刚与难以驯服的卡蒂人开战之时，他们又支持了一下德意志野心勃勃的军团副官安东尼乌斯·萨图尔尼努斯，帮助他发动了一场不甚光彩的短暂叛乱。时间进入1世纪90年代，罗马人在莱茵河两岸的兵力已经从8个军团缩减为6个，漫长的边疆地带也比之前很长一段时间以来都要

第六章 罗马帝国的得与失，14年到212年　153

平静得多。这时多瑙河下游的罗马人又碰上了严重的麻烦。

在普劳迪乌斯·西尔瓦努斯之后,罗马与其多瑙河邻居之间的龃龉关系继续恶化。重甲骑射的洛克索兰尼人在69年和70年连续两次侵扰默西亚地区,在战斗中还杀死了罗马的军团长。直到下一任军团长接任,罗马人才将洛克索兰尼人赶出默西亚。85年,一支达奇亚军队效仿了他们的成功先例,杀死了下一任罗马总督。达奇亚人在精力过人的新王戴凯巴路斯治下,成了罗马在多瑙河下游地区的持久梦魇。86年,他们甚至剿灭了一支进击的罗马军队。这次歼灭战不同寻常,因为领兵的罗马人不是元老院的使节,而是图密善的禁卫军长官科尔内利乌斯·福斯库斯。尽管两年之后,特迪乌斯·尤利安努斯组织了罗马方面一次新的进攻,达奇亚人因此惨败,但他们还是因为萨图尔尼努斯在莱茵兰的暴动而免受更惨重的损失。这不禁提醒人们,帝国那些长期以来备受困扰的难题:如果多个边疆地区同时遭遇麻烦,帝国就会左支右绌。图密善给戴凯巴路斯开出了非同一般的宽大条款,甚至给他发了一笔年金,还派遣罗马技术人员前去加固达奇亚的防御工事。

戴凯巴路斯足足出了十年的风头。1世纪90年代初,与多瑙河中游的马科曼尼人、夸迪人及其盟友作战期间,罗马军队进入了潘诺尼亚地区。但罗马人感到恐惧而且屈辱的是,他们的一支军团全军覆没,神圣的鹰旗惨遭俘获。戴凯巴路斯让一支庞大的罗马远征军借道达奇亚袭击马科曼尼人和夸迪人,久经战阵的军事家维利乌斯·鲁弗斯统领着九个军团组成的混合军队完成了这次军事行动。戴凯巴路斯的野心,至少在罗马人眼中可不止于达奇亚,尤其是他与帕提亚王建立了联系。到98年，罗马人重新将他视为多瑙河各行省的威胁。一旦多瑙河中游地区恢复和平，强势皇帝图拉真掌权，一场新的达奇亚战争——两次达奇亚战争的前一次——就箭在弦上了。

在这段时间里，从潘诺尼亚到黑海的多瑙河边境，部署着九个罗马军团，还有几十个骑兵团和外省辅助步兵部队：如果这些军队都可以满编，皇帝就能调动9万多人打这场达奇亚战争。但在实战中，皇帝只能调动其中一部分人，因为马科曼尼人和达奇亚以西的其他宿敌必须有军队监视。但即便如此，图拉真还是调动了四到五个军团，以及大量外省辅助部队。

图拉真发动的第一次达奇亚战争始于101年暮春，到第二年末即告终结。罗马军队兵分两路进入达奇亚领土：图拉真率领西路军亲征，手下大将拉贝利乌斯·马克西姆斯则从多瑙河下游的东路向北进军。罗马军队击退达奇亚人，戴凯巴路斯只得退回特兰西瓦尼亚阿尔卑斯山深处的首都萨尔米泽杰图萨。图拉真打赢了这场代价高昂的战争，战场大致就在特迪乌斯·尤利安努斯88年大获全胜的同一地址。另外，在下摩西亚地区，戴凯巴路斯那些萨尔马提亚盟友发动的分散袭击也都被罗马人挡了回去。102年中，戴凯巴路斯不得不寻求媾和。罗马人提出的条款非常苛刻：戴凯巴路斯不但要交还罗马的逃兵、军事技术人员和所有武器，还要推平达奇亚的要塞。最糟糕的是，他还得将达奇亚南边一大块弧形土地割让给罗马帝国。

戴凯巴路斯完全无法接受这些条款。他的王国已经丢掉了肥沃的土地，在三个方向都遭到罗马军队的觊觎。更不用说，一个饱受屈辱的附庸国王在贵族那里恐怕也时日无多，除非他能重新确立威信。过了大概一两年，戴凯巴路斯就开始在剩下的领土上重新修建要塞，鼓励罗马逃兵从不友善的邻居那里夺取土地，比如贾济吉斯人，甚至还与帕提亚王帕克鲁斯开始接触。105年，戴凯巴路斯开衅，对罗马占领区的据点发动了游击战式突袭。

如果戴凯巴路斯指望这一连串行动可以迫使图拉真妥协的话，那么他可就大错特错了。罗马人在105年集结了大量兵力部署在多瑙河下游，多达13个军团，其中两个刚刚成军。图拉真的首席建筑师阿波罗多鲁斯在多瑙河上建了一座重要石桥，以便军队安全通过。尽管罗马的入侵要到106年初才姗姗来迟，且遭遇了奋力抵抗，达奇亚还是迅速陷落，这一回甚至都没什么大的战役。最终，罗马人在盛夏攻陷了萨尔米泽杰图萨。戴凯巴路斯在北面的喀尔巴阡山脉躲藏了一段时间，之后在罗马资深骑兵军官克劳狄乌斯·马克西姆斯即将抓住他的时候举剑自杀。随后赶到的马克西姆斯只能将这位英雄国王的头颅割下，进呈给罗马皇帝。113年，罗马城内新建的图拉真议事广场上竖立了图拉真凯旋柱，戴凯巴路斯戏剧性的死亡场景在其上有所描绘；118年马克西姆斯退隐马其顿腓力比，竖立起个人记功碑（1965年出土），上面也刻画了这一场景。

正如图拉真柱上描绘的那样，图拉真吞并了戴凯巴路斯的王国，驱离了许多达奇亚人，为来自其他地方的殖民者腾出位置。根据图拉真私人医生兼历史学家斯塔迪里乌斯·克里托的说法，罗马从达奇亚战争中得到了多达5万的战俘，通常情况下他们都被卖作奴隶。克里托也记载了达奇亚的惊人财富，高达50万罗马磅的金子、两倍于此的银子。皇帝将这些金银财宝抄掠回家，用于各项大型建筑工程，比如议事广场、

图1 多米迪乌斯·阿赫诺巴布斯祭坛中的人口普查场景，前2世纪末期，藏于法国卢浮宫博物馆
（图片来源：维基共享资源）

图2 米特拉达梯六世半身像，1世纪，藏于法国卢浮宫博物馆
（图片来源：维基共享资源）

图3 康特雷比恩西斯青铜碑,前87年5月15日,原位于西班牙博托里塔,现藏于西班牙萨拉戈萨博物馆

(图片来源:维基共享资源)

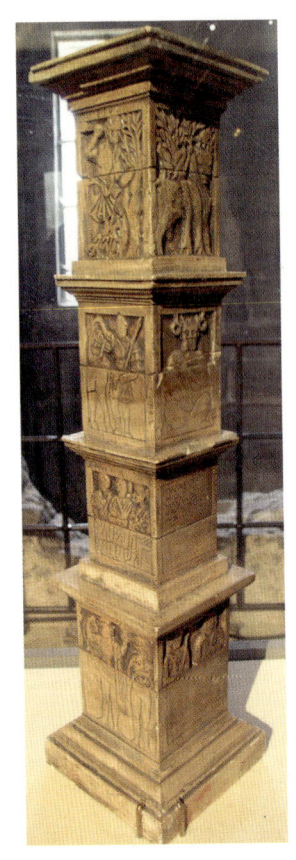

图4 船夫之柱,藏于法国巴黎市克吕尼博物馆

(图片来源:维基共享资源)

图5 西塞罗大理石半身像，藏于梵蒂冈博物馆
（图片来源：维基共享资源）

图6 奥古斯都和平祭坛，位于意大利罗马
（图片来源：维基共享资源）

图7 第一门的奥古斯都雕像,位于意大利罗马市近郊莉薇娅别墅
(图片来源:维基共享资源)

图8 罗马的迦太基,街景画
(图片来源:维基共享资源)

图9 克劳狄乌斯从不列颠凯旋、克劳狄乌斯驾驶四马战车凯旋，43年，见于卡帕多西亚的凯撒利亚
（图片来源：维基共享资源）

图10 卢格敦高卢石碑，克劳狄乌斯在元老院的演说，藏于法国里昂市高卢罗马博物馆
（图片来源：维基共享资源）

图11 阿格里克拉重建方形会堂的铭文，79年或81年，藏于英国圣奥尔本斯市维鲁拉米恩博物馆
（图片来源：维基共享资源）

图12 大理石浮雕,马可·奥勒留接受日耳曼各族投降,位于意大利罗马市卡皮托林山

(图片来源:维基共享资源)

图13 石刻,"奥古斯塔第二军团"在劳加利西越冬,179到180年,位于斯洛伐克特伦辛市

(图片来源:维基共享资源)

图14 以弗所的塞尔苏斯图书馆正立面，2世纪，拍摄于2010年
(图片来源：维基共享资源)

图15 卡拉卡拉半身像，藏于卢浮宫博物馆
(图片来源：维基共享资源)

图16 萨布迪波尔墓碑石,位于帕尔米拉古城
(图片来源:大都会艺术博物馆)

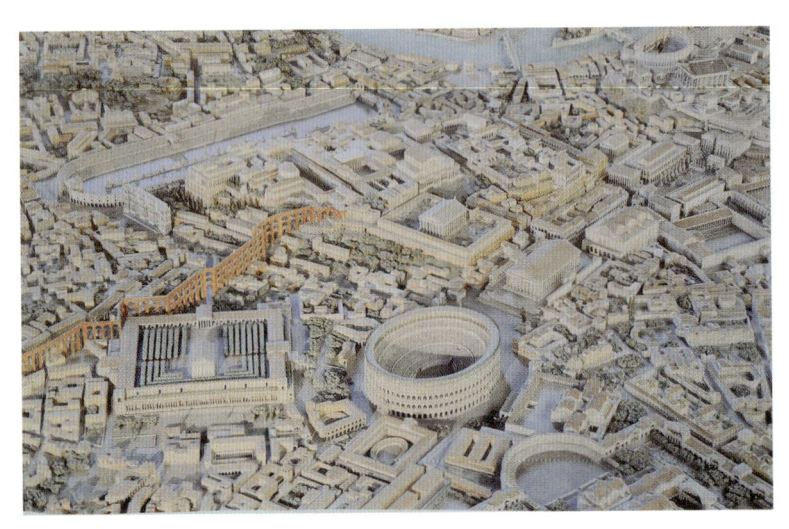

图17 君士坦丁大帝时代的罗马市中心,伊达洛·吉斯蒙迪制作的帝国罗马城模型,藏于意大利罗马文明博物馆
(图片来源:维基共享资源)

记功柱、图书馆。他还用这笔钱举行奢华的演出，向罗马城公民派发礼物。如此规模的战利品，自庞培和恺撒时代以来还从未出现过。

图密善与图拉真时代延绵二十年之久的多瑙河战争，既反映了罗马帝国的势不可当，也展现了这个帝国的局限性。罗马在1世纪70年代有29个军团，到图拉真的时代已经增加到30个，200年的时候又扩编到了32个，同时外省辅助部队的兵力规模也与军团差不多相等。这样一来，理论上罗马至少有32万名士兵，完全可以在大型冲突中守住各段边界，动用大批兵力。第一次达奇亚战争中图拉真就集结了9个军团，大概还有90个外省辅助部队，哈德良在三十年后为了镇压犹太人大叛乱也召集了12个军团（或是军团分遣队）。

30个军团，这个兵力规模其实并不比罗马共和国在汉尼拔战争或是后来几次大战中征用的总兵力多多少，与前49年到前30年间罗马内战时代动辄五六十个军团的规模相比，也要逊色不少。另一方面，罗马军团的兵力、物力也在后来的战争劫掠和赔款中得到了大大补偿；在内战中也对行省进行了残酷无情的压榨。历代皇帝发动的战争并不总能以战养战。奥古斯都大帝对西班牙西北地区的吞并为罗马打开了海量金矿的大门，图拉真对达奇亚的征服也带来了大笔矿产财富，但这两次战争都是例外情形。罗马对不列颠的征服进度缓慢，在最初几年的劫掠之后才拿到一些姗姗来迟的收益。当然，站在受益方的角度而言，不列颠行省也总是出钱支援上述那些规模庞大的军事设施。罗马从历次日耳曼和多瑙河战争中积累的财政收益，即使在最好的情况下也只能勉强冲抵发动这些战争的成本。

考虑到军事行动的规模和花费，每一位罗马皇帝都知道，同一时间开辟多条战线有多么危险。直至1世纪80年代，罗马才相对博得了选择何时何地开战的资本，虽然他们与帕提亚争夺亚美尼亚的战争还是变成了从48年到63年间打打停停的轮战。经费不足也许足以解释，为什么罗马在47年开始的不列颠战事中陷入僵局，为什么罗马在布狄卡叛乱之后也短暂考虑过放弃这个岛屿。图密善先后在德意志的卡蒂人和达奇亚人那里碰到麻烦，这也促使阿格里克拉停下进击的脚步（塔西佗后来不无讽刺地夸大说，"不列颠彻底降服之后被立即放弃"）。而一旦莱茵河与多瑙河中游爆发叛乱与战争，图密善又只能先把达奇亚战事放到一边。唯有在重新摆平莱茵河与多瑙河中游这些地方之后，罗马才有能力继续进攻达奇亚；同样，唯有在各个边境线都重归和平之后，图拉真才能对达奇亚发动新一轮的大规模战争。

◇◆◇

自从克拉苏那场灾难性的入侵以来，帕提亚与罗马的关系就在热战与和平之间来回不定。前1世纪40年代末帕提亚曾为短暂的胜利欢欣鼓舞，前36年安东尼的再度入侵也惨遭失败。之后的八十年里，两国维系着摇摇欲坠的和平，直到最后才剑拔弩张，争夺在两国之间位置优越却战略摇摆的亚美尼亚，想要获得其永久统治权。尽管帕提亚人曾在62年打败罗马军队，迫使他们投降（就像努曼西亚人和朱古达人一样），经过一番羞辱之后才释放他们，但最终结果却是帕提亚王的同父异母兄弟梯里达底统治了亚美尼亚。此君随后在66年前往罗马，接受了尼禄皇帝极尽奢华的"封冕"仪式。罗马与帕提亚两国在韦斯巴芛时代虽然偶有冲突，但在亚美尼亚的问题上却维持了近半个世纪的和平，一直到图拉真时代才波澜又起，两国为亚美尼亚的王位爆发了新的争吵。年近六十的图拉真依然战意充沛，他在114年率军大举入侵亚美尼亚和帕提亚。

图拉真发起战争的动机，历来解读不一。有一种说法是，皇帝意在控制帕提亚境内的贸易路线，无论是通往中国的丝绸之路，还是前往印度的波斯湾海路。还有一种说法是，图拉真意在将帝国边界向东整体推进，在削弱帕提亚的同时也为帝国的东方行省赢得更广阔的缓冲地带。相较而言，出身比提尼亚贵族之家的卡西乌斯·迪奥有不同看法。他认为这次战事起于图拉真的自我欲望，皇帝希望赢得更新、更大的军事荣誉。也有人认为这次行动纯粹是出于经济目的，这一判断基于一些零散的事实：106年，叙利亚的军团长科尔内利乌斯·帕尔马吞并纳巴泰人的阿拉伯王国，建立了阿拉伯佩特拉亚行省（主要城市就是"玫瑰红色的城市"佩特拉），还修建了一条"新图拉真大道"，连接叙利亚与亚喀巴湾；116年帕提亚看似摇摇欲坠之时，图拉真前往波斯湾海岸发下宏愿：他会像眼前扬帆起航的商船一样前往印度。与之相应的说法是，沙漠之中商旅辐辏的富饶之地帕尔米拉城，才是图拉真此次南征的最终目标。战略上的动机当然与博取荣誉的需求并存，但是将幼发拉底河纳入帝国版图有没有用处和必要，的确值得质疑。图拉真去世之后不久，他的继承人（兼亲族）哈德良就放弃了这些土地，与帕提亚重新订立了和约。自此之后，两国之间的和平持续了四十年之久。

可以肯定的是，元老院和人民都对114年到116年间的辉煌胜利兴奋不已：图拉真击溃了帕提亚人在亚美尼亚扶植的傀儡国王，占领了亚美尼亚和美索不达米亚从北到南的全境，又在116年攻陷了帕提亚的首都塞琉西亚和泰西封。皇帝宣布，从阿迪亚波纳一直到美索不达米亚东部地区，都是罗马的行省（也就是"亚述行省"），他还将帕提亚王霍斯劳逐出首都，郑重其事地将废王之子、亲罗马的帕尔塔马斯帕提斯立为帕提亚王，统治这个王国的残余领土（这一切都在图拉真铸造的硬币上有所体现）。

但这几次声势浩大的征服最终还是一无所获。帕提亚人发动了猛烈的反攻，在这个新行省，他们对罗马的反抗犹如遍地烽火，这些地方无处不在的叛乱也引发了罗马的反击。罗马在东方的战线拉得太长，很快就左支右绌，亚历山大里亚、昔兰尼和塞浦路斯的犹太人大起义也让帝国的东方统治雪上加霜。犹太人与当地的希腊居民大打出手，一时间血流成河、遍地毁弃。从116年下半年到117年初，图拉真都在试图拿下战略要塞哈特拉城，最终徒劳无功（图拉真本人甚至都差一点丧命于此），而他的将军多或少地恢复了其他地方的局势，其中最著名的是毛里塔尼亚贵族卢修斯·库页图斯。117年8月，罹患水肿病和中风的老皇帝不得不将战争留给将军们，自己回师罗马，最后死在了半路上。118年帕提亚战争结束，罗马的新占领土也得而复失。

哈德良皇帝也拒绝了撤出帕提亚的提议，因为罗马在那里的占领和定居情况已经十分顺利。不过在哈德良和安东尼·庇护时代，罗马避免了绝大多数领土扩张，只将不列颠的边境向外推进，在克莱德-福斯运河之间的峡湾地带修筑了"安东尼长城"。罗马人还是时不时地需要军事行动：其中最著名的是132年到135年间在犹太地区镇压犹太人大起义。这次起义对罗马统治形成了巨大挑战，堪比6年到9年潘诺尼亚和达尔马提亚的叛乱（见第十章）。镇压犹太人起义之后，罗马在新设立的行省大肆劫掠（犹太地区重命名为叙利亚巴勒斯坦，耶路撒冷重建为伊利亚城），人口为之剧减。同时，在2世纪30年代，卡帕多西亚总督，也就是后来的历史学家弗拉维乌斯·阿里亚努斯，必须设法阻滞一支阿兰尼军队。这是一个热衷于劫掠破坏的外高加索部族，就像多瑙河沿岸的萨尔马特人和洛克索兰尼人一样。约141年的一枚硬币上印着"国王赐予夸迪"的字样，大概指的就是137年到138年多瑙河中游地带的那些麻烦得到了解决。安东尼·庇护在位期间也需要处理毛里塔尼亚（在那里，柏柏尔人从沙漠边发动的侵扰似乎非常普遍）、西班牙和达奇亚各地的叛乱和侵扰。这些事件都记载寥寥，就像他漫长统治期内的其他事件一样。

◇◆◇

161年，马可·奥勒留即位为元首，罗马人相对太平的时光也随之改变。这位哲学家皇帝任内似乎经受了连绵不绝的战争和压力，内部纷争也增加了他的苦痛。毛里塔尼亚的反叛者甚至入侵了西班牙南部。尼罗河三角洲那些心怀不满的农民在2世纪70年代之初也掀起了一场大叛乱，这支绰号为"牧牛者"的起义军甚至直抵亚历山大里亚，直至艾维迪乌斯·卡西乌斯挥军赶来才将他们镇压下去。不过到这个时候为止，罗马最严重的内部灾难还是一场瘟疫，据说正是165年从帕提亚凯旋的罗马军队带来了瘟疫，大概是天花或者斑疹伤寒。瘟疫波及了帝国包括意大利在内的大部分地区，最糟糕的是，关乎军事国防的各处罗马军营也受到侵袭，并且持续了十多年（马可·奥勒留本人可能就死于这次瘟疫）。帝国全部人口的十分之一都在这场瘟疫中失去生命。

同一时间，也就是马可·奥勒留统治的整个二十年间，罗马无时无刻不在经历战争。161年，帕提亚人再次挑衅，将他们的一个王子加冕为亚美尼亚王（他们在图拉真时代有过同样的策略），击溃了一个试图干预的罗马军团，可能就是那个著名的"失落军团"——西班牙第九军团。罗马在卡帕多西亚的军团长塞达狄乌斯·塞弗里亚努斯也于此战败北。帕提亚军队兵锋直指幼发拉底河边疆地带，但最终他们没有继续推进。也许帕提亚人觉得，他们已经给罗马上了永恒的一课。这段暂时的平静为帝国提供了报复的大好时机。罗马军队在名义上，都归马可·奥勒留那个性格温顺或者说不擅军事的共治皇帝卢西乌斯·维鲁斯全权指挥。他的得力下属艾维迪乌斯·卡西乌斯、马尔狄乌斯·维鲁斯、斯塔提乌斯·普利斯克斯在163年出兵，成功夺回亚美尼亚，又在165年至166年间占领了幼发拉底河与底格里斯河之间的全部领土，攻陷并洗劫了塞琉西亚和泰西封，甚至还渡过底格里斯河，在伊朗西北部的梅地亚打了一场漂亮仗。尽管战争以帕提亚的大败而归告终，罗马这次却没有兼并任何领土。马可·奥勒留的政府从图拉真那里学到了"东方战线不能过长"一课，而且166年，马科曼尼人、夸迪人、贾济吉斯人等多瑙河流域的部族日渐躁动，同这些民族的战争同样刻不容缓。

自达奇亚战争以来，帝国的欧洲边界已经大部平静，只剩下间歇性的纷扰。2世纪60年代，罗马经历了一次大的变动：莱茵河和高卢地区的东北海岸不时遭遇卡蒂人和卡乌基人这些日耳曼部族的零星骚扰。东欧地区其他部族的游荡和迁徙，也许还有自身的人口压力，导致马科曼尼人、夸迪人等日耳曼部族不得不时而越境进入罗马行省。他们意在突袭，其中还有一些人想要定居，毫不在乎持续肆虐罗马世界的那场瘟疫。

蛮族部落对罗马的第一次严重侵扰，来自朗哥巴底人（后来他们更知名的称呼是伦巴第人）和奥比伊人，他们在166年大肆劫掠了潘诺尼亚。罗马人击退了他们的进攻，但是比他们更危险的马科曼尼人和夸迪人也叫嚷着要获允渡过多瑙河定居。帝国统治者拒绝了他们的请求，然后加强了多瑙河中游的防御。除此之外，罗马人还增编了两个新的军团——"意大利卡"第二军团和第三军团。到169年，罗马人已经集结起一支强大的军队，准备征服多瑙河以北那些麻烦不断的地区。第二年，马可·奥勒留亲率大军渡过多瑙河，却遭遇了惨痛的失败。同时代的作家琉善后来说，差不多有2万罗马士兵在此役中丧生；如果这个数字还算准确，那就意味着皇帝损失了一半左右的军队。此役的直接后果就是蛮族开始长驱直入潘诺尼亚，并且取道这里翻越阿尔卑斯山进入意大利。阿奎莱亚在亚得里亚海北岸击退了蛮族，但据4世纪历史学家阿米安的说法，战场以西80千米的奥皮特尔吉乌姆（奥德尔佐）已被"夷为平地"。

对帝国而言颇为幸运的是，这次的入侵者袭扰洗劫了一年，之后就满足了。马可·奥勒留抓住时机，重新组织反击。皇帝杰出的女婿克劳狄乌斯·庞培亚努斯，还有瓦勒里乌斯·马克西米亚努斯（本身就是潘诺尼亚人），以及赫尔维乌斯·佩蒂纳克斯，这些得力的助手也打出了漂亮的应援战。171年,皇帝率军击败了师老兵疲的马科曼尼人,在他们试图渡过多瑙河时迫使他们回撤(甚至夺回了他们之前掠夺的战利品),还推动夸迪人单独与罗马媾和。议和条款令人震惊:夸迪人需要归还1.3万名以上的战俘(应该是在历次突袭中被俘的总数)和罗马逃兵,这也是此次蛮族入侵引发剧变的标志。但仅仅过了一年,夸迪人就全副武装卷土重来。罗马人在173年再次与他们达成和议(马科曼尼人之前就已经议和),但是这纸协议在174年又被叛服无常的夸迪人撕毁,他们联合匈牙利平原上桀骜难制的贾济吉斯人共同行动,挑起战争。不过,两个蛮族及其盟友还是在174年和175年与罗马达成了最终的和议。根据迪奥的记载,贾济吉斯人归还了10万名罗马战俘。如果这一说法没错,那可真是一个惊人的数字。和约还规定,所有被罗马击败的蛮族都需要出兵配合罗马在其他地区的作战。

多瑙河下游也备受蛮族侵扰。170年,一个名叫科斯托博契人的北方蛮族闯进了默西亚,这帮人似乎就是达奇亚那边的萨尔马提亚人。他们击败并杀死了罗马总督福伦托,然后向南纵行,穿越色雷斯和马其顿,深入希腊地区。蛮族兵锋最远甚至打到了雅典城郊的厄琉息斯,洗劫了撤离不及的神庙,那是厄琉息斯神秘仪式的举行地。罗马人在同一时间诱使阿斯丁汪达尔人(又一个在未来大享其名的部族)偷袭了科斯托博契战士的大后方。对于不堪骚扰又受创严重的行省官员而言,这则新闻并不能安慰他们。

175年,马可·奥勒留急需和平,因为他信任的朋友艾维迪乌斯·卡西乌斯(叙利亚军团长,也是实质意义上的东方总督)在听说马可·奥勒留已死的传闻后已经自封为帝。辟谣之后,艾维迪乌斯就被自己人干掉了。迪奥写道:"艾维迪乌斯做了三个月零十天的帝国梦。"尽管如此,这次僭立事件还是影响了多瑙河前线的军事行动:马可·奥勒留曾一度接受一项计划,考虑吞并马科曼尼人、夸迪人和贾济吉斯人的广阔领土,将其划为两个新的行省,但这个计划因为东方的政变只能无疾而终。

尽管这次政变旋起旋灭,但似乎还是鼓动了多瑙河上下游各族再次走上战场。他们也许已经听说了这次政变,又或许只是单纯恐惧罗马入侵的可能性。巴尔干诸行省同样一片混乱,在一群群盗匪的蹂躏下残破不堪。这批盗匪此前掳掠驱赶的一定主要是外省人,当然还有一队队刚刚成功定居的入侵者(见第十章)。178年,因军事形势的严峻,年老多病的马可·奥勒留不得不率军重返多瑙河流域,这次他还带上了自己刚刚十几岁的儿子,也是全权共治皇帝康茂德。贾济吉斯人再次寻求和平,罗马人也同意了和平条款。但在同时,大量罗马军队渡过多瑙河,占领了夸迪人和马科曼尼人的领土。179年到180年的冬季,2万罗马士兵陈兵波希米亚,夸迪人也派出几乎同样多的兵力。劳加利西(特伦辛,多瑙河以北130千米处,位于今天的布拉迪斯拉发)的一块碑铭记载,曾有一支850人之多的"奥古斯塔第二军团"驻扎在这里,指挥员是军团长瓦勒里乌斯·马克西米亚努斯。

马可·奥勒留也许再一次动心起念,要占领面前溃退蛮族占据的大片领土:迪奥,以及后来更晚时候的《皇史》的作者,都是这么认为。迪奥等人还指责康茂德,认为在180年3月父亲去世之后,这位嗣君太过着急回到罗马城的花花世界。不过,马可·奥勒留身边久经战阵的顾命大臣,包括克劳狄乌斯·庞培亚努斯、近卫军长官塔鲁蒂耶努斯·帕特努斯,对于退军并没有什么异议。同样重要的是,多瑙河边境地区从此赢得了长达六十年的太平岁月。

即便如此,和平也不是唯一重要的事情。将罗马的边疆扩张到波希米亚北部的山脉,然后再到喀尔巴阡山脉,如果说这是马可·奥勒留的意图,那么帝国就会拥有更广阔的缓冲区,对付那些从东欧地区而来的部族(包括哥特人、勃艮第人、汪达尔人、赫卢利人等)。而在同一时期,罗马最终完成了对马科曼尼人、夸迪人等新占领土各族群的行省化,就像曾经的潘诺尼亚人、达尔马提亚人、默西亚人和达奇亚人。罗马人还将这些蛮族化为自身的后备力量,从中征兵,选拔文职领袖。这种融合究竟会不会避免三百年后西罗马帝国的最终灭亡,我们恐怕永远也不会知道答案了。

◇ ◆ ◇

事实证明,康茂德是个尼禄型的暴君,制造了一场大灾难。192年末,康茂德死于近卫军长官和情妇联手制造的一场宫廷政变。紧接着的193年是个多事之年:先是严苛的改革家皇帝、马可·奥勒留手下的资深将军赫尔维乌斯·佩蒂纳克斯上台,此人酷似持法严密的尼禄继承者加尔巴,但开罪近卫军的下场只能是死于非命;紧接着,富有的前任执政官迪迪乌斯·尤利安努斯靠着臭名昭著的贿赂方式上台执政。此人向弑君的近卫军士兵每人行贿2.5万塞斯特斯,这笔钱相当于每名士兵六年薪水。巨额贿赂为他博得了66天的统治。从3月末到6月初,尤利安努斯的皇帝位子还没坐热,就在一场军事政变中死于上潘诺尼亚军团长塞普蒂米乌斯·塞维鲁之手。在之后的四年里，塞维鲁接连对付了两个皇位争夺者：193年至194年对付东方的佩斯切尼乌斯·尼格尔，196年至197年对付西方的克洛狄乌斯·阿尔比努斯（同样是北非人）。就这样，罗马城和帝国遭受了又一轮内战破坏，而且这次的规模还远远超过69年。一系列新的毁灭性内战，也开始了接下来一个世纪的混乱。

塞维鲁，第一位来自北非的罗马皇帝，他的统治一直持续到211年。这一年他死在不列颠的埃布拉库姆，留下了一个一直持续到235年的塞维鲁王朝。塞维鲁皇帝在位期间最不同寻常的一大公关举措，就是将自己认祖归宗到了马可·奥勒留的家族世系：塞维鲁给自己的长子重新命名为奥勒留·安东尼努斯（我们称他为卡拉卡拉，这个昵称是罗马平民给他的），还将自己两个小孩的"哥哥"康茂德封为神灵。不但如此，塞维鲁还将自己的血统世袭追溯到了图拉真的养父涅尔瓦。皇帝甚至比自己的"养父"马可·奥勒留做得更过分，他让两个亲生儿子做了"共治皇帝"：卡拉卡拉于198年开始共治，盖塔又于209年加入。这种共治结构在塞维鲁去世后根本就没持续多久，就在塞维鲁去世的那一年末，狭隘的哥哥卡拉卡拉在罗马宫中杀死了弟弟盖塔。兄弟二人的母亲曾经拼命保护盖塔，但最后还是失败了。

塞维鲁比之前的任何一名罗马皇帝都更公开地仰赖军队的支持：他留给儿子们的遗言就是"团结一致，优待士兵，蔑视他者"。内战胜利已经成了不那么可靠的选项，塞维鲁决定像他的几位前任那样，转向帕提亚战争收割荣誉。就在清洗政敌的同时，塞维鲁在195年发动了新一轮的东征，到197年至198年又发动了第二次东征。皇帝宣称帕提亚人曾经支持尼日尔，必须出兵报复。不过他还有另一层更深的动机，那正是同时代的迪奥极力反对的，为了赢取匹配的军事荣誉而发动战争。

　　塞维鲁取得了非凡的成功：罗马人又一次征服了美索不达米亚。这也是115年以来的第三次，罗马军团侵入了幼发拉底河与底格里斯河之间的土地，也占领了泰西封和塞琉西亚。塞维鲁决定吞并这些领土，这一选择与图拉真相同而与马可·奥勒留不同；但与图拉真不同的是，这次他的吞并范围要小一些，因此也更为保险。美索不达米亚北部地区，尤其是奥斯若恩和阿迪亚波纳两个小王国、图拉真口中的"亚述"，成了罗马人最新设立的行省，也是最后一个纳入罗马帝国的行省。新亚述行省及其境内的要塞城市尼西比斯一直到364年都还是帝国的一部分，持续时间比达奇亚还长，因为270年以后，罗马就在沉重的蛮族压力之下被迫放弃了达奇亚行省。

　　尽管如此，塞维鲁的军事征服最终还是走向了自我毁灭。迪奥意识到了这一点：（他写道）征服耗资巨大，收益少之又少，还不断引发与帕提亚新的战争。更糟糕的是，罗马对帕提亚王国的反复蹂躏最终让这个王国在224年灭亡，这是迪奥活着的时候亲眼所见。取而代之的则是波斯本土王朝的复兴：萨珊王朝。这个国家在此后的四百年里给罗马帝国带来了更大的破坏。

　　200年，罗马帝国的版图达到了历史之最。罗马的势力范围和政府设置，从西班牙的大西洋海滨一直延伸到克里米亚、底格里斯河上游和亚美尼亚高原，南北方向则从不列颠一直延伸到撒哈拉沙漠，以及埃及的南部边缘。外省自由民中的很大一部分（也许超过一半）在200年都成了罗马公民，剩下的自由民也会在十年之后因卡拉卡拉而成为罗马公民。驻守在帝国边境的公民军团已经主要由外省人组成，罗马军队里的许多卫队士兵也是如此；甚至塞维鲁的近卫军也从非意大利人中挑选。罗马的统治精英中，不论元老还是骑士，外省人也与意大利人一样多了。皇帝世系也是如此：塞维鲁生于阿非利加行省的列伯提斯马格纳，妻子尤利娅·多穆娜则是叙利亚人；与他们同时代的历史学家卡西乌斯·迪奥是比提尼亚人；三十五年后，出生于色雷斯的将军尤利乌斯·马克西米努斯也将成为元首。此时的罗马帝国，在大西庇阿、波里比阿甚至是西塞罗时代的那些罗马帝国主义者看来，一定是无法想象的：那时的"罗马人"只是意大利的居民，再加上一些意大利之外的亲族而已（在西塞罗的时代）。可到了这个时代，一个整合完成的政治实体，以史无前例的规模出现在地中海地区，罗马也将从201年开始，直面前人未曾有过的沉重压力。

第七章

新罗马人

14年，提比略取代奥古斯都即位，此时罗马帝国的国家属性就开始变化了。共和国末期那种大规模的、几乎产业化的榨取和劫掠告一段落，各地总督开始领取薪水，同时接受罗马的监督。寻求公职生涯的罗马人必须受制于罗马的"守卫者和保护者"，但是帝国的公职人数和后续任命都比之前多了：每年有20名财务官和12名裁判官，还有25个军团需要军团长，此外还有一大把的行省总督职位（只有少数几个行省例外）。14年，罗马人的公职生涯越来越有章可循，尽管还是要面临一定程度的竞争——当然，竞争已经变成了个人和团体在皇帝面前的争宠。而在整个罗马世界，罗马公民的人数也在大幅增长。

前69年，登记在册的罗马公民只有91万人（虽然这个数字几乎不可能代表总人数）。奥古斯都大帝在前28年到14年间进行的三次人口普查更为彻底：最早一次普查显示罗马只有400多万公民，第三次也只是不到500万人。罗马最后一次有记载的人口普查发生在48年至49年，由他的甥孙克劳狄乌斯完成，准确数字是5984072人。公民人数的增长其实与单纯的人口增长关系不大（尽管人口毫无疑问也在增长），更大程度上要归功于恺撒、奥古斯都与后继者派发公民权，特别是对西部行省各城市和各社区。同样，亚得里亚海以东的特定群体与个人也得到了罗马公民权的褒奖。

安东尼·庇护在位期间，希腊演说家阿埃利乌斯·阿里斯蒂德斯向罗马人民发表了演说，他以声情并茂的辞藻，讲述了罗马人如何为符合资格的人授予公民权（也包括他自己）：

在你们的帝国，也可以说是整个文明世界，所有人被分成两个群体。在这里处处可以找到配得上你们公民权的人,甚至是与你们亲近的人。他们是这个世界更具才华、勇气和领导力的那部分人。

阿里斯蒂德斯继续说,"在你们的帝国,所有的通道都无差别地向任何人开放。一个配得上罗马统治的人,一个值得罗马信任的人,不可能还是外人",因此,"你们已经让'罗马人'这个词语成为一个标签,它不单单指城市里的一个市民,而且指一种普世的国籍"。他还掷地有声地说:"每个城市出身最高贵、最有影响力的人都在为你们守卫家乡。你们对这些城市拥有双重的控制权,既来自本地名门望族,也来自你们的同胞公民。"阿里斯蒂德斯出身于小亚细亚的贵族之家,他称赞罗马为帝国境内各地贵族授予公民权,因为他坚信,由精英统治当地民众,可以让世界变成最美好的样子。但实际上,新的罗马公民几乎出身于各个社会阶层,就像原本罗马城的公民一样。

前4世纪到前3世纪,罗马共和国一步步扩大自己在意大利的霸权,有时是将战败的城邦和族群直接纳入版图,而不是与他们签订或者更新条约。矛盾的地方在于,这是一种将各地纳入控制的方法,但新被纳入的公民却并不领情。比如前381年获得罗马公民权的图斯库卢姆,就在前340年加入了拉丁同盟一起反叛罗马,战后也遭到了罗马的惩罚。同样,前343年成为"无投票权公民"的坎帕尼亚人对自己的地位也越来越不满,干脆在前216年加入了汉尼拔一边的阵营,当然后来也遭受了相应的惩罚。相较而言,一旦罗马国家发展为地区一霸乃至成为帝国的时候,罗马公民权就变得奇货可居了。至迟从前1世纪开始,拉丁人与意大利的同盟部族就开始觊觎罗马公民权了(也

第七章 新罗马人

有少数例外，比如那不勒斯）。

罗马公民的人数也在以其他方式持续增长。拉丁城市与拉丁殖民地的公民有权在罗马定居，也顺理成章地进入了人口普查登记簿；第二次布匿战争之后，已经有太多的外邦人进入罗马定居，前187年元老院不得不下令让至少1.2万人返回他们的家乡。不过，移民风潮很快重启，十年之后元老院再次下发敕令的时候，效果就没有之前那么明显了。更重要的是，罗马公民的奴隶经裁判官执行适当程序后，可以恢复自由，然后他们也就成了罗马人。奴隶解放必须受到一些限制，比如说仍对他们的前主人负有义务（现在是他们的庇护人），这些释奴也禁止担任公职。不过，获得自由之后的奴隶所生的子女就不受这些限制约束；诗人贺拉斯就生于这种释奴家庭。前264年之前的罗马奴隶仍然大批源自意大利战争中的战俘。无疑，他们在文化上更容易过渡为罗马公民。而在前264年之后，一部分奴隶就源于罗马在海外和意大利半岛北部的战争了；不过，另一大奴隶来源则是商业市场，其中至少有一部分是海盗从沿海地区大规模绑架得来的，甚至还有意大利商人劫掠而来的。备受困扰的比提尼亚王在前104年就曾对此抱怨。

在奴隶主家里工作的奴隶最有可能获得解放，而在农场、矿场工作或是从事其他苦工的奴隶就不太可能获得解放。获得解放的奴隶会拥有庇护人的本名和族名，同时保留自己的名字作为名号，或者干脆就用一个更具拉丁色彩的名字。希腊人成为释奴后通常倾向于保留自己的名字，其中大概就有前3世纪的诗人李维乌斯·安德罗尼库斯，还有奥古斯都时代的面包师维尔吉利乌斯·尤利萨雷斯，他那壮观巍峨的纪念碑至今仍然矗立在罗马的马焦雷门边。曾经为奴后来得以解放的罗马释奴,最知名的还是要数图利乌斯·泰若,他是西塞罗手下受过高等教育的忠诚秘书,演说家西塞罗从父亲那里继承了这个奴隶。再往前一百年,剧作家普布利乌斯·泰伦提乌斯·阿非尔也是一例,他的姓氏"阿非尔"指代出生地,他的主人泰伦提乌斯·卢卡努斯在他还是青年的时候解放了他。而在泰伦斯的时代,另一个有名的"新罗马人"要数普布利乌斯·米南德。此人之前大概是个公家奴隶,这一点从他的族名可以看出。他可以作为罗马使者前往希腊,是稀缺的翻译人才,罗马人出台了一条特别法律保护他重返老家的权利,否则他或许会放弃自己的罗马公民权。

获得解放的奴隶已经人数繁多。前217年,马其顿王腓力五世就曾试图鼓励希腊盟友多多壮大自己的公民人口。腓力五世特别指出,罗马人非常愿意派发公民权,甚至是释奴也不例外;他还补充说,罗马人已经靠着这个新建了70个城邦(当然这一说法不甚准确)。据称,小西庇阿曾在前131年对一帮群情激愤的人大加侮辱:"意大利对你们而言只是继母","正是我将你们与意大利联结到一起"(没有记载表明,被俘的迦太基人和西班牙人得到了大规模解放并被赋予公民权,他们在全体罗马公民中所占的比例也要更少)。但这件事大概来自后人的夸张,但各种史料也都表明,也许那个时代已经有了相当多来源各异的新罗马人,因此小西庇阿才在他们喝倒彩的时候报之以嘲。获得自由的奴隶已经越来越多,以至于奥古斯都时代的希腊作家、哈利卡纳索斯的狄奥尼修斯对此颇有非议(他认为,解放的奴隶实在太多,他们会做很多恶劣之事)。奥古斯都大帝也支持一位执政官在前2年颁布的一项法律,严格限制可以获得自由的奴隶人数:如果奴隶主拥有

2到10名奴隶的话,可以解放其中一半;如果主人拥有500名奴隶的话,则至多只能给予100名奴隶以自由身份。

一个奴隶如果以非正式的形式被奴隶主解放,比如在证人的见证下举行一个简短的声明仪式,这个奴隶就会得到一个类似拉丁公民权的合法身份,被称为"朱利安拉丁公民"。不过,若是一个朱利安拉丁公民与一个普通的拉丁公民或一个罗马公民结婚,还生下一个年满一岁的孩子,那么全家人就会获得罗马公民权。坎帕尼亚赫库兰尼姆出土的一批蜡板,清楚地展现了这个相当复杂的步骤:60年7月,同为朱利安拉丁公民的维尼迪乌斯·恩尼库斯与妻子莉薇娅·艾克特,就在见证人面前宣布他们有了一个女儿;一年之后,赫库兰尼姆的元老院明文承认小女孩已经存活(尽管蜡板已经残破不堪);之后在62年初,罗马城裁判官宣布,他们一家人都成为罗马公民。而在外省,最终的宣布权属于各省总督。

也许罗马在前2世纪派发了更多的公民权(尽管缺少证据)。从前100年左右开始,新获得公民权的人数大幅增加。如前所述,西班牙的萨卢伊坦中队在前89年获得了选举权;正如中队的青铜石板铭记的那样,他们因为勇敢而获得了罗马公民权作为奖赏。前72年,庞培在西班牙打了胜仗;根据一项特别法案,他为当地人授予罗马公民权,以嘉奖他们在对抗塞尔托利乌斯的漫长战争中做出的忠勇之举。历史学家庞培乌斯·特洛古斯的爷爷因此受益,但最著名的受益者还是加的斯的巴尔布斯。

前90年到前89年,罗马人向拉丁公民、意大利同盟者以及波河以南的山内高卢省人派发罗马公民权。同时,波河以北的山内高卢省人也像西班牙的喀提亚一样得到了拉丁公民权。现存的罗马人口普查数据是出了名地备受争议,但从前115年(394336人)到69年人口总数的攀升,一定反映了意大利半岛变身为扩大版罗马国家的过程(尽管并不全面)。西塞罗、庞培与恺撒也都在孩提时代目睹了一项重要的革新:公民权,或者说公民权的"伙伴"——拉丁公民权,正在成批地扩展到全部罗马领土。接下来,新的君主——恺撒与奥古斯都,都在罗马最古老的西部行省大大扩充实力,靠的就是大量授予符合资格的人以公民权。两位君主也在西部领土安置了大批量的退役士兵,尤其是在山外高卢、西班牙和非洲北部。

◇◆◇

奥古斯都在统治期间为多少人派发了公民权,学界至今争论不休。同样悬而未决的问题还有,奥古斯都究竟有没有继续为年满十六周岁及以上的男性公民注册,或是开始一次全新而且范围更广的人口普查,统计所有超过一岁的罗马男性的情况,或者对女性也进行普查。此外可以肯定的是,罗马公民的真实人数在任何时候都比账面上要多,毕竟哪怕在现代,人口普查数据也会出现一定程度的漏算(至少5%,或许还更多)。如果只有男性成年公民进入了统计,48年的罗马公民加上妻子儿女也差不多达到了2000万到2100万人。相较而言,如果统计的是一岁及以上的男性,再加上部分女性的话(比如那些有独立收入的女性),克劳狄王朝时代的罗马人就会少一些,差不多在1000万左右。无论具体数据何如,在这七十五年间,有记录的总人口增长了

第七章 新罗马人 177

47%；而在14年到48年之间发生的21%的增长，我们都很难将原因简单归结为自然增长，哪怕再加上奴隶解放也很难解释。罗马人口的巨幅增长也必然反映了罗马公民权在海外的迅速扩展。在奥古斯都的年代就有人（大胆）估测，外省的罗马公民已经有了700万之多；但还有一个保守得多的估计认为，外省成年男性罗马公民的人数在37.5万到50万之间。

14年，罗马各个行省分布着罗马城市与拉丁城市，还有一些普通的外省城市：罗马自治市、拉丁城市，还有罗马殖民地。这三者都是外省普通地区的特权中心。意大利的罗马殖民地一开始只是罗马公民在战略要地建立的小型定居点，但在行省这些殖民地就要更大一些，可以吸引平民或者退伍老兵，抑或是两者都有。比如小格拉古在迦太基规划失败的朱诺尼亚，还有山外高卢那个规划更成功一些的纳尔波·马尔狄乌斯。恺撒及其后继者通常会在外省城市及其周边建立罗马殖民地，这往往也会为当地人带来罗马公民权（就像前171年在拉丁殖民地喀提亚那样）。

准确地说，罗马公民自治市指的是整体获得罗马公民权的一个外省地区：加的斯就是这样一个例子，前49年巴尔布斯积极游说，恺撒为整个城市授予公民权作为奖赏。到了奥古斯都大帝的时代，整个西班牙南部作为已经独立的贝提卡行省，除加的斯之外还有9个自治市；同时，阿非利加行省的罗马公民城已经上升到15个。内西班牙因其行政首府塔拉戈之故，得名塔拉科西班牙行省，此外也存在大量的罗马公民城。更不用说山外高卢了，那里具备拉丁身份的城市已经足够多了。

那些在一年一度的选举中当选拉丁城市行政长官的人及其家属，获得拉丁公民权则是另一条通往罗马公民权的康庄大道。这份特权似乎在前2世纪后期演化而来，大概也是对拉丁城市精英的让步，安抚他们因从属地位而产生的不臣之心。一开始，拉丁城市只有两名执政官享有罗马公民权，他们通常被称为"多维里"（意为"双头"。——译者注）；后来这一特权就扩展到那些职级更低的官员，那就是那些相当于罗马营造官和财务官的官员。时至2世纪，拉丁城市的所有元老也都获得了公民权（这种拉丁公民权的泛化版本被称为拉丁迈乌斯）。至少，只要拉丁城市的元老向皇帝请愿成功，他们就能获得公民权，就像富饶的北非城市吉格提斯（今天的的黎波里以西）在安东尼·庇护时代所做的那样。73年，韦斯巴芗向西班牙大批授予拉丁公民权，成为最著名的一次公民权授予行动。这次授予让西班牙剩下的所有普通外省城市都变成了拉丁城市，当时将其时髦地称呼为"拉丁自治市"。尽管现存的铭文显示，配套的拉丁化制度往往要花上十年甚至更长时间才最终确立。

令人惊异的是，亚得里亚海以东的罗马自治市少之又少，罗马殖民地也比西方要少，享有拉丁公民权的城市则干脆不存在。埃及，还有帝国最富裕的亚细亚行省，不属于上述任何一种形态。不过，东部领土上也有个人因为为罗马服役而得到公民权的奖赏：一个比较早的例子就是海军统帅、罗苏斯（一座叙利亚海滨城市）出生的塞琉库斯，后三头之一的屋大维给了他公民权作为奖赏，还同样奖励了他的妻子儿女和其他族人。这是在前41年的一封长篇敕令里宣布的，相同的案例也在后来多封敕令里不断出现，一直延续到前30年。到阿里斯蒂德斯的时代，正如敕令中强调的那样，富有的东部居民拿到公民权已经是稀松平常之事了。

对于普通外省人而言，职业兵役也是成为罗马公民的一条坦途。在共和国时代，只有罗马公民才能应征成为军团士兵，但是这条规则在前1世纪40年代和30年代的内战期间已经大为宽松。恺撒在山外高卢地区那支著名的第五云雀军团是一个比较早的例子。加拉太的军队最早由国王德约塔卢斯征募（在西塞罗时代，他是布鲁图斯的债务人）；后来加拉太被罗马吞并，这支军队就成了第二十二军团"德约塔利亚纳"，之后移驻埃及，仍然归图拉真指挥。元首制时期的常备军，还有边远行省永久性军营的那些军团，它们不但有罗马公民和拉丁公民应征入伍，还有东方行省那些普通人（同盟者和外省人），他们通过参军拿到罗马公民权。加入罗马卫队和舰队的外省人也会在服役二十五年之后成为罗马公民，包括他们的妻子和孩子，正如现存被称为《军事使团》的青铜石板碎片显示的那样。

1世纪到2世纪，在罗马军队和舰队的一百万人里，有四分之一到三分之一都是外省服役者，他们也让罗马公民的人数以这种方式快速新增，罗马公民的总人数也因此代代扩容。每年都有7000名老兵光荣退役（根据估算的平均值），其中半数都是卫队成员。随着时间推移，各个军事基地永久化，老兵倾向于带上家人定居于曾经的军营附近，或是选择附近的行省以及新拓展的殖民地，比如西班牙的埃梅里塔·奥古斯塔，不列颠的坎努罗杜努姆。许多城市都始于罗马军营，比如不列颠的伊斯卡·锡卢鲁姆（卡利恩）和德瓦（切斯特），西班牙北部的莱吉奥（莱昂）、莱茵兰的博纳（波恩）和莫根台孔（美因茨），还有多瑙河中游的文多博纳（维也纳）和阿奎恩库姆（布达佩斯）。退伍老兵在任何一个城市里都是重要成员，他们享有特权，可以免除那些令人不快的义务（比如为士兵提供住宿，以及强制劳役），也能免除形形色色的税收。但在另一方面，退伍老兵也会成为神憎鬼厌的人，比如坎努罗杜努姆那些不甚安分的殖民者。虽然罗马公民权在帝国东部没那么普及，但是在200年的时候，罗马治下的各个族群里倒有非常大比例的人口干脆就是罗马人。阿埃利乌斯·阿里斯蒂德斯早在数十年前就为此欢欣鼓舞。

而在同时，铭文史料表明，意大利人在罗马军中的比例却在稳步下降：从奥古斯都和提比略时代的65%，下滑到了一百年后的不到20%，然后在2世纪期间剧降到几乎不足1%。时至2世纪，应征的意大利人主要进入近卫军和新的军团（比如说，图拉真与奥勒留各自新建立两个军团，还有塞维鲁创建了第三个军团——塞维鲁在193年开除了摇摆不定的意大利籍近卫军士兵，开始从行省军团中征募近卫军成员）。甚至早在图拉真的时代，保卫罗马帝国的人就已经是那些地区被征服民族的子孙后代了，而且这个比例还在随着时间不断扩大。卡拉卡拉在212年普发公民权的敕令，只不过是意料之内合乎逻辑的下一步行为。

◇◆◇

从罗马人的起名习惯也能看出公民权的传播时间和传播方式。在意大利，拉丁人与意大利同盟者在成为罗马公民之后会保留他们的姓

第七章 新罗马人 181

名。而在意大利以外，少数族群在日常生活中会使用不止一个单名作为名字：如前所述，外籍的新罗马人会使用庇护人的本名和族名，同时保留自己的名字作为名号，或是干脆就选用一个罗马化的名字。共和国时代授予公民权就能反映出罗马庇护人的姓名，比如庞培的朋友瓦勒里乌斯·莫托内斯、庞培的传记作家庞培乌斯·希奥法内斯。还有西塞罗的西西里朋友科尔内利乌斯·迪米特里乌斯·梅加斯，此人的公民权和罗马姓名，来自西塞罗的女婿科尔内利乌斯·多拉贝拉。还有庞培在加的斯的朋友巴尔布斯，此人的姓氏显然源于庞培在西班牙的军团长——科尔内利乌斯·伦图鲁斯；而名字大概就是他布匿名字的拉丁化，以表达对腓尼基人的神灵巴尔的敬意。

此后在恺撒和奥古斯都的时代，归化成为罗马公民的东西方行省居民绝大多数都使用了"尤利乌斯"这个名字：比如61年罗马为安抚不列颠，派出了代理人尤利乌斯·阿尔皮努斯·克拉斯西亚努斯，无疑就是这类罗马公民的后人，他的妻子尤利娅·帕卡塔也是同一情况。塔西佗的岳父也是一例（尽管，阿格里克拉的本名是格奈乌斯）。其他的著名案例还有尤利乌斯·厄瑞克勒斯，他是奥古斯都统治下的斯巴达暴君，后来失宠被放逐；还有小亚细亚的尤利乌斯·阿奎拉，10年左右的时候他在埃及担任行政长官。日耳曼贵族塞格斯特斯及其女婿阿米尼乌斯毫无疑问都以"尤利乌斯"作为名字，前者是坚定地忠诚于罗马，后者则是大叛乱头子。拥有高卢王室血统的尤利乌斯·文德克斯亦然，这位阿奎塔尼亚军团长在68年起兵反抗尼禄，他的家族正是从恺撒那里赢得了罗马公民权。一年之后，"尤利乌斯"们再次成为莱茵兰和高卢西北部地区试图搞分裂的领袖，他们都是同一批接受这个名号的外省公民的后代：独眼的巴达维亚人西威利斯，高卢北部贵族克拉西库斯、都铎、萨比努斯、瓦伦迪努斯。数千封铭文和其他一些文件都显示，"尤利乌斯"这个名字在每一个罗马行省和各个社会阶层里都广为使用。

随着一个又一个罗马元首登上大位，新晋公民那里渐次流传起其他本名和族名："提比略·尤利乌斯"就是提比略授予的；"提比略·克劳狄乌斯"则是克劳狄乌斯在位期间授予的（也许还有尼禄在位时期）。韦斯巴芗及其诸子授予身份的公民会得到"提比略·弗拉维乌斯"的姓氏，其中就有犹太历史学家约瑟夫斯。从图拉真时代开始，新罗马人开始采用"乌尔皮乌斯"的名字；哈德良时代的新罗马公民（比如阿里斯蒂德斯）则用了"阿埃利乌斯"的名字。就像2世纪剩下的那些时间里，绝大多数罗马皇帝都姓"奥勒留"一样，这个姓氏也在后来为一批又一批新公民所继承。最后，因为塞普蒂米乌斯·塞维鲁的长子巴西亚努斯（后来的绰号是"卡拉卡拉"）后来出于王朝宣传的需要，改名马可·奥勒留·安东尼努斯，他在212年颁布的《卡拉卡拉敕令》，向所有非罗马的外省人普发罗马公民权（仅有少数例外）。此举让"奥勒留"之名，特别是"马可·奥勒留"，一时间在帝国境内蔚为大观，其普及程度已经足以改变人们的命名方式。

并非所有罗马外省人都能继承罗马皇帝的第二个名字。有些外省公民是共和国时期新公民的后代，他们的公民权通过资深执政官、行省总督或是庇护人得来。克劳狄乌斯的医生斯特迪尼乌斯·色诺芬来自爱琴海科斯岛著名医学院校，他就是其中一例。尼禄的第一位近卫军长官塞克斯·阿弗拉尼乌斯·布鲁斯来自山外高卢的瓦西奥是另外

第七章　新罗马人　183

一例。小亚细亚南部卡里亚的两位著名医生，曾经服务图拉真的斯塔迪里乌斯·克里托，以及他年轻的族弟、服务于安东尼·庇护与马可·奥勒留的斯塔迪里乌斯·阿塔鲁斯，他们祖先的公民权一定来自奥古斯都时代的显贵斯塔迪里乌斯·拉鲁斯，或者就来自拉鲁斯在1世纪的某个后代。

不但如此，一些古老的罗马贵族家族，特别是阿米里乌斯、科尔内利乌斯、法比乌斯、瓦勒里乌斯，他们的名字也在后来几百年里大量散播到外省的罗马人那里。"卡西乌斯"，这个名字非常有可能源于那个罗马执政官家族的某个成员，比如曾经是恺撒的刺客，于是这个名字与东部诸省就产生了千丝万缕的联系。这个名字再次出现，是在比提尼亚历史学家卡西乌斯·迪奥及其父亲卡西乌斯·阿普罗尼亚努斯那里，父子二人都是领导群伦的元老和执政官（迪奥两度出任执政官，分别是204年和223年）；马可·奥勒留那个背信弃义的朋友、叙利亚将军艾维迪乌斯·卡西乌斯的名字大概也是这个来历。如果真是这样，这位将军头上的"卡西乌斯"一定源于他的母系家族，因为他的父亲艾维迪乌斯·赫里奥多鲁斯的名字大概源于另一名私人庇护人。

对于一些外省罗马人而言，古老的当地姓氏或是家族姓氏也可以罗马化：布鲁斯的朋友兼同乡杜维乌斯·阿维图斯曾经出任57年至58年的下莱茵河行省总督，他就取了一个疑似高卢人的名号。同样，3世纪中叶的高卢显贵森尼乌斯·索勒姆尼斯，严格说来只是个罗马骑士，但即便是帝国行省总督都会选择与他培养友谊。即便是在地位低得多的社会阶层里，我们也能看到雷布利尼乌斯·坎迪杜斯，一名来自阿拉·阿格里皮尼西斯（科隆）的士兵。他在80年左右拿到了一个可能是出自凯尔特西班牙的名字（如果不是从较晚的拉丁语单词"雷布鲁斯"演化而来的话。"雷布鲁斯"，reburrus，意为"刺痛"）。

相较而言，定居海外的罗马人和拉丁人，他们的后代都保留了古老家族的姓氏。哲学家阿奈乌斯·塞涅卡（及其父亲），皇帝乌尔皮乌斯·图拉真，他们都是有意大利血统的西班牙罗马人（卡西乌斯·迪奥错误地将图拉真归类为纯种的西班牙人）。这种情况并不存在什么社会或法律方面的意涵：无论是意大利的罗马人，还是意大利血统的外省罗马人，他们都与外省当地血统的罗马人不分轩轾。图拉真的妻子庞培娅·普罗蒂娜来自尼马苏斯，她的名字可以追溯到庞培当年在山外高卢授予罗马公民权的当地人。193年短暂登上大位的皇帝赫尔维乌斯·佩蒂纳克斯就是个山外高卢的意大利人，他的岳父弗拉维·苏尔皮西亚努斯还是个克里特岛的显贵。这位岳父的名字显示，他祖先的公民权来自苇斯巴芗或苇斯巴芗的儿子。193年3月，佩蒂纳克斯遇刺之后，发生了那场臭名昭著的"帝国拍卖"，苏尔皮西亚努斯就是两大竞争者之一。另一位竞争者也是来自山内高卢的意大利人，迪迪乌斯·尤利安努斯。两人都指望靠着大笔贿赂赢得近卫军的支持。苏尔皮西亚努斯更加幸运，他输掉了这场竞拍。

◇◆◇

身为历史学者的克劳狄乌斯在48年提醒元老院，罗马的统治精英总是在不断演化。即便是最高层的统治精英，他们也需要应对变化和机运。随着罗马领土在意大利的扩张，当地贵族谋得了在罗马出任公职的机会。成功把握这一机会的就有图斯库卢姆的福尔维亚和波尔齐亚,以及后来的盖尤斯·马略和西塞罗兄弟,他们都来自阿尔皮努姆。前49年至前30年的内战期间,其他"新罗马人"也从刚刚被赋予公民权的意大利各地来到罗马,比如来自意大利中部的阿西尼乌斯·波利奥(执政官、将军,也是历史学家),还有来自卢卡尼亚的斯塔迪里乌斯·拉鲁斯,以及来自意大利中部的波帕乌斯·萨比努斯(就是尼禄那个臭名昭著的皇后的祖父),以及奥古斯都大帝那个不可或缺的朋友兼同事兼女婿,阿格里帕——他不知出生于意大利何地,他本人对此也从未声张。其他意大利贵族寻求的也不是一官半职,而是皇帝手下的重要职位:负责在行省收税的代理人,统治那些稍小领土(比如滨海阿尔卑斯省、犹太地区)的行省长官(比如庞提乌斯·彼拉多,另一个来自意大利中部地区的人)。还有埃及的行省长官,以及近卫军长官,这应该都是骑士等级最高级别的精英了。

新的君主制也标志着意大利各地精英的崛起,他们纷纷获得了权力和地位。执政官与总督的职位挤满了来自意大利的新人,他们与古老的罗马贵族家庭平起平坐。事实上,像是科尔内利乌斯和卡埃西里乌斯这样古老的贵族家庭已经慢慢式微。意大利同盟者完全并入罗马国家发生在尼禄自杀后的那一年:三个拥有意大利地方血统的前任执政官先后自封为罗马皇帝,分别是奥托、维特利乌斯、韦斯巴芗,他们每个人都靠着一连串血腥的政变和内战上台。到了69年,罗马皇帝与统治精英里的意大利同胞也接纳了越来越多的海外罗马人。

1世纪中叶,外省罗马人无论在元老院还是在帝国的骑士等级里都人数众多,塔西佗称之为骑士贵族。如前所述(见第三章),所有历史记载都显示，第一个来自外省的元老出现在前90年，他就是来自西班牙苏克罗的瓦里乌斯。前1世纪也见证了其他跻身高位的外省人，科尔内利乌斯·巴尔布斯就是其中少之又少的很早就晋升执政官的外省人。最早的大陆行省，也就是内外西班牙（后来成为塔拉科、贝提卡和露西塔尼亚），以及山外高卢-纳博讷高卢行省，从一开始出产了最多的外省精英。从前1世纪七八十年代开始，来自北非和小亚细亚的元老和贵族也开始出现在最高层。无论在意大利内部还是在外省，手握权力的精英阶层人数增加都是为了应元首制的需要。元首需要以此回馈忠诚者，同时在那些公民人数稳步增长的地区谋取支持。

尽管来自意大利的元老至少一直到2世纪早期都还是元老院里的多数，外省罗马人却在更早之前就赢得了同样高阶的职位和权力。他们在元老院里势力增长，很早之前就招致意大利本土元老的嫌恶。克劳狄乌斯48年那篇讲述历史的演说，针对的就是（仍然大多数都是意大利人的）元老院，彼时的元老院对于他从山外高卢-纳博讷高卢提携年轻贵族的做法不无微词，哪怕那时候许多纳博讷人和西班牙贵族已经成了元老。来自贝提卡的图拉真成为元首的时候——如果不是太快的话——来自意大利已经不再是公职生涯或政治生涯的特别优势了。

元首制本身就给出了最好的例子。图拉真被身为意大利人的涅尔瓦收养为继承人，开启了一个基于收养制的王朝。这个由西班牙人和纳博讷人组成的王朝一直持续到了192年新年之夜：在那一天，行为狂悖的康茂德遇刺，王朝即刻倾覆。后来，塞普蒂米乌斯·塞维鲁很快就恢复了帝国的统治。塞维鲁家族有非洲外省人（他自己一方）和叙利亚（他妻子尤利娅·多穆娜一方）的混合血统，他所建立的王朝从193年一直持续到235年。在这期间，只有217年至218年，毛里塔尼亚人奥佩利乌斯·马克里努斯造成了王朝的短暂中止，此人也是第一个非元老出身的罗马皇帝（他很快就会为此后悔）。235年，非元老出身的色雷斯军官尤利乌斯·维鲁斯·马克西米努斯推翻了最后一任塞维鲁王朝皇帝，那个体弱多病的塞维鲁·亚历山大；也开启了长达半世纪的"短皇帝"时期，包括他本人，还有后来的一连串皇帝。这几位皇帝的出身涵盖帝国除不列颠和埃及之外的每个地区，这也是卡拉卡拉普发公民权带来的副作用。

外省出生的皇帝仅仅是"新罗马人"这座冰山的顶尖一角而已。其他外省人也曾做过皇帝的一方诸侯、心腹密友和亲族兄弟，许多人都在历史上留下了浓重一笔。从54年到62年，尼禄皇帝在治理帝国时，在很大程度上要依赖塞涅卡与布鲁斯这两个外省人；而在此后数十年里，李锡尼乌斯·穆西亚努斯与（亲属？）李锡尼乌斯·苏拉，分别是韦斯巴芗和图拉真背后的元老重臣，也与塔拉科西班牙有着千丝万缕的联系（或许就是出生于该地）。数十年后，哈德良年轻的侄孙佩达尼乌斯·福斯库斯出生于另外一个塔拉科西班牙家族，他年迈的外祖父、哈德良的姐夫尤利乌斯·乌尔苏斯·塞尔维亚努斯也来自西班牙（或许是纳博讷高卢）。正是塞尔维亚努斯对佩达尼乌斯野心勃勃的冀望，才让祖孙二人在136年一同遇害。

80年，第一个出生于北非的执政官出现了，他是来自努米底亚锡尔塔的奥勒留·帕克图美乌斯·克莱门斯，这个姓氏在此后一百年里都将是名门望族。邻近的城市提迪斯在2世纪也出现了显贵洛里乌斯·乌尔比库斯，此人是2世纪30年代的执政官，也是139年到142

年间的不列颠军团长,正是他修筑了安东尼长城。北非皇帝塞普蒂米乌斯·塞维鲁那个出众的同名祖父在95年得到了诗人斯塔提乌斯的歌颂,他们的祖先也是布匿人,但是斯塔提乌斯坚称,他无论在灵魂和智识上都是完完全全的罗马人。202年,这个家族的家乡列伯提斯马格纳竖立起一块纪念碑,碑文显示,斯塔提乌斯的祖父是家族第一个获得罗马公民权的人(就像克劳狄乌斯来自阿尔卑斯的受益人一样,但是合法的),也曾出任罗马富有威信的陪审人。

福尔维乌斯·普拉乌蒂亚努斯是另一位列伯提斯子弟,也是塞维鲁皇帝信赖的朋友,后来成为塞维鲁的近卫军长官、手握大权的大臣,最后还做了皇帝的乘龙快婿,最后在205年初,他在罗马宫殿里被卡拉卡拉当着皇帝的面刺杀。塞维鲁在193年至197年间的西部劲敌克洛狄乌斯·阿尔比努斯也是一名北非人氏,来自哈德鲁美图姆(今天突尼斯的苏塞)。但无论是这两人的失败,还是数年之后毛里塔尼亚人马克里努斯短暂而欠考虑的统治,都没有减弱北非人氏在帝国行政、政府机构和民间文化中的成功。一大批北非出生的作家、法学家和后来的基督教教父,形成一个令人印象深刻的团体,包括德尔图良、居普良与圣奥古斯丁,他们都做出了杰出的贡献,直至西罗马帝国灭亡。

而在希腊语占据主导地位的东地中海地区,罗马公民权扩展的速度要更缓慢一些。为退伍老兵设立的罗马殖民地遍布马其顿到叙利亚的东部各行省,历代罗马皇帝也创建或是重建了大量具备普通行省地位的城市,通常都是以皇帝自己的名字命名,比如加拉太的克劳狄奥波利斯,色雷斯的图拉真波利斯,还有色雷斯的哈德良波利斯(阿德里安堡-埃迪尔内)。但是东部只有为数不多的罗马公民城;马其顿西北部的斯托比长期以来都形单影只。相较而言，个别有名望的东部人也会定期赢得罗马公民权。哲学家、散文家兼传记作家普鲁塔克就出生在贝奥提亚的奇罗尼亚，他在1世纪70年代成为"梅斯特利乌斯·普鲁塔克斯"，靠的就是出色的公职生涯，还有韦斯巴芗某个执政官朋友的引荐。普鲁塔克同时代的长者尤利乌斯·亚历山大也是一例。他在68年至70年间这一困难时期出任埃及长官，也是第一个拥戴韦斯巴芗登上皇帝大位的高阶官员（在69年7月1日）；亚历山大是个犹太人，也是土生土长的亚历山大里亚人，还是当地犹太哲学家斐洛的外甥。

最早出任执政官职位的东部人要数94年的帕加马贵族、拥有两个名字的安迪乌斯·尤利乌斯·夸德拉图斯，他在105年再度出任这一职位（一个人拥有两个名字乃至更多名字变得越来越普遍，这是一种展示祖先血统的方式）。105年晚些时候，尤利乌斯·夸德拉图斯·巴苏斯紧随其后继承了执政官之位，他是一位精力过人的军人，可能是安迪乌斯·尤利乌斯·夸德拉图斯的堂兄弟。韦斯巴芗统治期间，历史学家兼哲学作家、比提尼亚人弗拉维乌斯·阿里亚努斯的父亲或是祖父获得公民权，阿里亚努斯本人也在129年成为执政官，后来还撰写了亚历山大大帝的传记。马可·奥勒留那个令人尊敬的女婿，也是他手下最得力的军事顾问，甚至来自更远的东方：克劳狄乌斯·庞培亚努斯是个安条克叙利亚人，他的前两个名字显示，此人的公民权要追溯到克劳狄乌斯时代。时至213年，埃及终于也诞生了一名执政官：卡拉卡拉的宠臣阿埃利乌斯·克拉努斯。"阿埃利乌斯"的名字显示，他的祖先是在哈德良时代获得公民权的。罗马帝国唯——个从未出现执政官或是元老的主要省份，就是不列颠行省了（这实在出人意料）。

◇◆◇

军事领域在罗马最负盛名，这也是帝国的引擎。在这一领域，外省出生的罗马将军，数量已经追平并最终超过了意大利人。杜维乌斯·阿维图斯是个相对低调的早期外省将军，而他同时代的多米迪乌斯·科尔布洛则要闪亮得多，此人大概也是纳博讷人。克劳狄乌斯在位期间，科尔布洛维系着莱茵河一线的和平；而在尼禄治下，他掌握东部行省军政大权，在亚美尼亚出兵痛击帕提亚人，终于在63年迫使他们同意签订与罗马共治亚美尼亚的协议（前文已述）。

科尔布洛实际上不只是一名杰出的统帅。"多米迪"这个名字似乎出自多米迪乌斯·阿赫诺巴布斯（尼禄的祖先），其曾在征服山外高卢-纳博讷高卢之役中立下战功。和外省的其他"多米迪"一样，科尔布洛及其家族熟稔通向罗马权力结构的条条危险长廊。幸亏科尔布洛有一个结过六次婚的母亲维斯蒂里娅，他有了一个姐夫盖乌斯·卡里古拉（后来他的姐姐卡索尼娅与丈夫一同遇刺），他同母异父的兄弟中出了至少三个执政官（两个名叫庞蓬伊·塞昆迪，一个名叫苏伊里乌斯·鲁弗斯）。科尔布洛本人在卡里古拉统治期间也出任执政官，娶了当时最具名望的法学家的女儿，恺撒刺杀者卡西乌斯同名的后代。但在67年，科尔布洛却被那个不懂感恩的尼禄所逼迫，于希腊自尽身亡。尽管如此，科尔布洛的女儿多米提娅后来还是嫁给了与她名字相近的韦斯巴芗次子、皇位的第二个继承人图密善（图密善96年的遇刺,正是多米提娅为了防止自己遇刺而制造的)。

不列颠行省最知名的总督尤利乌斯·阿格里克拉则是另一个出生于纳博讷的人。尽管出生于恺撒建立的殖民地弗雷姆尤利(弗雷瑞斯),但他的族名"尤利安"显示了他的高卢血统,他的母亲也叫尤利娅。阿格里克拉娶了多米蒂娅·德西蒂亚娜,另一个纳博讷人多米迪乌斯的女儿。阿格里克拉还将他们的女儿嫁给了一个叫科尔内利乌斯的人,此人生于纳博讷或是山内高卢,就是阿格里克拉未来的传记作家——塔西佗。

2世纪的罗马军人在地域出身上更加多元化。卢修斯·库页图斯,毛里塔尼亚当地贵族,成为图拉真麾下最得力的将军之一。库页图斯太能干了,可能也太过野心勃勃,导致哈德良的近卫军长官不敢冒险让他活着,最终在118年将其刺杀。而在哈德良在位期间,比提尼亚的阿里亚努斯出任卡帕多西亚总督。如前所述,他击退了135年阿兰尼人的一次入侵威胁。哈德良时代的另一位军事统帅尤利乌斯·塞维鲁在达尔马提亚赢得了更不寻常的声名:他统领大军镇压了132年至135年间的犹太大起义,之后改革了比提尼亚腐败的地方机构。这次改革也许要比图拉真时代的小普林尼更为成功,此番政绩博得了后来比提尼亚人迪奥的崇敬。另外一个能力稍逊的塞达狄乌斯·塞弗里亚努斯出生于高卢的利莫努姆(普瓦提),此人值得一提是因为,纳博讷以北的高卢地区能做到帝国高位官职的人仍然相对稀少。但他在历史上更值得记下一笔的,还是在161年与他的军团一起在亚美尼亚陷伏败亡(见第六章)。"愚蠢的凯尔特人",讽刺作家琉善曾如此不屑地评论。

马可·奥勒留手下那些勤勤恳恳的将军重拳出击帕提亚，此后又在多瑙河流域长期作战，其中就有叙利亚人克劳狄乌斯·庞培亚努斯、艾维迪乌斯·卡西乌斯（那个争夺皇位的人），帕加马人克劳狄乌斯·福伦托，还有来自潘诺尼亚波伊托维奥的杰出骑兵统帅瓦勒里乌斯·马克西米亚努斯。马克西米亚努斯之所以出名，靠的不是史书上那些少得可怜的战争记载，主要还是因为他麾下士兵创作了两篇铭文。179年底的那个冬天，马克西米亚努斯统率了多瑙河以北的军事据点劳加利西；稍早时分他还单挑杀死了纳里斯塔埃国王瓦拉乌，并在打败这个入侵部落之后，肃清了默西亚与马其顿高地上到处抢掠的"布里萨伊人盗匪"（见第十章）。作为奖励，马可·奥勒留让他成为荣誉裁判官（后来也担任了执政官职位）。

出身更卑微的是瓦勒里乌斯·科马松，他早年可能是个释奴，后来应征进入海军。218年，他以将军身份在叙利亚组织了推翻新皇帝马克里努斯的政变，然后将卡拉卡拉的亲戚瓦里乌斯·阿维图斯·巴西亚努斯扶上大位，此人是叙利亚埃梅萨太阳神神庙的世袭少年祭司（也是臭名昭著的"埃拉伽巴路斯"皇帝）。二十年后，来自巴尔干或小亚细亚的福利乌斯·萨比尼乌斯·阿奎拉·蒂梅西塞乌斯博得了更高的声望：他那漫长的行政军事生涯（与瓦勒里乌斯·马克西米亚努斯一样，他是个骑士，而不是元老）在241年至243年达到了顶峰，成为近卫军长官兼幼皇戈尔迪安三世的岳父，也是抵抗波斯人入侵的大元帅。提迈希修斯击退了波斯人，还发动反击，最后在底格里斯河附近死去。在这段短暂的时间里，提迈希修斯事实上是帝国真正的统治者。

◇◆◇

　　随着共和国中期以来李维乌斯·安德罗尼库斯、恩尼乌斯、泰伦斯与卡埃西里乌斯·斯塔提乌斯等人的涌现，外省罗马人的创造力和活力持续滋养着拉丁文学。山内高卢在前42年并入意大利，在西塞罗的世纪英才辈出，居于顶峰的就是卡图鲁斯、维吉尔与李维的鸿篇巨著，这个进程还在继续。从1世纪中叶开始，半数乃至更多以拉丁语写作的罗马诗人、历史学家、哲学家和专业人士都是山内高卢或是更远的外省人士（对具有明确出生地的人而言）。到哈德良时代，山内高卢与西班牙依然出色：山内高卢是老普林尼及其外甥小普林尼的故乡，大概也是塔西佗的出生地；西班牙出了阿纳伊（与塞涅卡同名的父亲，撰写了修辞术著作。还有塞涅卡的堂兄卢卡恩）、讽刺诗人马蒂阿尔，还有拉丁演讲术的古典权威昆体良。

　　稍晚时候的2世纪，非洲与邻近的努米底亚接过了外省拉丁文学的大旗。北非作家人才辈出，其中就有来自内陆城市马达乌拉（今天阿尔及利亚的马达鲁什）的阿普列尤斯。此人以演说术闻名，但更让他名声大振的还是小说《金驴记》。生于努米底亚首府锡尔塔的科尔内利乌斯·福伦托，则是未来皇帝马可·奥勒留的童年教师，当时也以顶尖演说家闻名于世（与阿普列尤斯一样）。在塞维鲁时代，拉丁文学的新领域也由其他非洲人开疆辟土，比如那个才华横溢而又争议颇多的基督教神学家德尔图良，全名塞普蒂米乌斯·弗洛伦斯·德尔图良努斯，生于迦太基（他也以此为荣为傲）。在德尔图良的时代也出了一本名著，描述203年发生在迦太基的一起逮捕处决事件。故事中的人物有年轻的贵妇佩尔佩图阿、她的仆人菲里西塔斯，还有几名基督徒。这个故事有一部分内容是佩尔佩图阿系狱期间的自述。另一位早期基督教护教者米努西乌斯·菲利克斯，可能也是一个北非人；同样生于北非的还有居普良（塔西乌斯·卡埃西里乌斯·希普利亚努斯），这位迦太基殉道主教的书信和宗教著作不但为3世纪40年代和50年代的北非教会带来了勃勃生机，也为西罗马帝国带来了后续波及全境的种种麻烦。

外省罗马人还在另一大领域将拉丁语发扬光大，那就是法律文献。尽管数百年来生于罗马的法学家已经深耕有年，但在法律领域还是在2世纪到3世纪由帝国全境的专家进一步研究，之后才产生了深远影响。北非地区贡献了塞尔维迪乌斯·斯卡沃拉、萨尔维乌斯·尤利安努斯与阿米里乌斯·帕皮尼亚努斯等法学家。尤利乌斯·帕乌鲁斯的名字显示此人来自外省，尽管并无史料证明；乌尔皮乌斯·马尔凯鲁斯的家族出自小亚细亚；多米迪乌斯·乌尔皮亚努斯则是来自腓尼基的提尔人。帕皮尼亚努斯及其后继者乌尔皮亚努斯人生中的最后一个职位都是罗马近卫军长官，这个职位也演化为帝国首席法律官员，但两个人的结局都以悲剧告终。帕皮尼亚努斯在212年死于卡拉卡拉之手，原因就是他拒绝赦免卡拉卡拉杀害幼弟盖塔的罪行。11年后，乌尔皮亚努斯也被哗变的近卫军士兵杀死。幸亏三百年后查士丁尼主持编纂了48卷巨制《法学汇编》，这些法学家和他们2世纪（大概时间）的意大利同事盖乌斯的法学著作成为后世罗马乃至欧洲律法文明的无上权威。

希腊的文学和艺术，作为亚得里亚海以东地区的主流文化，也张开怀抱主动适应罗马的霸权。早在吕哥弗隆和波里比阿时期，希腊作家与知识分子就曾为罗马的崛起大为触动，或者说深感困扰。不过，罗马精英对希腊文明的热情，还是让希腊人后来对罗马的态度大大缓解（即便是刻薄的老加图也会引用《奥德赛》）。反过来，这也鼓励了罗马精英对有意思的希腊诗人、哲学家和历史学家大加赞赏。来自罗得岛的帕纳埃迪乌斯是前2世纪斯多葛哲学家的领军人物，曾影响西塞罗的道德思想。西塞罗还与两个叙利亚知识分子结下了友谊，他们是安条克的阿奇亚斯，还有阿帕美的斯多葛哲学家、博学的波西多尼乌斯。阿奇亚斯后来成为罗马公民，改名李锡尼乌斯·阿奇亚斯，他还为一些著名统帅写下了赞颂之词，比如他的赞助人卢库鲁斯，那个灭亡米特拉达梯的人。

自此以降，希腊文学的著名人物纷纷自认为罗马的一员。历史学家天然如此，比如李维的同时代人，来自哈利卡纳索斯的狄奥尼修斯就是罗马早期历史的讲述者（他的著作要比李维详尽得多），还有来自大马士革的尼克拉乌斯，奥古斯都早期传记作家之一；之后一连串著名作家还包括普鲁塔克、阿里安、阿庇安、迪奥以及希罗狄安，其中希罗狄安研究的是从康茂德到马克西米努斯这一段危机四伏的历史。斯特拉博出生于本都的阿马西亚地区，他以奥古斯都时代世界地理作家的身份最为人所知，但实际上他也撰写历史，尽管史学著作都已散佚。在著作中，他完全承认罗马统治作为文明保护者和弘扬者的作用（特别是对于希腊文明），如前所述，这个主题在一百年后的阿埃利乌斯·阿里斯蒂德斯那里得到了最为心醉神迷的颂扬。

其他希腊作家也自认为罗马一员，比如犹太知识分子斐洛与约瑟夫斯，韦斯巴芗与图拉真时代来自比提尼亚的演说家典范迪奥·克西亚努斯，还有2世纪中叶到世纪末的哲学讽刺作家、来自幼发拉底河上游科马基尼王国的琉善。不少人都曾出任罗马公职：阿里安与卡西乌斯·迪奥都曾出任执政官和行省总督；阿庇安曾经获任帝国包税人；琉善晚年也在埃及得到了一个高级职位（也许是荣誉性质的）；本来阿埃利乌斯·阿里斯蒂德斯也能得到这样的高级职位，只是因为他有慢性病而作罢。在3世纪末，另一位历史学家希罗狄安则在罗马的官僚体制中闯出了名头，大概就是在罗马宫廷之内。至此，希腊文学与希腊思想已经融入了罗马帝国大厦之中，就像他们接受拉丁语为书面语言一样。

第八章

治理得失

"随后这个冬天以一系列最有利的政策开始（指78年底的那个冬天），"塔西佗为其岳父阿格里克拉所著《传记》（Life）中写道，"正是为了让这些四分五裂、野蛮桀骜而又侵略成性的人接受和平与安宁，阿格里克拉挨个劝服他们，以官方形式援助他们建立神庙、市集和宅邸，奖励勤快热情的人，申斥不思进取的人；名誉竞赛取代了粗暴镇压。"他的岳父大人正是77年到84年间的不列颠总督。这些举措正是阿格里克拉为激励当地人做出的努力，让那些在一定程度上地位还算高贵的不列颠人拥抱罗马文化。维鲁拉米恩（彼时已是罗马城市）一处大型铭文的残片证实了，塔西佗笔下的罗马官员对公共建筑十分留心：79年到81年间，阿格里克拉在这里投入建造了一项大工程，包括一座神庙，一个方形会堂，还有自带的广场。

"他也以博雅学问教育贵族子弟，帮助不列颠人在秉性上超过高卢人。阿格里克拉还促使那些刚刚拒绝罗马口音的不列颠人以饱满的热情投入雄辩术中。"所谓"雄辩术"也就是修辞术和演讲术，是博雅教育的至高追求。不列颠人的学习热忱，也在塔西佗晚年的时候得到了另一名作家的确认："口才机敏的高卢人已在不列颠教出了大律师；现在，极北之地的人都在谈论成为一名雄辩家的可能。"讽刺作家尤维纳利斯笑称。"接下来其他领域也是如此"（塔西佗写到他岳父的种种努力时谈道），"我们各种品类的服饰得到追捧，我们的托加长袍也得到普及"。换句话说，阿格里克拉已可广泛授予不列颠人以公民权，因为只有罗马人可以合法穿上托加袍。教化宣慰还不是阿格里克拉的唯一成就。大约一年之后，重访不列颠的阿格里克拉有步骤地终结了地方官员的需索无度，或者至少在一定程度上抑制了敲诈勒索，再一次让官员们在收税征物的时候有所收敛。

尽管在阿格里克拉的超长任期中,每年夏天他都持续向北境的不列颠部落发动战争(见第六章),但是罗马帝国的绝大部分疆域都开始把重心转向巩固统治和经济发展上。其实这个进程早在奥古斯都时代就开始了,罗马对各地总督和地方官员的控制越来越强,拉丁公民权与罗马公民权落到了更多的外省人头上,罗马也在外省建构了稳固的军事组织——征兵与养兵都得到规范,绝大多数军团及外省辅助部队都驻扎在从北海到幼发拉底河一线的主要边境线上,或驻扎在临近边境地区。正如罗马贵族阶层接受奥古斯都的元首制,视其为内战的解救者,罗马贵族也将元首体制看作获得财富、官职和尊荣的捷径。尽管这条捷径有其限制条件,但罗马治下的各省臣民对帝国体制依然大为满意(塔西佗在著作中强调了这一点):

手握权势之人相互倾轧,行政长官贪婪无度,暴力、腐败、金钱扰乱本已寥寥的司法救济,外省人却并不拒斥罗马政制,也依然信任元老院与人民的统治。

这幅"改革与进步"的理想图景,与2世纪40年代阿埃利乌斯·阿里斯蒂德斯口中的太平景象相比真的是黯然失色。毕竟在阿埃利乌斯·阿里斯蒂德斯的口中,罗马哺育境内各族的利益,接纳他们"更好"的一部分成为罗马公民。不过,塔西佗还是揭示了罗马统治各族群的黑暗面。不列颠人在61年揭竿而起,只因罗马官吏的敲诈勒索和肉体虐待;尽管新任罗马代理人克拉斯西亚努斯与不到二十年后的阿格里克拉都努力抑制了罗马官吏猖獗一时的虐行（如前所述），他们二人也同样热衷于个人利益，没有从刚刚发生的历史中吸取教训。即便是阿格里克拉的建设性举措，在他的女婿那里也得到了这样的苛评："他们（不列颠）一点点地折服于恶习的诱惑：石柱廊，公共浴室，精致的晚宴丰馔。这些玩意儿说得简单一点就是所谓'文化'，也是他们被奴役的一个因素。"塔西佗语出惊人的尖刻嘲弄也呼应了古代那些成功道德家与讽刺家的流行说辞：潜移默化的文明对阵淳朴善战的蛮族。这也是罗马人（或者说是一些罗马知识分子）无时无刻不喜欢讥嘲罗马文化的说辞。塔西佗已经开始研究日耳曼民族及其朴素的、毫无腐败的生活方式，这位历史学家将他的观点投射到了哪怕是阿格里克拉治下的外省人身上。

如前所述，罗马外省实际上都是自治政策。各地的城市与农村聚落都有自己的长官和元老，比如前87年的康特雷比亚·贝拉斯卡。而在东部各行省，这种政治机构可以追溯到罗马霸权建立很久之前。一些大城市，比如纳博讷的尼马苏斯，还有努米底亚的锡尔塔，它们周围都有一圈依赖于它的小型城镇，形成一个城市网络，这种共生关系早在罗马入主之前就确立了，也获允独立于征服者的体系之外。每当一座城市获得拉丁公民权，它会进一步规范自身的政治制度，比如在马拉加的贝提卡、萨尔彭萨以及不那么知名的伊里尼（最近）出土的所谓"宪章"所呈现的那样。这些"宪章"都很冗长，是精心写就的缜密文件，尽管今天只有一部分被保存了下来。罗马殖民地也得到了相似的宪法：一个是恺撒某个公民殖民地的奠基法，还有一个是西班牙乌尔索（奥苏纳）的一部法律，这两部法律的残片都流传到了今天。

行省总督的职责是保证税收，受理外省人因利益受损或争执不休前来打官司，并在必要的时候实施军事行动或警察执法；各省总督不会干预地方自治，除非出现过于贪婪狂热的人，比如下面要说的皮索，或是肩负政治清洗的要务，比如图拉真时代出镇比提尼亚的小普林尼。说得准确一些就是，富有的城市长期以来都获允按照自己喜欢的方式自治。

其他地方的女性、奴隶与公民，在当地并不比在罗马城享有更多的投票权。地方选举、元老院及相关政治事务一直以来都在当地贵族的控制之下，比如努米底亚城市提迪斯的洛里家族（见第十一章），西班牙萨贡托的巴埃比家族，还有比提尼亚普鲁萨的迪奥·克里索斯托姆家族和卡西乌斯·迪奥家族。这些家族之间容易产生激烈竞争，有时竞争十分激烈（迪奥·克里索斯托姆曾经被逐出普鲁萨长达九年时间），为了官职、荣誉、罗马总督的荣宠乃至罗马皇帝的青睐，永无休止地争来争去。这些人也并没有建立起一个稳定的等级制度：新加入的人总是来自较低的社会阶层，比如在3世纪从高卢的森尼乌斯·索勒姆尼斯而来，或是从其他区域中心移民而来。

◇◆◇

在外省人看来，罗马帝国的官员真是捉摸不定。他们没有行政、法律或是财政方面的正规训练，更不用说军事或者外交方面了。恰恰相反，罗马的元老都是在工作中学习，职业生涯从青年军官开始（正如阿格里克拉60年至61年间在不列颠），然后出任小行政官，再步步上升。官僚化的骑士等级也是从小型军职起步，比如骑兵长官，然后做到小型代理人，之后打开上升通道。自然，并不是所有政治新人都能升职，也只有很少的人会获得最高规格的任命。那些登上最高职位的人，往往需要借助位高权重的元老院亲友的协助。

获任某行省的总督或是行政长官，这对罗马人而言，概率就像是中了彩票。在奥古斯都与提比略的时代，亚细亚行省为韦斯巴芗的父亲弗拉维乌斯·萨比努斯（行省代理人）立了雕像，以表彰他完美无缺的品行。这些雕像既是他本人美德的见证，也昭示着亚细亚省人与老弗拉维之前那些执政官有不愉快的经历。阿格里克拉在不列颠的业绩，与小普林尼在比提尼亚的业绩，都展示了某些帝国官员品行正直、兢兢业业（这样的官员或许有许多）。同样在不列颠，布狄卡叛乱之后，新任税务专员克拉斯西亚努斯阻止了前任总督的野蛮报复；虽然他的举措引来了塔西佗恼羞成怒的苛评，但更重要的是在一段时间内他减轻了外省人的负担。

品行正直也会带来危险。比阿格里克拉晚一个世纪的佩蒂纳克斯，在他漫长的公职生涯中都以正直到严苛的程度而闻名，后来他成了罗马皇帝。他的严苛在2世纪80年代出任不列颠总督时，差一点让自己丧命于哗变士兵之手。也是同样的原因，193年他做了三个月皇帝就身死人手。同时代的克劳狄乌斯·庞培亚努斯也以正直博誉著称，他也更为幸运（年老而死）。此人也是马可·奥勒留的女婿。历史学家迪奥出任多瑙河行省上潘诺尼亚总督的时候发现，治军严整同样危险。迪奥手下愤怒的士兵怂恿罗马的近卫军朋友们，计划在229年迪奥回罗马出任执政官的时候干掉他和塞维鲁·亚历山大皇帝（还好没有成功）。严苛，即便是出于奉公职守，在罗马臣民那里也并不总是受欢迎，在提比略时代，塔拉科内西斯总督卡尔普尼乌斯·皮索就被一名伊比利亚的凯尔特村民杀害。起因是，谋杀者的同乡、努曼西亚西南部的特尔莫斯一个镇民挪用了公款，而这位总督却过度热心地对其追索。

压榨剥夺存在于每个时代，藐视一切良好的愿望、法律和帝国监管。甚至于，帝国政府本身就无时无刻不在威逼需索。64年7月的大火将一半罗马城烧成了白地，之后的尼禄君臣就从意大利和各行省那里榨出了大笔资金，用以重建罗马。卡拉卡拉同时代的卡西乌斯·迪奥也断定，212年皇帝普发公民权的真实动机是让所有人都支付继承税和奴隶解放税，因为这些税种只有公民才需要缴纳；卡拉卡拉还将税率扩大了一倍，达到了10%。

帝国时代的行省总督也像共和国时代一样腐败。越来越多的行省总督都是有外省血统的罗马人，这并不能保证行省总督、军团长或是军队长官廉洁奉公，如果这帮人另有他谋的话。有一大堆人可以和共和国时代的维勒斯相媲美。比如13年的亚细亚行省总督瓦勒里乌斯·梅萨拉·沃勒苏斯，他曾为自己一天之内处决300人的所谓"高贵行为"而扬扬得意；提比略时代犹太地区臭名昭著的总督（26年至36年）庞提乌斯·彼拉多，他调动军队镇压撒玛利亚基利山上聚集的宗教狂热者，对这群"可疑分子"进行了大屠杀。接替彼拉多的长官（也是他的上级，叙利亚总督）施行了虐政，点燃了66年至70年间犹太大起义的烈火（见第十章）。

涅尔瓦与图拉真时代的阿非利加行省出了个窃盗嗜杀的总督——

马里乌斯·普利斯克斯（与图拉真一样是个西班牙人）。尽管在100年有小普林尼（当年执政官）和历史学家塔西佗（也是执政官）这样豪华的弹劾阵容，被控有罪的普利斯克斯还是得以优哉游哉地在流亡途中尽享奢华生活，留下身后残破的行省哀叹自己的损失。讽刺作家尤维纳利斯作文奚落说：

如果你手中现金分毫不少，那又何必担心受辱蒙羞？
流放的马里乌斯痛饮午时丰馔，在众神的愤怒中狂欢嬉游。
阿非利加行省赢了，但你却涕泗横流。

当然并非所有罗马行政官员都是腐败邪恶之人。传世至今的官员传记只有阿格里克拉，假定阿格里克拉的品行卓尔不群或是极其罕见，显然有些太过武断了。马可·奥勒留的教师兼朋友福伦托在2世纪50年代末获任亚细亚行省总督，他小心翼翼地征募得力可靠的随员，履行名目繁多的职责。不过，福伦托还是那个福伦托，疾病很快就击倒了他，最终未能成功赴任。有的时候，罗马外省官员身上会出现一些出人意料的品质：在皇帝加尔巴短暂执政期间，他的心腹近侍维尼乌斯就是个权变灵活的人，不过这并不妨碍他成为纳博讷杰出的行省总督。同样灵活多变的还有同时代乐天知命的佩特洛尼乌斯·尼格尔（大概就是著名小说《萨蒂利孔》的作者），比提尼亚行省总督。他即便以尼禄宠臣之姿回到罗马，还是会"陈说尼禄罪恶，或是由衷坦承这些罪行"。苏埃托尼乌斯尽管对当政的图密善大加批评，但他还是主张，这位皇帝对各省总督和城市官员统御得力，"这样一来他们就更加温顺，行事更有原则"（苏埃托尼乌斯不忘补充说，之后还是有不少官员作奸犯科了——他也许想起了那个马里乌斯·普利斯克斯）。

面对那些被控不法的元老或是帝国骑士，罗马帝国当局并没有怠慢。每当官员遭遇违法指控，即便被告声名卓著也还是会被定罪：一份调查显示，从奥古斯都时代直至图拉真时代的41次审讯中，有28名被告被判有罪，还有1例畏罪自杀，只有7人得以无罪开赦（其余5份裁决并未存世）。梅萨拉·沃勒苏斯就是被定罪的其中一人，尽管此人拥有古老的贵族血统。当然，这段时期不是只有这些审讯；我们的古代史料并不完整，即使是存世史料，记载的内容也颇为有限。不过，史料不存的那些审讯，也不大可能出现让有罪之人逍遥法外的情况。更值得注意的是，有罪判决大量出现，因为在奥古斯都时代之后，大的渎职弊政和贪污勒索案件都会转交元老院审判，而不是之前的公共刑事审判庭。换句话说，许多曾经或是即将出任总督的元老获得授权，审判同朝为官的其他元老以及皇帝手下人脉活络的骑士。这一制度通常不会让有罪者逃脱惩罚。

◇◆◇

考虑到总督的有限任期以及赴任之后行事的不确定性，对外省人而言，碰上一个好总督远远不如碰上一个好皇帝，因为皇帝治下基础设施的稳步改善对行省更为有利。当然，一些主要大道在帝国时代之前就已经修好了：山内高卢在前2世纪和前1世纪已经修建了一系列通衢大道，与意大利半岛一样。西西里岛已知最早的罗马大道则要追溯到第一次布匿战争。前2世纪40年代，裁判官厄纳修斯开始修筑的厄纳齐雅大道，帮助罗马人控制着新成立的马其顿行省，这条大道从亚得里亚海滨的都拉斯和阿波罗尼亚一直延伸到了当时的色雷斯边界；一百年后，这条大道又延伸到了远至博斯普鲁斯海峡的拜占庭。直到近代，厄纳齐雅大道仍是连接亚得里亚海与黑海的重要通路。另外一条著名的道路要数山外高卢到纳博讷的多米迪亚大道，这条大路得名于首创者多米迪乌斯·阿赫诺巴布斯（据称是沿用了从西班牙到意大利的大力神之路）。多米迪亚大道从比利牛斯东部和纳博讷出发，走蒙特格内傅雷山口进入山内高卢。这条大道在该地并入罗马之后不久就完成修筑，还修建了道路里程碑，时间在前120年左右（前118年去世的波里比阿已经知道这条大道了）。

正如古代文献与碑刻铭文显示（特别是道路里程碑），在奥古斯都及之后的历任皇帝统治期间，罗马官员在行省的工作都比之前更加忙碌，不论新行省还是旧行省。比如说，奥古斯都女婿阿格里帕就在前20年到前18年间修筑了一系列道路，将卢格杜努姆（三高卢行省的行政中心）与阿奎塔尼亚海岸、英吉利海峡和莱茵河连接起来。十年之后，罗马人平定了小亚细亚加拉太南部山区的皮西蒂亚。随后在前6年，加拉太的军团长科努图斯·阿奎拉庆祝穿越该地的塞巴斯特大道的开通（塞巴斯托斯，就是"奥古斯都"的希腊语名字）。在西班牙，前2年的科尔多巴道路里程碑，标志着一条始于贝埃蒂斯河源、通往大西洋大道的开通（以"奥古斯都·亚努斯"神庙闻名），这也是连接西班牙诸行省发展中城市路网的一部分。这些路网逐渐完善，在帝国灭亡之后很久仍然得到了有效利用。

提比略在位期间，罗马继续在刚刚征服的巴尔干地区修筑新的道路，比如从达尔马提亚的亚得里亚海岸萨罗纳通往地形崎岖的内地。在之后的一个世纪里，这个道路系统越出这一地区，连接了亚得里亚海与多瑙河边疆（这里后来也建起了一条条平行的大道，差不多与之前道路系统的长度相等），也沟通了意大利东北部的阿奎莱亚、默西亚和马其顿。罗马在北非的筑路始于14年，当时的第三军团"奥古斯塔"修筑了一条公路，连接苏尔特湾加贝斯与内陆军事基地阿玛达拉（距离东北海岸有320千米之遥）。二百年后，阿非利加行省、努米底亚行省与毛里塔尼亚行省已经贯通了约1.9万千米之长的道路。

帝国的北方边境，克劳狄乌斯在43年征服了不列颠行省，也开始修筑一系列的道路，其中就有从伦底纽姆到德瓦（切斯特）的沃特灵大道，还有从伊斯卡·杜姆诺尼奥鲁姆（埃克塞特）通往林杜姆（林肯）的福斯大道。罗马人在不列颠建成了一个总长达3000千米的路网，到哈德良时代已经深入了苏格兰低地。而哈德良前一任皇帝图拉真的统治时期，新吞并的阿拉伯佩特行省军团长克劳狄乌斯·塞维鲁，修建了之前提到的新图拉真大道。这条大道从叙利亚边界一直通往红海，对已经密如蛛网的近东行省道路进行补充。

诸行省的罗马大道主要供军队和政府使用，包括士兵及其后勤部队，帝国邮差（邮政系统名为"国家邮驿"，也是奥古斯都开创的诸多系统之一），还有官员。不过，这些大道同样也向平民旅行者和商人开放。正如现存数千块道路里程碑等铭文证实的那样，帝国与地方当局都致力保持这些大道有条不紊地运行，在必要的时候也会予以修缮。这一工作在任何地方应该都开销甚大，导致道路修缮工作进度落后：123年的一篇铭文提到，意大利中部山区的阿庇亚大道只修缮了15.75罗马里，"（道路）在漫长年代里已经损毁"，花费却高达1718090塞斯特斯（差一点达到43万迪纳厄斯），其中有569090塞斯特斯都是当地地主出的。当地人也定期受召前去修缮道路，并为旅行中的帝国官员提供载具和畜力，帮助帝国官员从他们的村庄市镇出发，走完相应的路程。按理说他们这些差役都会获得报酬，但任何时代的强制公共劳役一样不得人心。涅尔瓦皇帝在97年废除了意大利境内的强制交通劳役，他愉快地将这项政绩刻在了钱币上（这些钱币刻上了令人动容的画面，两匹骡子在倾倒的马车一旁悠闲吃草）。另一方面，无论是强制交通劳役还是强制道路工役都没办法在各行省禁绝。罗马当局能做到的至多不过是订立规则和限制，规定谁才有劳役义务，要干多少活，还有理想状态下他们又会得到多少报酬。不出意外，这些规章会被后来的官员和其他在位的罗马官员不断违反，我们下文还将提及。

与道路一样，外省桥梁和港口也由罗马人修筑。埃梅里塔地区瓜迪亚纳河上建于奥古斯都时代的桥，阿尔坎塔拉附近塔古斯河上建于图拉真时代的桥，（在经历大幅修缮后）至今仍矗立如初：后者正如一封铭文记载，至少还是由露西塔尼亚当地社区出资修建。犹太地区恺撒雷亚那些令人印象深刻的港口工程也是大希律王对腓尼基港口重建工作的一部分，现在已经沉没不见了。显然，大希律王是以他的恩主奥古斯都为此命名。迦太基在尤利乌斯·恺撒时代——事实上在奥古斯都治下——的重建则保留了布匿旧有的海港设施，比如那些隐蔽的港口，还扩大了海岸沿线的海滩面积。而在更东面的列伯提斯马格纳，

1世纪的那些港口设施在塞维鲁时代那些更宏大的建设面前就显得黯然失色了（列伯提斯是塞维鲁的出生地）。

伦底纽姆尽管曾在61年的布狄卡叛乱中被付之一炬，但数十年后这里就建起了气势恢宏的港口设施，其中就有一道长达500米的橡树柱岸堤；而在东方，另一座著名港口以弗所在1世纪下半叶就已开始装配船只，进入2世纪后这里已经建成了一座全新的港口，还有一片公共建筑群，包括体育馆、浴室、巨型剧场以及为适应人口增长修建的大型供水设施。绝大多数的行省基础设施经费都源自罗马国库，有时甚至是全部。这在很大程度上也要仰赖于从这些行省得到的收入。至少一部分行省税和关税会反过来用于这些公共工程建设，数额也要比共和国时代更多。

◇◆◇

塔西佗记载，阿格里克拉热衷在不列颠兴建神庙、市集和浴室（他的传记作家女婿对这个不那么感冒），这反映了罗马在不列颠帝国行政管理的一大特色。罗马帝国的许多地区，特别是那些远离地中海海岸的地方，大体都还是乡村。罗马入主之前，外省的大型定居中心可谓屈指可数，比如说，不列颠就只有村庄、小镇和少数大一点的卫戍定居点（坎努罗杜努姆在成为罗马殖民地之前，一度是特里诺文特的中心）。多瑙河流域，远离腓尼基人定居海岸的努米底亚，还有小亚细亚内陆不少地方都是如此。罗马人对此已是驾轻就熟。即便是在意大利和希腊，多达90%的人口还是生活在乡间，但他们同样认为，拥

第八章 治理得失 211

有各式各样的城市中心很有必要。这些城市中心要有管理得当的市集，坚固的公共建筑，比如方形会堂、公共浴室、神庙与集市，功能明确的行政机构，担负起责任的年任行政官员，元老院，市民大会，定期的收入，还有一份详细记载上述细节的书面宪章。

罗马帝国也在帝国全境推广城市化。罗马殖民地的扩张，前文业已述及：时至200年，帝国已经建立了一张城市之网，从不列颠的埃布拉库姆、德瓦，到西班牙的弗拉维奥布里加、埃梅里达，再到努米底亚南部的蒂姆加德，叙利亚的赫里奥波利斯，阿拉伯佩特拉的布斯拉，以及（从哈德良时代以来）耶路撒冷原址建立的阿埃利亚·卡皮托利纳。罗马殖民地享有特权地位，但也要与它们周边的当地社区互动。即便总督没有推动，罗马殖民地也乐于向周边邻居传授罗马文化的精华。地理学家斯特拉博就记述了西班牙南部贝提卡的情况，这个省的城市化程度已经很高了。

> 图尔德塔尼亚人（斯特拉博对贝提卡人的称呼），尤其是那些生活在贝埃蒂斯附近的人，已经完全转变为罗马式的生活方式，甚至都不记得他们原先的语言了。他们之中绝大多数都已归化为拉丁人，也接受了罗马人的殖民者地位。因此，他们距离成为真正的罗马人也不远了。

斯特拉博还指出，这与北面的凯尔特西班牙人形成了对比。在奥古斯都时代，凯尔特人大部分仍然是乡村居民。

罗马帝国并非只在殖民地建设城市。位于边疆地区的罗马军团基地，也在其周边聚集着平民定居点，也就是村镇，这些村镇往往会演化为经久不衰的城市。比如说，不列颠的埃布拉库姆、德瓦，莱茵兰的博纳和莫根台孔，多瑙河中游的文多博纳和阿奎恩库姆，塔拉科内西斯西北部的莱吉奥，还有努米底亚的拉姆比斯，延续到今天的城市有约克、切斯特、波恩、美因茨、维也纳、布达佩斯、雷昂、塔祖尔。

除了军事基地和殖民地，帝国当局也在时时新建或扩建那些普通的行省城市，有时还给它们加上帝国之名。奥古斯都时代大量新建或扩建的城市，其中就包括新征服的西班牙西北地区的尤利奥布里加；位于高卢中部的阿杜伊人新首都奥古斯托杜努姆（今天的欧坦），取代了他们临近山区的旧有堡垒比布拉克特；奥古斯都还将更南边维钦托利的部落阿尔维尼扩建为奥古斯托内梅图姆（克莱蒙－费朗）。韦斯巴芗在西班牙西北部的大西洋海岸建成了伊里亚·弗拉亚，在刚刚吞并的阿格里·德库马特斯建立了阿诺弗拉维亚，在随后形成的路网系统中，这里也成为一个节点。在图拉真的时代，色雷斯得到了发展，以皇帝、皇后和皇帝姐姐的名字新建了三座城市：图拉真波利斯、马尔西娅诺波利斯、普罗提娜波利斯。图拉真的丰功伟绩很快就被哈德良比了下去，他修筑的哈德良波利斯（阿德里安堡－埃迪尔内）也是为自己庆功的系列工程之一（哈德良给另一座城市命名"哈德良的猎物"，即哈德良诺赛雷，以纪念他在阿埃利乌斯·阿里斯蒂德斯家乡密西亚的狩猎壮举）。哈德良还在尼罗河中游的一处村庄兴建了一座新城，这里不是罗马殖民地，但却是哈德良年轻爱人安提诺溺水身亡的地方：安提诺乌波利斯。这座新城在帝国的关照下繁荣起来，它甚至在两个半世纪之后成为基督教的主教辖区。

罗马各行省的其他城市、乡镇甚至是村庄也得到了用皇帝之名命名的殊荣。它们的命名方式多种多样，代表着皇帝对它们忠诚、热情的回报，也许还有皇帝御临后的恩典。比如说，西班牙中部的奥古斯托布里加，阿奎塔尼亚的奥古斯托里图姆，纳博讷高卢的迪亚·奥古斯塔和卢库斯·奥古斯蒂都源自第一位罗马皇帝的恩泽。后来的克劳狄乌斯也将自己的姓名广为散播：比提尼亚城市比提尼乌姆，改名为克劳狄奥波利斯，这是后来哈德良爱人安提诺的出生地。还有奇里乞亚故地马加萨也是如此。高卢中部地区也有一个克劳狄奥马古斯（今天仍然是个小城，名为克里昂-苏尔-因德雷）。这些地方并不能自然获得罗马公民权或拉丁公民权，但是靠着罗马式的生活设施，借助帝国的关照，它们同样赢得了特权，足以提升自己与行省总督以及其他罗马显贵的关联。在一个地位意识颇强的世界里，这算是一种优势。

附属国的国王同样不需要动力就会推进城市的建设工作。文化程度甚高的毛里塔尼亚朱巴二世（奥古斯都的宠臣，克里奥帕特拉与安东尼之女克里奥帕特拉·塞伦尼夫婿）就将他治下的大城市伊奥尔改成了西泽利亚（阿尔及利亚的歇尔谢尔），然后将这里打造成了希腊和罗马文化的典范城市：公共浴室、神庙、剧场，还有在朱巴及后来君主的统治时期建起的周长7千米的城墙。同样是出于帝国眷顾，大希律王在前1世纪末修建了恺撒利亚海港，取代了之前腓尼基的老旧港口。新港口呈现出绚丽多姿的希腊化特征，后来也成为罗马治下犹太行省的行政中心。就在同一时期，同为附属国国王的卡帕多西亚王亚基老可能出于不甘人后的心理，将自己古老的首都改名为恺撒利亚（今天的开塞利），这座城市在罗马和后罗马时代也都保持着繁荣。康茂德皇帝在生命的最后几个月里，还给罗马城重新命名为"新康茂德殖民地"，此举也不过是将沿袭已久的老旧命名术用到了罗马城自己的头上。

◇◆◇

几项在内容、时间、地点都不尽相同的事例足以显示，无论是行省总督还是罗马当局都可以励精图治，也显示了他们能取得多大成功（或者是不成功）。

68年，新任埃及长官尤利乌斯·亚历山大在亚历山大里亚颁布了一部敕令，清楚地体现出埃及普通人承受的种种压力，以及埃及总督试图纾解这些压力的举措。亚历山大在敕令中承认，"城中最值得敬重的人和那些远在乡野者"都在如潮水般抗议。诸多虐民残民之举读来令人震惊：当地官员强迫人们缴纳税费或缴纳公共土地租金，其中就有那些生活在亚历山大里亚郊区、在法理上免缴国家赋税的人；一些官员大放高利贷，然后围捕债务人强迫支付，甚至非法拘禁部分债务人；从国家那里购买充公地产的人，依然被当地官员索取土地租金；原告持续与司法官员勾结，导致罗马长官已经审结的案子也会被发回法庭重审；此外那些农民甚至是亚历山大里亚郊区的居民，都会在已有税粮之外被追加新的威逼勒索。上述虐行在敕令发布之后都被立即禁止，埃及长官还以强硬措辞警告了当地官员。不过，亚历山大并非第一个要处理官僚恶行的长官，也并非最后一个。

历朝历代行省总督面临的另一大难题是各地部族对土地和罗马公

共设施的觊觎和争抢。康特雷比亚（见第三章）的铭文就反映了西班牙在前1世纪发生了类似冲突。69年3月撒丁岛的一则铭文也显示，依照当时行省总督赫尔维乌斯的敕令，加里伦赛斯人（卡拉勒斯以北高地的一个部族，即今天的卡利亚里）必须将那些本属于另一个部族帕图尔森塞斯·坎帕尼的土地物归原主，因为早在前114年，原主人就从前任行省总督那里取得了该土地的所有权。加里伦赛斯人长期以来都实际控制这块区域，有时甚至是暴力控制。他们用对待前任总督的老办法，用各种借口、保证和搪塞来干扰赫尔维乌斯的依法行政。现在，赫尔维乌斯给了他们仅仅18天时间，要求他们在4月1日之前选择：要么交出土地，要么接受惩罚。加里伦赛斯是不是遵循了命令，我们已经不得而知。很有可能他们并没有遵循命令，那么仍然尘封的另一篇铭文或许就记载了后来总督的失意沮丧。

110年左右，勤勉任事的小普林尼前往比提尼亚处理该省的棘手事务，他碰到了一个颇为难解的小问题，与普鲁萨的弗拉维乌斯·阿奇普斯有关（说得直白些，就是个在弗拉维王朝皇帝治下获得公民权的比提尼亚人）。此人是个哲学教授，因伪造文书而获罪，但仍然在逃。阿奇普斯希望他的旧有身份得到承认，同时还要求免于在普鲁萨履行陪审义务。相反，阿奇普斯的原告弗里亚·普里玛等人希望此人可以被遣回罗马被罚去挖矿。小普林尼面前摆着一连串的文书：图密善与涅尔瓦褒奖这名哲学家的帝国文书（尽管此人获罪流亡），普鲁萨人后来对他表达荣崇的敕令，阿奇普斯本人递给图拉真的请愿书，还有弗里亚愤愤不平表达反对的请愿书。小普林尼将这些文书全部转交给了皇帝，请求圣裁。图拉真决定让这个纠缠不休的哲学家得偿所愿，但同时他也告诉小普林尼，让一切指控的流程都走下去（显然皇帝仍然疑心重重）。

另一个滋生腐败的重灾区就是为官员或货物提供交通运输服务的强制交通劳役，罗马当局数百年里都在执行这项政策。不同时代在各个行省，都有连篇累牍的抗议文书证明这一点，不论皇帝本人及其代理人多么大发雷霆都没有办法根除这项弊政。已知最早的案例发生在18年至20年，加拉太军团长索提狄乌斯·斯特拉博·李布斯西狄亚努斯以希腊拉丁双语撰写了一封敕令，详细解释了萨格拉塞斯重要城市皮西蒂亚城有关强制交通劳役的实施规则。比如，敕令里提到："罗马人民对一名元老的供应不得超过十辆马车，换算下来不能超过三十匹骡子或者六十头驴子，元老还要按我的规定付给报酬。"奉皇帝之名出行的罗马骑士能享受到的交通服务要少一些，百人团就更少了；不过，任何另增的马车或是畜力，都要按照当地人的要求付费。在这封敕令中，索提狄乌斯禁止未获授权的人索取交通服务，可以看出强制交通劳役已经广为滥用，其他更多的敕令也证明了这一点。48年12月，当时的埃及长官维尔吉利乌斯·卡皮托就禁止了当地类似的不法行为，并承诺向被侵害者支付补偿；卡皮托的铭文和提比略的碑文立在同一座橡树神庙旁。二十年后，亚历山大承诺要终结腐败行为。四十年后，图密善皇帝写信诫命他在叙利亚的代理人，停止未获授权的人对当地进行剥削，不得再向当地人转嫁负担，或是简单粗暴地（不付报酬）征用畜力、劳役自耕农。

未获授权的胆大妄为者依然故我，不论是罗马官员和士兵、罗马旅行者、当地长官，还是其他当地显贵。在238年的另一份文件里，色雷斯一个村庄斯卡普托帕拉,其中的居民就向当时年幼的皇帝戈迪安三世大倒苦水,说罗马士兵和其他罗马人跑到斯卡普托帕拉观赏温泉和邻近的年度集市时,强迫当地人提供免费食宿和交通,他们已经不堪骚扰。实际上,这当然是向近卫军长官提迈希修斯倾诉。当地人向色雷斯总督抱怨后,情况只是暂时好转。斯卡普托帕拉还算幸运,他们有个正在罗马近卫军服役的地主——奥勒留·皮洛士。尽管如此,戈迪安和提迈希修斯的回应也只是告诉请愿者,让他们回去找当地总督要求赔偿。与1世纪撒丁岛久经磨难的帕图尔森塞斯人一样,在这些碑铭竖立起之后,他们的处境有没有得到改善,已经不得而知了。

耶稣对强制交通劳役给出了"忍耐"的建议:"如果有人强迫你走一里路,那就和他们走两里路吧。"这也反映了相当严酷的现实。

第九章

评断帝国：罗马人与外邦人

在帝国建立初期的几个世纪里,罗马人对战争和征服的想象不外乎是一架机器,用来谋求战利品、利润与职业发展。伴随着军事战役,一队队商人也在行动(这些人常常是不那么体面的逢迎者),他们向罗马士兵出售货物,从罗马军团那里购买战利品和俘虏。前195年的老加图与前134年的小西庇阿都认识到了这一点,两个人都曾经侵略西班牙,以效率和军纪的名义禁止商人随军。普劳图斯喜剧《埃皮埃库斯》的主人公埃皮埃库斯就表示,他将召集"我的内部协商元老"敲定发动新战争的下一个目标,"这样一来我就能抢夺他们的银子了"。这种调笑并非只在前2世纪90年代一针见血。数十年后,征募士兵去西班牙打那些无利可得的战争已经变得越来越有争议,但是志愿兵几乎同时聚集起来,加入针对迦太基的战争,因为有人宣称(实际上是谎称),去那里将会轻松得到回报。

行军打仗,吞并领土,不论在当时还是事后都得到罗马人的辩护,认为这是预防潜在的袭击、保护遇袭盟友的必要之举。这个"盟友"得打个引号,因为那些从罗马保护中受益的国家是不是真的拥有盟友地位,(不论当时或是现在)往往并不是那么清楚。比如说,我们完全可以质问前218年的萨贡托,前200年的雅典、帕加马、罗得岛三城,或是前58年的高卢阿杜伊人。恺撒称阿杜伊为罗马的"兄弟亲族",以此作为出兵攻打他们日耳曼敌人的理由。到了第二年,恺撒入侵高卢北部的理由就简单多了:那里的部族已经做好了准备,防备恺撒入侵。对于恺撒养子奥古斯都而言,前16年苏刚布里人在莱茵兰地区抄掠罗马第五云雀军团取得的短暂胜利,已经足够成为他出兵弹压日耳曼西部的借口了。克劳狄乌斯在43年在不列颠的主动出击也是基于自身政权的政治需要（和以前一样，为了军事荣誉和经济剥削），而不是什么战略上的压力。罗马与帕提亚之间反复而徒劳的战争始于克拉苏在前54年为猎取荣誉而发动的入侵，一百五十年后图拉真对帕提亚的战争则是一场过度渲染的"反击"，来了结两国之间为期四十年的亚美尼亚争端。但这场战争本质上还是要为一个老大垂暮的政权寻找新鲜的军事荣誉。前156年的达尔马提亚战争，至少对波里比阿来说，结束了长达十二年的罕见和平，重振了罗马暌违已久的刚毅作风。

至于其他的冲突和领土吞并，罗马确实有正当理由。前214年叙拉古君主过分自信的统治、前192年安条克三世及其埃托利亚傀儡的挑动，引发了这些国家与罗马共和国的战争。米特拉达梯六世对前88年战争爆发的责任更大，远远大于罗马人事前肆无忌惮地冲进该国抢掠领土的危害。161年，帕提亚人入侵亚美尼亚，结束了又一段和平共存的时光。最终的胜利既不属于亚美尼亚，也不属于帕提亚，好处统统归了罗马。然而，在161年至166年间的帕提亚战争中，罗马并没有收获新的领土，而是发生了一场肆虐帝国全境的瘟疫。这次教训并没有阻止下一代的塞维鲁皇帝，他拿下了罗马对帕提亚的最后一场胜仗。如前所述，这是一次具有"双刃剑"效果的胜利。

罗马早期获得的领土，无论是西西里岛、撒丁岛、科西嘉岛，还是山内高卢、内外西班牙，当时人们并没有将这些领土兼并视为罗马统治世界的天命象征，仅仅将其看作军事上的必要行动：为了赶走迦太基人，为了驱逐（山内高卢地区的）高卢人，为了让利古里亚人顺服，同时也让这些地方成为抢掠和军需的来源。这些新占领土，罗马都是过了一段时间才建立起有序的税收制度：西西里岛始于前210年左右，内外西班牙则是在前195年到前179年逐步完成，撒丁岛与科西嘉岛的征税大概也始于前2世纪初。山内高卢居民最后应该也得纳税，但有关证据并不充足。罗马人对于课税山内高卢意愿不大，至少部分原因是，这个行省从前2世纪90年代开始就在吸引越来越多的罗马和意大利移民前往，以开拓新的殖民地和定居点。没有任何记载表明，罗马曾在当地或其他地方向当地人花钱购地，以建立定居点；最好的情况只是允许当地人继续居住，就像前171年西班牙的喀提亚一样，但是其他地点的相应证据同样稀少，直至很晚才出现。

◇◆◇

罗马已经展现了征服其他部族的卓越能力，还有统治他们的资格名分。这种说法呼应了亚里士多德对希腊人蓄奴的看法，也得到了罗马人的普遍信服。他们认为，自己的统治地位来自众神对其虔诚和美德的恩赐。前193年（此时罗马正与安条克大帝陷入外交僵局），裁判官瓦勒里乌斯·梅萨拉在写给小亚细亚城市特奥斯的信中表达了罗马的善意。梅萨拉强调："我们全心全意，持续崇奉众神，这是我们最重要的事情，为此我们倾注了你所能想象到的善意，我们正是从最高神祇那里感受到了这股善意。"而在前1世纪，西塞罗的诸多著作也体现了同一个主题。在公开声明里，他对帝国不吝赞颂之情：帝国的成就归功于诸神的意愿与庇佑。庞培（在前56年告诉元老院）说，罗马的帝国边界已扩展到地球尽头；恺撒也表示，他在高卢无穷无尽的战事（当然是迫于政治压力）正是为了罗马的利益，这些战事让地中海世界最终得以和平。

西塞罗本人也认为，罗马的统治权建立在正义与人道之上，即便统治仍有缺陷。直至苏拉成为独裁官的时代，各个国王、各个民族与各个国家都在元老院找到了安全的避风港。罗马各级长官与将军也竭力保卫各行省和盟友，以此赢得正直诚信的声誉。罗马的统治确切地说是对全世界的保护，而不仅仅对一个帝国。直至内战爆发、罗马人与外省人均遭镇压之前，这一点都还成立。

罗马帝国不仅仅是罗马城的光荣，对罗马臣民也大有好处，当然也理应如此。这也是罗马人心中感觉快慰的一个信念。前60年或前59年，西塞罗在写给弟弟昆图斯的一封长信中劝诫道，作为亚细亚行省总督，应当如何统治这个罗马行省（西塞罗肯定也预想到了更宽的读者面）。西塞罗强调要以正直、克制、同理心关照外省居民，毕竟罗马"是天下万族里文明程度最高的"。西塞罗同样强调说："在我看来，那些身居统治之位的人必须有如下的通盘目标：确保那些帝国治下的人可以享受尽可能多的幸福。"实际上，"这不仅仅是外省人和罗马公民管理者的任务，也是奴隶主和不会说话的牲畜主人的职责，要为他们的福利和利益而战"。当然了，作为回报，亚细亚行省人要花钱履行他们的义务，即便他们对罗马的税收有所抱怨。

要让亚细亚行省好好想想这一点：如果不是并入罗马帝国的统治，他们就难以摆脱来自对外战争和内部争斗的灾难。帝国如果没有收入就没法存续下去，（亚细亚行省）应当对此满意：负担帝国一部分财政支出，换取永久的和平与安宁。

这并不令人意外,帝国的理念就是应当让统治者与被统治者都得到好处。

维吉尔在《埃涅阿斯纪》里借极乐世界里的埃涅阿斯父亲之口说出这番话,堪称是对罗马普惠万民的帝国使命最知名的宣示:罗马的命运就是"以法律为和平加冕,宽怀饶恕被征服者,制服那些桀骜不驯者"。同样对罗马的善行表露热忱的还有75年左右的老普林尼,他认为罗马乃是普天之土的保姆和母亲,罗马的地位乃是出于神恩拣选:

她将分散的领地整合起来,以礼仪文明教化万民,将天下民族彼此冲执的语言以通用语(也就是拉丁语)合而为一,改进人类的心性;简而言之,罗马已是天下各族各民的唯一家园。

罗马主宰世界的观念已经深入人心,即便所有人都清楚这是夸饰之词。早在前202年(波里比阿写道),小西庇阿在扎马之战前告诫他的军队,胜利会让罗马成为世界其余地区的主人。这显然是极具修辞色彩的言论,但对大战在即的士兵来说无疑是一针强心剂。从东部地区班师回朝时,庞培在一篇铭文里提到了他的赫赫战功。狄奥多罗斯引用了这篇铭文里的华丽辞藻,"他将(罗马)领地的边界延伸到了世界尽头"(西塞罗也在数年之后使用了这套说辞)。维吉尔笔下的天神朱庇特,承诺将时间和空间都"无边无际的帝国'赠予'世界的主宰、身着托加袍的人",也就是罗马人。安喀塞斯神也预言说,奥古斯都大帝作为维吉尔笔下的主神,即将得到这个世界。不久之后,贺拉斯也描述了一幅全世界匍匐于罗马皇帝敕令的场景:即便是"无信仰之心的波斯人"也会遵从皇帝之命。甚至还有更大胆更不切实际的说法,中国人也将顺从。一代人之后,奥古斯都大帝在《功业录》里畅想了一番相似的愿景:奥古斯都已经"征服全世界,让普天之下都归于罗马人民的权力"。天下帝国的叙事至此已是人所共知,历史学家约瑟夫斯也以此劝说犹太王阿格里帕二世(也是罗马公民),让他以此说辞反复劝阻66年反抗的犹太同胞,不管罗马统治有多么严苛都不要反抗。但最终阿格里帕二世并未成功。

后世仍然有人认为,帝国是件好事。老普林尼创造的一句名言常为后世引用:罗马和平的无垠伟大。正是得力于罗马和平,人们才得以欣赏大千世界的多元奇妙。意大利以外的罗马社区与个人也持相同观点,尽管他们对罗马和平并不总是毫无批评。与小普林尼同时代的塔西佗出身于山内高卢或山外高卢家族,他就非常清楚帝国的弊病。塔西佗引证那些据说朴拙单纯的日耳曼人的观点,作为讽刺帝国腐败的绝好反证。尽管如此,塔西佗仍然坚持罗马的理念,谴责那些威胁帝国完整的人。他在同一本书中写道,布鲁克特利人刚刚遭遇日耳曼同族屠杀,这表明天命仍然青睐罗马,毕竟"帝国仍旧处境艰难,经历连番厄运",敌人内部的倾轧不和就是帝国最好的屏障。据塔西佗颇具先见之明的预言,日耳曼人就是罗马最危险的敌人。

塔西佗现存著作里,对罗马帝国秩序最引人注目的辩护,就是70年那篇归于佩蒂利乌斯·塞雷亚里斯名下的演讲。佩蒂利乌斯是当时韦斯巴芗的莱茵兰军团长,他这篇演讲是讲给降顺的高卢叛军的。佩蒂利乌斯表示,在罗马人到来之前,高卢人已在无休止地自相攻伐,与日耳曼入侵者也斗得不亦乐乎;现在好了,他们享受着罗马占据莱茵兰带来的和平，拥有了罗马人的保护，付出的仅仅是必要的税收而已（这番说辞与西塞罗谈论亚细亚行省的主张类似）。这么说的理由是，"国家之间的和平不可能在没有武力的情况下存续，更不用说是不发士兵军饷的武力，或是不收税款的武力了"。高卢人现在也是罗马公民，分享军队与行省的指挥权；当贤帝统治，他们一体受惠，尽管"野蛮人也会就近袭扰高卢人"。可如果罗马统治终结的话，当地战火也会重燃。"（罗马）八百年累积的财富与秩序建构起这套统治体系；要想解体罗马帝国，解体者就得先被消灭。"这篇演说实乃一面之词，佩蒂利乌斯的声明也是如此，"罗马进入高卢，是应高卢人的请求，抵抗日耳曼入侵者"（1世纪的时候，高卢出生的总督或是将军仍然不算很多）。尽管如此，这篇演说仍然是现存最为直率的一篇拉丁文文献，论证罗马统治其他民族的合法性。

与塔西佗同时代的普鲁塔克也认定了帝国的神圣性。普鲁塔克表示，罗马乃是"普天之人的温暖家园，既神圣又仁慈。罗马是坚不可摧的擎天之柱，也是永矢咸遵的人间至道"。2世纪40年代或50年代，阿埃利乌斯·阿里斯蒂德斯也在他写给罗马的公开赞词中，慷慨颂扬罗马在世界范围内无远弗届、蒙天庇佑的统治，有着远至大洋、红海与尼罗河瀑布的影响力。尽管罗马的统治显然并未涵盖此边界之外的世界其余地区，阿里斯蒂德斯仍然高兴地看到，罗马霸权覆盖了世界文明之地，罗马人的智慧也以一个个军事据点和戍守部队拱卫着这块区域："安营扎寨的军队就像坚固的堡垒一样，环绕拱卫着文明世界"。

同样信心坚定的还有阿庇安，他是埃及亚历山大里亚的罗马人，是退休的行政长官。阿庇安认为，罗马是有史以来最伟大的帝国，是审慎、幸运与智慧的产物；多亏两个世纪的和平与安全，罗马人至此已经占据了世界最好的土地与海洋，以堡垒一样的雄兵守卫着这些地区（使用了与阿里斯蒂德斯相同的比喻）。罗马人也没有任何兴趣将统治延伸到这块区域之外，那里的蛮族贫穷又无用。事实上，身在罗马的阿庇安曾经目睹各族派人请求罗马统治，却都遭到驳回。数十年后，迦太基出生的好斗的基督教神学家德尔图良也在谈论灵魂本质的时候加上了一点略带讽刺的赞词：在他看来，罗马秩序的好处会造就越来越大的人口负担。

◇◆◇

外邦人并不总是以崇敬之心千篇一律地看待罗马霸权。前155年，卡尔内阿德斯将罗马的地中海霸权贬斥为不公不义，此言着实让听者感到不安。其实，卡尔内阿德斯仅仅将这种观点看作学术工作，以平衡自己之前的那些溢美之词（见第四章）。波里比阿对罗马霸权同样爱恨交加。他赞颂罗马主人有着令人钦佩的国家体制和个人品行，将罗马人发动的一部分战争视为正义之举。不论是与迦太基的战争，还是与伊利里亚人的战事，甚至还有与波里比阿自家的亚该亚联盟的战斗，他认为这些战争都或多或少有其必要。不过波里比阿还是承认，另外还有几场战争并不算正义。即便是与汉尼拔和迦太基的战争，主因也是罗马占领撒丁岛（在波里比阿看来），这给了迦太基人开战的合理性。更过分的是罗马人对马其顿王珀尔塞乌斯的战争，这完全是罗马的单方决定。前149年对迦太基的攻击也是如此。事实上，就在波里比阿开始讲述自己那个时代的时候,他对罗马的感情已经明显疏冷了。

一些外邦评论家的措辞要严厉得多。罗得岛的作家安提西尼(比卡尔内阿德斯稍老的同时代人)创作了一篇神谕体的讽刺文章,以预言的口吻表示,意大利的毁灭是对罗马人洗劫亚细亚的惩罚。同样尖刻的还有一份希腊语文献,据说是出自前1世纪初犹太人之手的神谕,文中预言说,罗马从亚细亚掠夺的财富,亚细亚将夺回三倍,还要奴役二十倍的意大利人,让他们"挤满罗马的大街小巷"。历史学家迪奥也提到,一则神谕曾让提比略皇帝大为光火:神谕中预言,罗马将在"三百年后"毁于内战。迪奥还写道,64年罗马城大火之后,这则神谕一时间又广为传播。

无论罗马人还是外邦人,有识之士都会在赞颂崇拜之余冷静地意识到,帝国带来的不仅仅有弊病,而且还有实际的罪恶。罗马人对于"自私自利"的指控非常敏感,总是迫不及待地反驳这一指控。他们指出,早在前190年,大西庇阿及其弟弟卢基乌斯·西庇阿率军征讨小亚细亚的安条克,途中就向米利都附近的赫拉克里亚人保证,罗马人此行对他们和全体希腊人的福祉都会加以关心照顾。和后来的佩蒂利乌斯·塞雷亚里斯一样,恺撒也曾宣称,他征服高卢是为了保护高卢人。奥古斯都大帝的崇拜者也认为,皇帝进行的征服是为了打造帝国的安全边界:奥古斯都也正是出于这样的原因,没有进行更进一步而又并不必要的领土扩张。

而与此同时,罗马人往往也对他们的战争和霸权感到矛盾。普劳图斯不但编排过埃皮埃库斯那个讽刺笑话,也在另一出剧作中安排了一名机灵的奴隶,借他之口嘲讽罗马人的"胜利"多么司空见惯:"伙计们，我没拿下一场胜利，不要惊奇。所有人都在赢，我对此却不感兴趣。"当时的罗马精英一方面对战争、战利品和外省税收带来的高额回报心动不已，同时也迫不及待要持续追踪这些丰厚回报，避免它们脱离掌控：元老院在前170年下手惩罚了卢克莱修在希腊的暴行；前171年，元老院下令限制西班牙的重税政策；在之后的前2世纪末，皮索及其后继者也同样颁布了一系列法律来抑制弊政。

对弊政的关切，就像虐行本身一样不会消失。在前71年的一场公民大会上，当选执政官的庞培坦率地承认了罗马在各行省的弊政，还承诺加以改革，赢得了热烈激情的掌声。但即便如此，政治因素与关系的盘根错节，都让那些犯法者胆大妄为，也让他们的伏法变得没那么容易，比如前151年至前150年间的卢库鲁斯和加尔巴，前106年抢劫托罗萨财宝的卡埃皮奥，还有在西西里岛施暴的维勒斯。和卡埃皮奥一样，维勒斯也溜之大吉，躲过了判决（当年的执政官庞培并没有出力搜捕维勒斯，尽管他曾发表了那篇演说）。最后，还有前68年至前67年间臭名昭著的喀提林，他在阿非利加行省的虐行举世皆知。而在冯特乌斯一案中，这位前1世纪70年代中期的山外高卢总督，他的善行也好，劣迹也罢，对于辩护人西塞罗而言都只不过是人为编造的所谓虐行，只因控告冯特乌斯的人都是外省人：此时高卢人被罗马征服仅仅过了数十年而已。

西塞罗的著作中，关于罗马帝国主义也反映出类似的矛盾态度，或者说是双重标准。不论公开场合还是私下场合，他都会赞颂帝国的荣耀和利益，但同时也清楚帝国的种种弊病。西塞罗在前70年控告维勒斯的时候，列举了维勒斯在西西里岛总督任上种种未受惩罚的不法行

第九章 评断帝国：罗马人与外邦人　229

径,还指控维勒斯举行过一场麻木无感的游行式。三年之后,西塞罗敦促选民授予庞培前所未有的宽泛职权,用以平定海盗。他在演说中坦率承认,以前的东部行省总督让当地人仇恨罗马的统治。西塞罗晚期著作《论责任》中也再三承认,各个行省常常惨遭罗马人的抢劫和暴政。他在前51年到前50年出任奇里乞亚总督的时候,也向元老院如此抱怨。作为奇里乞亚的行省总督,西塞罗必须与那个行事残忍而又令人尴尬的斯卡普狄乌斯打交道,此人也是布鲁图斯的收债人。西塞罗发现,无论是自己与布鲁图斯的高贵友谊,还是布鲁图斯本人的哲学原则,都不能阻止布鲁图斯支持斯卡普狄乌斯,也未能阻止布鲁图斯批评西塞罗为抑制斯卡普狄乌斯暴行而做出的善意努力(见第三章)。

其他罗马人,也意识到了罗马对待外省和外省人的种种过失。西塞罗同时代的年轻人萨鲁斯特就是个苛刻的道德家。萨鲁斯特晚年时期(此时他住在奎里纳尔山奢华的别墅花园里)就指斥罗马人特别是罗马精英,说他们抢劫和压迫被统治的各民族以及罗马平民。当然了,相比于外省人所受的摧残苦痛,萨鲁斯特终究还是更关心他的罗马同胞。迦太基的毁灭结束了所有外部危险:"奢侈之风开始惑人心智,祸乱罗马。"先是罗马贵族,然后是打胜仗的士兵,最后甚至连罗马城内的穷人都开始追逐财富和奢靡:这也意味着共和国的衰亡。

十年之后,李维给自己那部里程碑式的史著作序。他既评论了罗马历史的光荣,也向罗马人提出了警告——正是美德成就了罗马,铸就了帝国,但财富也带来了一发难收的腐败,"一直到了这个时代:我们既不能容忍自己的罪恶,也无法接受惩治罪恶的解方"。其他作家也纷纷撰文,抨击帝国的腐败势力。哲学家塞涅卡的外甥卢坎(有一段时间）是尼禄最宠幸的诗人。他撰写的史诗《法沙利亚》，开篇就用一篇立意鲜明的题录谈及了恺撒内战。与萨鲁斯特相呼应，卢坎指出，罗马在恺撒时代自以为是的那些失败都源自罗马的对外征服。由于世界霸权与变幻多变的命运，罗马人得以觊觎堕落腐化的财富、奢靡与淫邪，结果招来了嫉恨和互相屠杀（同在尼禄时代的罗马人佩特洛尼乌斯也以一则短篇史诗呼应了他的观点，谈的也是恺撒内战）。

2世纪初，塔西佗明确指出，即便新的罗马帝国政治不似之前的共和国那样压榨成性，仍有大把机会剥削外省人。这些机会有时得到了帝国政府的纵容，有时则没有。暴政会引发一场场大叛乱，正如21年的高卢人、28年的弗里斯人、尼禄时代的不列颠人。在上述案例以及其他案例中，塔西佗记下了被统治者显而易见的不满对象：严苛的总督和官吏，腐败，重税。塔西佗也详细记载了几次针对腐败总督的控告，之后相应的审讯（尽管并非总能得到审讯），还有几次皇帝或者大臣们居于其中的两难境地。一百年后，迪奥就坦坦荡荡地记述了帝国主义者的不法行径。比如说，奥古斯都大帝时代的罗马人大肆镇压潘诺尼亚人、伊利里亚人和日耳曼人，还有尼禄时代不列颠人遭逢的苦痛，以及图密善在北非对纳撒蒙部落的残忍屠杀。即便是在迪奥生活的时代，卡拉卡拉也对亚历山大里亚公民痛下杀手，只为报复他所受到的羞辱。

◇◆◇

令人惊讶的是，希腊和罗马的历史学家往往也乐于敞开胸怀，将那些对罗马的尖刻批评写进史著。恺撒本人就在著作里罕见地提到这部分内容。他用了一整段演说，记录前52年高卢大起义期间，高卢英雄维尔琴格托里克斯手下副官克里托格纳图斯的事迹。这位副官敦促高卢人团结在他身边，在被围困的阿莱西亚战斗到死。恺撒称这篇演说独一无二，认为其内容残忍之至，因为克里托格纳图斯主张，哪怕同类相食也要抵抗到最后一刻。不过恺撒还是在著作中称颂了此人的坚定意志和高贵品格，还有他的修辞之力，因为这些都同样适用于遭遇类似困境的罗马人。

除此之外他们还想要什么，还在追求什么？难道是他们出于嫉妒之心，希望定居在拥有高贵名望与军事实力的人民（罗马人）的地盘和国度？他们已经学到了这些名望与实力，也给罗马人加上无穷无尽的奴役和镣铐？就为了这一条准则，他们总是会为自己而战。

随后，萨鲁斯特让米特拉达梯的本都王国也来指责罗马人，"总是怀有向全世界各国、各族与列王开战的深厚恶习，对领地与财富有深入骨髓的贪欲"。罗马拥有的一切都是偷来的：家园、妻子、土地和帝国。罗马人已"成为全世界苦难的渊薮"，他们甚至抢掠并消灭盟友和朋友，认定所有不愿顺从他们的国家为罗马的敌人。"罗马人向所有人秀肌肉，那些带来最多战利品的国家和民族往往被罗马揍得最惨。胆大妄为、背信弃义与连绵战争，让罗马得以伟大。"数十年后，历史学家特洛古斯在他的世界史里记载，本都国王被迫再度臣服罗马的时候痛骂，罗马的整段历史就是犯罪、机会主义与贪婪的记录。罗马的建城者育自母狼："整个罗马人种都有狼的灵魂，他们嗜血永不餍足，饥饿欲壑难填，对财富与权力的贪欲无有竟时。"

塔西佗与迪奥接过了批判大旗。塔西佗的著作里反复引用被压迫的不列颠人的说法。而在岳父阿格里克拉的传记里，塔西佗记载说，布狄卡时代的不列颠人在布狄卡大起义前，彼此反复倾诉着对罗马人的憎恨；塔西佗《编年史》记载说，布狄卡在最后决战前曾提醒不列颠人，因为罗马人做过种种错事，不列颠人有权奋起复仇。最著名的宣言出自卡莱多尼亚将军卡尔加库斯之口，此人率军参战，与阿格里克拉麾下的罗马军团交手。战前，卡尔加库斯以雄辩滔滔怒斥罗马帝国的罪恶与贪婪。

他们是全球的掠夺者；一旦陆地上的抢劫所剩无几，他们就会把目光转向海洋。如果敌人有钱，他们就贪婪异常；如果敌人穷苦，他们就渴求权力。东方和西方加起来也不能满足他们的胃口：他们既贪恋巨富之地，也觊觎赤贫之土。抢劫、屠杀、强盗，他们谎称这是帝国。每当弄出千里赤地，他们就称之为和平。

历史学家迪奥浓墨重彩地撰述了布狄卡引领的不列颠大起义，借女王之口激情满怀猛烈抨击，尽情讽刺罗马帝国的镇压政策与道德堕落（特别是尼禄本人的道德堕落）。迪奥笔下的主题与之前的历史学家大体相同，但并不是文字叙述上的模仿，只是因为外邦人所受的冤屈数百年来都没有改变。

当然了，这些厉言指责不大可能与现实对应得严丝合缝，即便一两个战俘对他们听到或看到的东西也只是口耳相传。既然斥责之言被历史学家写进了作品,它们就非常重要。即便历史学家对帝国主义怀有好感,他们还是希望自己能和不同时代的读者一起,从那些受苦受难而非既得利益的族群的角度,来看待这个帝国。在讲述帝国罪恶的时候,他们自然也在显示自己的文学技艺。这些公开的斥责固然很少,但是它们与历史学家揭露罗马帝国弊端的意愿相吻合,也为历史学家的作品注入了完全的生命——尽管罗马自己也在努力纠正这些弊端,但这些弊端依旧存在。

第十章

抵抗

集美德与罪恶于一身的罗马帝国,其统治从来都不缺少挑战和抵抗。抵抗的形式多种多样,最严重就是反叛。奥古斯都时代以降的数十年里,罗马都不缺少大大小小的叛乱。恺撒征服的三高卢族群——阿奎塔尼亚、卢格敦高卢、比利时高卢——都没有立即屈服:奥古斯都的女婿兼执法者阿格里帕在前38年扑灭了阿奎塔尼亚的几场叛乱,十年之后在高卢东北部也同样平叛有功;此后在前27年,罗马宠臣瓦勒里乌斯·梅萨拉·科尔维努斯(那个疯魔成性的沃勒苏斯的远房长辈)也庆祝自己几次战胜了桀骜的高卢人。两代人之后的21年,高卢贵族背负巨大债务压力。显然这些都是对罗马金融家的欠债,于是几大高卢部族引发了一场短暂但严重的叛乱,其中就有罗马视为"兄弟亲朋"的高卢中部的阿杜伊人,还有莱茵兰下游的特雷维里人,这是两个强悍有力的部族。出于家族荣耀而非历史事实的考量,48年克劳狄乌斯皇帝在元老院坚称,恺撒对高卢的征服带给了罗马"一百年之久的忠诚与服从"。

　　罗马每完成一次征服,被征服的地方在最初数十年里往往会发生叛乱。远至前197年至前195年的西班牙,还有奥古斯都时代的埃及都是如此(平定埃及叛乱的是诗人长官科尔内利乌斯·加鲁斯,称颂他的碑文至今还留有一块)。前50年到前28年的高卢叛乱蜂起,6年到9年的潘诺尼亚和达尔马提亚也叛乱频仍,最后就是最著名的日耳曼部族举叛。9年日耳曼那场"自由政变"之前,罗马刚刚征服了达尔马提亚与伊利里库姆。这两个地方也爆发了叛乱,领导这两地叛乱的当地领袖都叫巴托,两地的叛乱都源于奥古斯都大帝大举招募卫队士兵和加重税收(见第五章)。根据历史学家迪奥的说法,达尔马提亚的巴托在投降之后解释说："你们罗马人理当被谴责，因为你们派去保卫牛羊的不是牧犬也不是牧人，却是恶狼。"这堪称是对罗马史上如此多叛乱的上佳描述。6年到9年的战争，被传记作家苏埃托尼乌斯描述为汉尼拔战争以来罗马最大规模的战斗。就是在这场战争结束之后，日耳曼才趁势崛起。

正如这些叛乱以及其他案例显示的那样，帝国税收以及税收的征收方式乃是四方不宁的普遍起因，即便这些叛乱并不总是升级为帝国统治的重大挑战。许多暴乱据闻也只是东拼西凑的杂牌军，比如克劳狄乌斯时代毛里塔尼亚的那次叛乱。毛里塔尼亚一直以来都是多事之地，居民一部分是来往不羁的游牧部族，还有一部分是阿特拉斯山脉的定居者，向来都是倡乱之源。这个地区得益于忠于罗马的城邦沃卢比利斯的帮助，整体赢得了罗马公民权（有碑文为证）。80年左右，毛里塔尼亚地区爆发的第二场叛乱也被平定下去，正如那位精明能干的长官维利乌斯·鲁弗斯身后的碑文所记（前文在提及图密善多瑙河战争的时候已有述及），他借助阿非利加行省和努米底亚行省的士兵完成了平叛。2世纪中叶，安东尼·庇护的统治大体平静，但也夹杂着几个行省内爆发的数场叛乱，叛乱地区令人震惊：不仅仅毛里塔尼亚再度发生叛变，达奇亚、犹太、埃及甚至是希腊都扯起了叛旗，尽管相关细节并未留存。如前所述，毛里塔尼亚在马可·奥勒留时代甚至比之前更加反叛；同样的情况也发生在埃及，尼罗河三角洲的牧人武力起事，也许是为了抗税，抗议罗马过度征税，或是抗议罗马夺取他们的居住地。艾维迪乌斯·卡西乌斯镇压了这些叛乱，但是遍布埃及的不满情绪并未因之缓解，重税与强制劳役让该地怨声载道。这是整个

第十章 抵抗　237

罗马帝国纳税最重、剥削最甚的行省，这种情况一直延续到罗马帝国晚期。

奥古斯都大帝去世之后不久，努米底亚与阿非利加行省交界地带的半游牧部族对罗马人的侵掠怒不可遏，最终爆发了17年到24年间连绵不绝的抵抗运动。他们的领袖叫塔克法里纳斯，是一个逃兵，他所在的部落穆苏拉米都是努米底亚与阿非利加两省南部地区的农村居民。这并不是穆苏拉米人第一次（或是最后一次）起事，但却是最严重的一次：其他边境游牧民族也断断续续加入了叛乱，甚至远至毛里塔尼亚。穆苏拉米人抢掠了周边数省，还袭击了罗马要塞。22年，塔克法里纳斯向提比略提出议和，条件是他本人及追随者要拿到土地。他们也申诉了种种冤屈：罗马压榨他们祖居地，对他们施加苛捐杂税，还割取行省的地产利益。提比略毫不意外地拒绝了和议请求。叛乱平息以后，从昔兰尼加边缘到大西洋的广阔边境地带，之后的几百年里只断断续续地发生过零星事端。克劳狄乌斯时代，穆苏拉米人再次拿起武器反叛，但之后还是归于平静。在非洲更南的广大地区，绝大多数部族也与罗马爆发了一轮轮的冲突。这些人居住在沙漠边缘灌溉良好的土地上（今天这些地方已经大为荒芜），著名的有加拉曼特人、加埃图利人和纳撒蒙人，他们一直都是罗马帝国征税的诱人对象。一如往常，罗马对他们颇为严厉。85年或86年，纳撒蒙人的叛乱被血腥镇压，以至于图密善向元老院夸口说，"我已经禁止纳撒蒙人再存活于世了"（幸运的是，皇帝只是夸口罢了）。

仅次于暴乱的问题是盗匪，因为帝国本身并不比其他地区或是其他国家更自由。意大利本身就问题重重：早在前30年代中期，身为后三头同盟之一的屋大维就不得不在意大利发动大规模的军事行动，解决内战引发的抢劫难题（包括自由公民被绑架的问题）。不过，意大利半岛的盗匪与流寇根本不可能完全肃清。小普林尼的某个朋友，在小普林尼不甚明智地赠予他4万塞斯特斯之后，就在科姆到罗马的路上人财两失了。小普林尼对另一位朋友也大为挂怀，担心这位朋友近期可能会在翁布里亚遭遇同样的命运。同样在意大利，一百年后出了一个魅力过人的领袖，名为布拉·菲利克斯（也可能是绰号）。菲利克斯带着600人的匪帮，骚扰了连接罗马与布林迪西之间的条条大路，他的追随者既有逃跑的奴隶，也有落入赤贫的帝国释奴（根据卡西乌斯·迪奥的说法），可以肯定的是这些人都来自农村地区。布拉曾向罗马当局表示："供养您的奴隶，以免他们落草为寇。"布拉的劫掠持续了两年之久（203年到205年），之后他被俘赴死。

盗匪、贼寇对旅行者的杀戮，这类痛苦的事件在帝国境内各处墓碑上都能看到。退役的军队工程师诺尼乌斯·达图斯在150年或是151年大概也蒙受了相似的厄运。早期的一篇铭文主要讲述了，他在毛里塔尼亚海岸的萨尔达伊（今天阿尔及利亚的贝贾亚省）重建一座设计不善的引水渠。达图斯几乎是不经意间提到，他在从南方三百千米开外的兰巴埃西斯前往萨尔达伊的时候，"在路上我遭遇了盗匪。这帮人裸体带伤地冲出来，我只得带着团队落荒而逃，跑到萨尔达伊"。不出十年，福伦托正仔细筹备亚细亚行省的统治事务，他提名了一名军中朋友做他的副官，因为此人有肃清盗匪的经验。在罗马帝国境内，哪怕是最太平的土地也不能免受盗匪的蹂躏。

马可·奥勒留时代，多瑙河大战进行的同时，巴尔干诸行省也遭到攻击,那里的罗马军队大为紧张。一系列事态引发了严重的暴乱,抢掠成性的蛮族匪帮与愤愤不平的当地人合流,四处劫掠破坏。2世纪70年代,马可·奥勒留手下令人生畏的将军瓦勒里乌斯·马克西米亚努斯肩负各种任务:击败入侵的纳里斯塔埃人,还要将"一股布里萨伊人盗匪"逐出马其顿与色雷斯的多山边境地区。乍一看来,盘踞山地的布里萨伊人无疑也备受纳里斯塔埃人和科斯托博契人这类入侵者的困扰;有些布里萨伊人也许还是"达尔马提亚与达尔达尼亚盗匪"的一部分——达尔达尼亚是色雷斯境内毗邻马其顿的地区。就在同一时期,困难重重的帝国当局也从这些地区征兵应急。旷日持久的北方战争压力不小,即便它们远在高卢和西班牙,也还是给这些地方带来了麻烦。值得一提的是尤利乌斯·马特努斯火箭般蹿升的职业生涯。这个高卢军队的逃兵在180年打造了一支日渐壮大的强盗队伍,或者干脆说就是一支军队。马特努斯麾下的盗匪纵横欧洲,抢掠范围遍及高卢,甚至远及西班牙。据说,他的军队还强大到可以攻取城市(尽管史料并未记载是哪些城市)。动乱一直到马特努斯头脑发热、计划混进罗马节庆队伍刺杀康茂德才告结束:马特努斯的侍从背叛了他。马特努斯一死,群龙无首的盗匪军队就烟消云散了。

◇◆◇

奥古斯都大帝去世以后,罗马帝国经历的起义动荡一场大似一场。罗马入主之初,不列颠就经历了两次大起义,起因还是罗马官员的铁拳剥削(总是如此)。47年,军团长奥斯托利乌斯·斯卡普拉决定将不列颠南部刚刚被征服的各民族武装，这一做法激怒了诺福克地区剽悍的爱西尼人。很快，爱西尼人的起事就得到了其他部族的响应。要解决爱西尼人的麻烦，罗马必须剿抚并重。比如说，将爱西尼人作为罗马独立的盟友。但在十四年后，爱西尼王普拉苏塔格斯去世，罗马就结束了怀柔政策。行事不择手段的罗马代理人卡图斯·德西亚努斯对这个王国大肆掠夺，尽情洗劫，寡妇女王布狄卡与女儿们也遭受虐待。罗马殖民者在坎努罗杜努姆变得贪得无厌，不列颠南部贵族欠下罗马金融家（比如百万富翁哲学家塞涅卡）巨额债务，其他种种冤屈引爆了布狄卡女王领导的那场著名反抗。

不过，布狄卡之乱似乎就是不列颠反抗罗马的最后一场大规模本土叛乱。罗马的腐败与专横之举并未停止。61年的时候，阿格里克拉还是军团军官，而在他成为军团长之后，也见证了这些腐败和专横。不过，罗马并未抑制不列颠的持续繁荣。不列颠的精英因公民权获益，也得到了行省总督很多的支持，他们的规模逐渐扩大，文明稳步开化。随着时间的推移，他们起兵造反的理由比被征服早期变少了。如此一来，后续的叛乱者就变成了野心勃勃的行省总督，他们怀着成为皇帝的念想扯旗自立：其中就有193年到197年间，塞普蒂米乌斯·塞维鲁的劲敌克洛狄乌斯·阿尔比努斯，还有在一百年后那个脱离罗马自立的卡劳修斯（两个人都不是不列颠罗马人）。

比布狄卡大起义声势稍逊但持续时间更长的，是莱茵兰与高卢东北地区在罗马"内战年"（69年）双双爆发的叛乱。莱茵河三角洲的巴达维亚人受到罗马专业的外省辅助部队过度催逼，变得怒不可遏。他们在极具魅力的独眼贵族尤利乌斯·西威利斯（伦勃朗的画作让他不朽）的领导下奋起反抗，攻打莱茵河下游地区分散驻扎的罗马军队。莱茵兰地区的大批军团卫队正远赴意大利为他们的皇帝维特利乌斯作战，这让西威利斯得以取得足够多的军事胜利，吸引罗马边境外日耳曼部落的帮助。同时，其他莱茵兰人也不那么情愿地加入了叛乱，比如阿格里皮娜殖民城。

军事上的胜利鼓舞了特里尔人、林贡斯人，还有东北高卢的一些更小的部落。他们趁机宣布从罗马独立，甚至宣称他们正在建立"高卢帝国"——就像巴达维亚人西威利斯一样，高卢人的举叛首领也是罗马化程度尤深的当地贵族。这对特雷维里人尤利乌斯·克拉西库斯与尤利乌斯·萨比努斯而言尤其如此。这两个人，前者似乎很向往成为高卢皇帝；后者自称是尤利乌斯·恺撒之后，或许是恺撒在高卢的情妇之后。随着莱茵兰地区孱弱不堪而又士气低落的罗马军团投降并宣誓效忠"高卢帝国"，莱茵兰地区的叛乱进入了高潮（也是因为这一点，这些罗马军团后来被削除番号）。

尽管这一运动的口号和诉求都很堂皇，但还是一如往常，未能进一步延烧到整个高卢地区。69年末，韦斯巴芗赢得内战的最终胜利，他第一时间派出亲戚佩蒂利乌斯·塞雷亚里斯带着另外一名指挥官，统领新的军团挥师北上，在一年之内平息了莱茵兰与高卢地区的叛乱。依照奥斯托利乌斯的模式，罗马人剿抚并用，以军事实力与司法宽厚的两手策略摆平了叛乱。巴塔维人妥协了，甚至得以保留自身的特殊地位。这次叛乱是高卢地区的最后一次外省人暴乱，尽管后来野心勃勃的军队统帅还是会掀起军事叛乱，时不时地打破了罗马世界的太平，就像不列颠等地。其中一次由下德意志地区新莱茵兰省的军团长安东尼乌斯·萨图尔尼努斯发动：89年，此人发兵对抗图密善，但在短短三个星期之内就被上德意志地区冷漠以待的军团长扼杀。下一个独立出去的"高卢帝国"一直要到260年才出现，其诞生背景也已经完全不同了。

◇◆◇

更具破坏性的叛乱则由东部的犹太民族发动，时间在尼禄与哈德良执政之间。在犹太地区，一连串长官的弊政让本地人愤怒不已。庞提乌斯·彼拉多只是最臭名昭著的那一个，但还不算是最糟糕的。即便是在41年到44年间大希律王的孙子希律·阿格里帕短暂复辟犹太王国之后，犹太行省的事态也并未平息下去。犹太人最后还是在66年揭竿而起，反抗沉重的赋税。与大起义相伴而来的还有沉重的社会压力，希腊人与犹太人之间爆发的仇杀冲突，特别是在恺撒利亚·马里蒂玛，还发生了犹太人反抗嗜暴成性的长官格西乌斯·弗洛鲁斯的战斗。此人试图没收耶路撒冷圣殿的财富，冲抵犹太人积欠的税收。与犹太大起义相伴的还有各种宗教革命运动，获名"奋锐党"。他们在约瑟夫斯的领导下起事，热衷于恢复早期犹太人的地上天国。各式犹太叛乱团体之间还爆发了内讧，尽管他们还要对付罗马人的反击。

弗拉维乌斯·韦斯巴芗固然是个称职的帝国将军，但在67年，手握五个军团的他在犹太地区发动的反击仍然推进得缓慢。韦斯巴芗的战术战法井然有序，加上68年到69年间意大利发生了一系列政变内战，最终使他在69年7月逐步登上皇帝之位，并在五个月后打赢了内战，这也意味着犹太战争一直持续到了70年。韦斯巴芗之子提图斯彻底扫荡了耶路撒冷，摧毁了圣殿，再也没有将其重建。有些孤立的犹太要塞支撑的时间更长一些，最著名的是死海之滨的沙漠据点马萨达，但是这种抵抗也无关大局。犹太行省为此付出了十分巨大的代价，大部地区都在围城战、军队蹂躏与大规模奴役中备受摧残。

犹太人第二次大起义爆发于五十年后，其时已是图拉真统治末期。这场起义不但在犹太地区如火如荼，还延烧到了邻近各地的犹太人离散部落，比如塞浦路斯、昔兰尼加、埃及，那里的犹太人与占据统治地位的希腊居民再次爆发冲突。马尔西乌斯·图尔博作为图拉真手下最得力的将军之一，花了很大精力才将埃及的起义镇压下去。尽管这次起义的相关事件只是零散地记载于现存的古代著作里，但是草纸书文件和部分铭文还是向我们展示了这场大起义有多么激烈：昔兰尼城周边的公共建筑与道路被摧毁，埃及中部的文官都应征入伍以对抗当地的起义者，厄木波利斯的民兵卷入了该地的场场战役，退伍老兵后来都作为新的殖民者被派往昔兰尼等地，补充各地的人口损失。远在塞浦路斯的萨拉米古城也遭摧毁。历史学家迪奥宣称，昔兰尼的叛军屠杀了22万人，塞浦路斯叛军干掉了24万人。尽管他的说法颇为夸张，但两边伤亡人数无疑都很多。罗马新征服的美索不达米亚也是如此，那里的犹太居民与其余居民一起在116年大举叛乱，图拉真只得让另一位顶尖将领、毛里塔尼亚人卢修斯·库页图斯终结这场叛乱，与之相伴的当然是一场屠杀。卢修斯本人似乎也靠着这场平叛，成为犹太地区的军团长。他在犹太地区任职期间似乎也防止了该省爆发叛乱，但是太平时日并未持续多久（他就是118年因疑心而被处决的图拉真四将军之一）。犹太地区的相对太平也只延续了十五年而已。

第三次犹太大起义发生在132年到135年之间。有关这次起义的唯一文献记载，只有历史学家迪奥那部鸿篇巨著里的寥寥几语。不过，起义军铸造的钱币，还有起义军领袖西蒙·巴柯巴收藏的信件，都给这次起义增添了不少细节。据说，起义的诱因是哈德良皇帝颁布的割礼禁令（有学者质疑这次禁令的真实性），以及131年罗马人在已经夷平的耶路撒冷遗址上修建新殖民地阿埃利亚·卡皮托利纳，还在这里建起朱庇特神庙。对弥赛亚降临的宗教狂热也是起义的另一大诱因：这次起义的宗教领袖就是拉比阿基巴，他之前已经是犹太教和犹太神父里德高望重的人物，正是他宣布军队领袖、柯西巴之子西蒙，就是弥赛亚巴柯巴，也就是"星星之子"。这颗星星也刻在了叛军的硬币上，同时还流传着耶路撒冷大解放的传奇故事。

根据现存史料证据，这场叛乱主要发生在犹大地区的中南部，北部的加利利地区程度就要轻一些。起义初期取得了几场胜利，其中一次胜利（似乎）事实上摧毁了罗马第二十二德尤塔卢斯军团。不过，这次起义还是没能免于罗马帝国的大规模反扑。罗马人调集了远至多瑙河边境地带的12个军团或者部分军团，由哈德良手下最得力的将军尤利乌斯·塞维鲁统辖，此人刚刚从不列颠衔命而来。犹太人饶具策略地反抗罗马人的镇压，直至135年，起义才归于失败，而沙漠中的几个据点依然在负隅顽抗。起义领袖没有人存活下来：巴柯巴在战争中阵亡，阿基巴也被处死。迪奥在著作中写道，犹太地区的50座城市和985个村庄都被摧毁，战争中有58万人死于非命，土地也都抛了荒。迪奥统计的死亡总数毫无疑问来自罗马人的估计，如果这个数字不仅仅包括战场上的伤亡,还包括其他因战争而死的人,那么就相当可信了。犹太地区至此分崩离析,加利利以外的现存人口要么离散,要么为奴。阿埃利亚·卡皮托利纳也向剩余的犹太人关闭,每年只允许一天他们可以进入。犹太行省本身也不复存在,罗马人将其改为叙利亚·巴勒斯坦行省。从此之后,罗马统治之下的犹太再也没有发生大的叛乱。

第十一章

罗马如何成为罗马帝国?

塔西佗记录了阿格里克拉在不列颠行省的文化改造工程，这也是古代文献中仅见的罗马人鼓励外省人接受罗马生活方式的记载。尽管老普林尼的赞词也已经清楚昭示了这一点（见第九章）。目前并没有其他行省总督或高阶官员的传记存世，因此有关阿格里克拉的做法是否罕见、是否独特，所有的争论都不可能有最终的答案，也将一直争论下去。不过，罗马帝国政府认识到向外省人展示罗马生活方式的好处，这一点在塔西佗的著述中有所体现。为什么罗马要在49年的坎努罗杜努姆建立退伍老兵为主的殖民地，塔西佗的回答是："建此殖民地，以巩固平叛力量，引导外省人履行法律职责。"——尽管这两项任务从一开始就以悲惨的失败告终（傲慢自大的殖民者与他们的城市都在61年被布狄卡连锅端了）。第二年，也就是50年，莱茵兰的阿格里皮娜殖民城在奥皮杜姆·乌比奥鲁姆建成，这里是乌比人的主要城市。阿格里皮娜殖民城从一开始就是一个更为成功的据点，尽管这里的市民在70年被迫加入了巴塔维人的叛乱，但他们还是拒绝伤害本市的罗马殖民者。市民表示，通婚已经让本地居民与罗马定居者合而为一。很快，阿格里皮娜殖民城就重新宣布忠于罗马。

塔西佗在著作中明言，他的岳父阿格里克拉发现有大量不列颠人诚心归顺罗马（对塔西佗而言，甚至有点过度诚心）。对外省社群而言，在一定程度上接纳统治者的文化方式会获得罗马人对他们的认可（一旦与那些不接受罗马生活方式的邻国发生纠纷，还可能得到罗马人的偏袒）。除此之外，正如塔西佗坦言，希腊和罗马文明本身就有许多特色颇具吸引力。时至前100年，希腊学很自然地成为修辞学，吸引了西班牙南部不少志存高远的学生，他们在比提尼亚语法学家阿斯克莱皮亚德斯的教授下勤奋向学。拜内西班牙总督所赐，罗马的法律语言与法律概念也在同一时期影响了凯尔特·康特雷比亚人。前1世纪70年代的科尔多巴还只是个混杂了本地人与罗马人的外省小镇，但就是这么个小镇也出现了土生土长而且教育程度甚高的几个诗人，称颂当地的行省总督梅特鲁斯。

以罗马为蓝本建造城市公共设施，也是各地显贵邀宠获誉的现成办法，正如阿格里克拉治下的不列颠精英所做的那样。36年，迦太基城西南120千米处的图加镇（今天的沙格镇）就已经配备了富丽堂皇的广场、神庙，还有已经追封为神的奥古斯都大帝的祭坛，以及其他恢宏的建筑。经手这一切的是赞助人波斯图米乌斯·齐乌斯，一个确凿无疑出生于当地的罗马公民。这些设施上的题词骄傲地记载着，这些都由齐乌斯"自己出钱修筑"。在图加镇以西300千米、临近努米底亚首都锡尔塔的地方，有个建于陡峭山坡的小城提迪斯。在2世纪与3世纪，这个小城也在当地精英的主持下建起了公共建筑与雕像，其中最著名的建设者就是修建了"安东尼长城"的洛里乌斯·乌尔比库斯。此人也为自己的家族兴建了宏大的环形陵墓，这座豪华陵墓至今仍然矗立在小镇之外，那里一定是他们的家族产业。一百年后，提迪斯出现了另一位恩主科切伊乌斯·法乌斯图斯，从名字来看，此人祖先的公民身份可以追溯到96年到98年间的罗马皇帝马库斯·科切伊乌斯·涅尔瓦。类似的慷慨之举在帝国境内非常普遍，甚至一直延续到帝国后来那些艰难的岁月里：最近发掘于萨迪斯（亚细亚行省主要城市之一）的一篇211年的铭文显示，该市最近大肆庆祝了一座宏大浴室-体育馆外层的镀金工程，提供资金的正是两名祖上曾担任执政官的女性：安东尼亚·萨比娜，弗拉维娅·波利塔。

一种古老的观点认为，帝国政府是在西部行省、北非和巴尔干地区主动推行了所谓"罗马化"计划。今天的学界已经不再将这种观点视为理所当然了。外省人主动选择了罗马化的生活方式（尤其是语言），这种选择早在前100年的那些旧行省中就已经非常主动了。从意大利而来的定居者在各大行省安家落户，帝国的各个角落连绵不绝地建起一个个罗马殖民地和其他城市中心，再加上自恺撒时代以来，意大利以外的个人与社区都越来越多地得到了拉丁公民权与罗马公民权，这些都给外省人树立了足够多的榜样，促使他们效仿并炫示罗马文化。对于外省人而言，接下来的事情就顺理成章了：随着时间的推移，他们期待得到承认，并且得到回报。

至于什么时候能得到罗马人的承认、外省人又会得到什么样的回报，这在很大程度上要取决于罗马的当权者是谁。如果外省有一到两个富裕的实权人物正在罗马任职，往往也能对这个外省有所帮助。如前所述，前49年恺撒在加的斯普发公民权，肯定也得益于加的斯头面人物巴尔布斯与独裁官本人的密切友谊（即使并不能完全归功于此）。40年左右，山外高卢的维也纳得到了"罗马公民权的丰厚恩赐"（克劳狄乌斯皇帝如此认为），正是拜当地显贵瓦勒里乌斯·阿西雅迪库斯所赐，这个人在35年和46年两度出任执政官。这项德政甚至一直到阿西雅迪库斯后来失宠于克劳狄乌斯之后还得以保留。44年，克劳狄乌斯本人也为毛里塔尼亚的瓦卢比利斯市居民欣然授予公民权和其他特权，酬谢他们帮助罗马镇压本地叛乱。这件事之所以能办成，也要归功于当地头面人物瓦勒里乌斯·塞维鲁亲往罗马进行请愿（其父博斯塔尔有一个布匿名字）。西班牙的普通外省社区之所以在73年升格为拉丁地区，也许要归功于韦斯巴芗的密友兼近臣李锡尼乌斯·穆西亚努斯。如前所述，穆西亚努斯本人大概也是个西班牙人。阿非利加行省苏尔特湾的吉格提斯本已成为拉丁自治市，也在2世纪40年代获得了拉丁公民权，这在很大程度上要感谢该市的优秀市民塞维里乌斯·德拉科·阿尔布西亚努斯，这也让该市的所有元老（不仅仅是长官）都成了罗马公民。

授予罗马公民权或是拉丁权，体现的是罗马各级当局最感兴趣的事：让外省人在政治上服从管理，而且能更好地合作。这些都是帝国政府的举措，比各省总督的教化行为更有说服力。如果一个社区能更熟练地运用罗马语言，使用罗马法律，遵循罗马的教育规制，采行罗马的宗教仪式，那么它应该也能更可靠地定期缴纳税收，推行罗马的关键性法律（尤其是有关财产权、继承权和商业的法律）。无论城市还是农村，帝国各地社区都由当地的精英统治，这些精英也成为帝国推行激励政策的主要目标。阿格里克拉与他的女婿兼传记作者都将这种相互作用视为天经地义：总督阿格里克拉把重点放在罗马文化的教化上，特别是修辞学上，而作家塔西佗则以讥刺的语调列出了一系列由此产生的"罪恶"。石柱廊（奢华别墅的代称）、浴室、奢华的晚宴，这些只有富裕的不列颠人才能消受得起。作为昂贵的服饰，此时的托加袍也主要穿着于官方场合。

这套方略当然也非常有效。如果普通市民也开始用简单的拉丁语交谈，使用罗马青铜或是白银货币以及其他帝国造物，比如罗马度量衡、罗马建筑技术，那么他们就能够同罗马商人和官员打交道了。毫无疑问的是，罗马总督与当地精英乐于见到这种涓滴效应。只不过，这种程度的"罗马化"仅仅停留在个人事业层面，不大能下沉到一个行省90%的人，更不用说居住于城市以外的人了——他们与罗马当局和罗马文化的联系非常有限。对于普通外省人，尤其是乡村居民而言，掌握一些拉丁语和少量罗马文化的最流行手段，还是应征入伍成为卫队士兵，如果在东部行省他们也可以选择加入罗马军团。

与罗马人社区临近也会促成文化趋同。克劳狄乌斯皇帝在46年写在青铜石板上的一封敕令至今犹存。皇帝在敕令中宣告，他将授予特里登图姆（今天的特伦托）以北的三个阿尔卑斯山小社区以罗马公民权。这样一来，罗马公民的范围就抵达了山内高卢地区的最北端。这几个社区不但早就自认为是罗马人，而且按照特伦托人的说法，"除非将他们的繁华市容弄得破败不堪，否则不可能将他们赶出特伦托"。事实上，克劳狄乌斯皇帝还补充说，来自这三个社区的人可以进入罗马军队百人团，其他人则选入皇帝的近卫军（这件事他已经得知）。有幸进入近卫军的人，有的会成为百夫长，也会有少数（显然是有钱人）进入罗马备受敬重的陪审团。这一切都令皇帝感到惊讶——准确地说，前面几任皇帝对此也并不知晓。

◇◆◇

希腊与近东地区沐浴在教化万民的希腊化文化中已经很久了，也已经习惯说希腊语，特别是那些高度城市化的地中海沿岸地区。罗马人的生活方式长年受希腊化影响，因此形成了一套完全不同而又更为精细的文化影响。造访或定居地中海东部地区的意大利人、罗马殖民地的定居者、前往意大利参观的东部行省居民,还有在罗马军团或卫队里服役的人,所有这些人都让外省进一步罗马化。再加上外省人需要与罗马统治者打交道。不论是在当地还是在罗马城,这些统治者通常都性情和善,但也会有例外。

对罗马皇帝的狂热崇拜,源自希腊与东部各地的宗教模式(下文将述),这也是东部行省罗马化的最大特征,再加上罗马公民权的普及,东部居民有人进入元老院,也有人成为骑士等级的精英。像是普鲁塔克、阿里安、阿庇安、迪奥这样的作家,他们都将这种文化二元性视为理所当然:身为东部地区已经罗马化的上层希腊人,他们很轻松就可以与意大利人和西方显贵结交,出任公职或祭司之位。他们往往在自己的故土身居要职,也会出任罗马的高阶官职(普鲁塔克除外)。另外一个有名的罗马化东方人是马可·奥勒留的希腊语教师兼密友,或许还是史上最富裕的雅典人,赫罗狄斯·阿提库斯(全名是维布利乌斯·西帕尔库斯·克劳狄乌斯·阿提库斯·赫罗狄斯。像同时代的许多罗马人一样,他有两套全名)。他的一生非常忙碌,其中包括143年出任执政官的经历。赫罗狄斯的妻子阿皮娅·安妮娅·雷吉拉,出身于2世纪以来罗马最高的社会阶层(雷吉拉的亲戚中,有安东尼·庇护与马可·奥勒留两任皇帝的皇后),她最终死于非命,这一丑闻曾让赫罗狄斯备受非议。赫罗狄斯曾慷慨赞助雅典娜女神节等节日,还为希腊全境各个城邦与祭祀中心慷慨修建了一系列建筑项目(今天雅典卫城下面已复原的剧场就是其中之一)。身为演说家与知识分子,赫罗狄斯也赢得了广泛的名声。

与赫罗狄斯几乎同时代，阿波诺忒伊库斯的亚历山大也魅力过人。尽管表面上看并不是罗马公民，亚历山大还是一方人望。正是他成功开始了这座小亚细亚沿海城市（现在黑海边的伊内博卢）的蛇神崇拜。不但当地的虔诚者对他奉若神明，就连不少有头有脸的罗马人也对他倍加崇敬，其中就有不走运的塞达狄乌斯·塞弗里亚努斯（见第六章），据说还有马可·奥勒留手下参与多瑙河战事的指挥官——尽管照那位怀疑主义讽刺作家琉善的说法，此人乐观满满的预言促成了罗马人的一场场灾难。但很显然，亚历山大打造的蛇神格利康在东方人和西方人中间都很受欢迎；不但如此，题献铭文与画有格利康的硬币都证明，蛇神崇拜不但传到了远至多瑙河诸行省和叙利亚等地方，而且还比先知本人活得更长，一直延续到3世纪（那条最初的蛇大概也活到了这么久）。

浴室与体育馆等城市公共设施，长期以来都是希腊各城邦的标志，但它们正是在罗马统治时期才得以在规模、数量与便利性上有所提升。从奥古斯都时代开始到3世纪中叶，由于地中海东部地区长期和平，大型公共工程加速兴建，尤其是从2世纪以来。比如以弗所那条长达500米的大道；而安条克那条大道更是以弗所的4倍多长。同样在以弗所，当地人尤利乌斯·阿奎拉·勃利马埃亚努斯（110年的执政官）在图拉真时代修筑了塞尔苏斯图书馆，并以他父亲的名字命名（父亲塞尔苏斯曾在92年成为最早生于亚细亚行省的罗马执政官）。叙利亚南部的富庶小城格拉萨（杰拉什）到200年时已经有了自己的廊柱大街，新建了一个宙斯庙、一个祭祀城市主神阿尔忒弥斯的巨大神庙（这两个神庙都修筑于2世纪末）、两座附带裙房的罗马风格剧院，还有两座建于哈德良时代或更早时期的巨型拱门。

与以弗所、格拉萨和其他东方中心城市相似的是，更东边的绿洲古城帕尔米拉城也拥有自己高拱华饰的大街、气势宏伟的神庙。这些神庙都于1世纪到3世纪间修建或改进。帕尔米拉人的崇拜对象堪称一座万神殿，无论是美索不达米亚、腓尼基、阿拉伯、希腊还是罗马的神祇，他们都照单全收。不仅仅是罗马殖民地，一些东部城市也玩起了罗马人的另一项消遣活动，那就是角斗士格斗。少数几个城市有自己的专属露天竞技场（罗马人的发明），比如科林斯、帕加马、萨格拉塞斯和亚历山大里亚。但其他几个城市的角斗士表演仍在现有的剧场进行，只是略加修整以适应角斗士表演，就连雅典的狄奥尼索斯剧场也不例外。这让小普林尼与普鲁塔克同时代的修辞学家兼哲学家迪奥·克里索斯托姆非常厌恶。

◇◆◇

罗马文化的借鉴影响常常与各地文化的生命力融合在一起。无论在东部行省还是西部行省，当地的艺术风格都适时吸收了罗马的影响，就像曾经的希腊风格艺术。在小亚细亚的卡里亚，距离以弗所150千米的内陆地区，阿佛洛狄西亚斯老城发掘出了丰富的卡里亚大理石遗存，它们从很早就开始加上罗马人的趣味。该城不但出现了异彩纷呈的高雅雕像与建筑，时间下至5世纪（包括朱里亚－克劳狄王朝各大人物的生动画像，比如克劳狄乌斯、小阿格里帕和尼禄），而且当地雕塑家的足迹远至奥林匹亚和罗马。形制略显简单但同样生动的艺术风格，也在多瑙河这种边疆地区涌现：比如默西亚的特罗帕埃乌姆·图拉真尼（邻近多瑙河三角洲的阿达木克里希），那里在109年建起了大型圆柱纪念碑，上面描绘了图拉真在达奇亚战场上的详细战斗场面，气势恢宏又活力四射。这些纪念碑别开生面又彪炳煊赫，展现了罗马帝国对战争和征服的赞颂。

1世纪末，在高卢与莱茵兰的大部地区，凯尔特-罗马混合形态的新型宗教建筑得到发展，今天我们习惯称之为"法努姆"（圣所）。这些圣所建造于已有的凯尔特圣地上，绝大多数现在都只能靠航拍照片才能辨认出来。它们的规模大小不一，但却整齐划一地拥有一座或环形或方形或八边形的塔楼，周遭则是四边形的有顶柱廊。人们通常认为，这些法努姆都源于前罗马时代形制更为简单的木质建筑，后来加上了专为游行仪式而建的环塔楼柱廊；不过，学界的争论仍在继续，这些法努姆中进行的仪式也好，信仰的教义也好，这些具体内容都尚不清楚。不过可以肯定的是，根据考古证据显示，罗马时代的法努姆几乎都在1世纪末或2世纪建成，数量超过800个（迄今为止找到的）。

更具体来说，2世纪与3世纪初的艺术作品也都展现了罗马风格与其他风格的融合。2世纪的一块东部纹饰墓碑就是个生动的案例。墓主人大概是帕尔米拉人，根据帕尔米拉字母撰写的碑文显示，墓主名叫萨布迪波尔，他的三个孩子都有名有姓，额头正对着观看者（这是东部地区常见的习俗，通常也被认为是受波斯风影响的产物），但是空间深度和雕刻细节都体现了希腊化的罗马风格。绘有亡者卧姿的纪念碑也是一个非常古老的雕塑主题（埃特鲁里亚艺术一度也热衷于这种风格）。年轻的萨布迪波尔身着希腊式的"辛赛西斯"（晚宴长袍），擎着装饰过的饮杯，侧卧在华美的卧榻上，准备他的最后一次晚宴，身后站着的是他几个正在悲泣的孩子。

不列颠北部也出土了一块200年左右的墓碑。这块石碑为殉道者维克托而立，比萨布迪波尔墓碑略显简单。立碑的人是他的前任主人努美里安努斯，正在不列颠行省服役的阿斯图里亚斯西班牙骑兵。他显然对自己解放的这位20岁释奴维克托哀泣不已。墓碑上的维克托斜卧在睡榻上，身着进餐礼服，一只手抓着一尊饮杯，另一只手则握着一小束叶子。树叶造型显示，雕塑家也许是个帕尔米拉人，这块石碑也是3世纪初帝国境内人文艺术风格大融合的见证。造型更佳的是不列颠北部的另一方墓碑，刻着雷吉娜（Regina）的形象。雷吉娜是另一名帕尔米拉人巴拉特斯的自由人妻子。墓碑上的雷吉娜一身正装，佩戴首饰，身边还有羊毛篮子和织布机。鳏夫巴拉特斯还以帕尔米拉语加了一句悼词："雷吉娜，巴拉特斯的解放女奴，安息吧！"悼词上方则是巴拉特斯手撰的雷吉娜墓志铭。这篇拉丁语墓志记载说，雷吉娜（去世时年仅30岁）是个卡图维拉乌尼安人，也就是那个诞生了罗马早期劲敌卡拉塔库斯的不列颠南方部族。

在塞普蒂米乌斯·塞维鲁皇帝的故乡，阿非利加行省的大莱普西斯，有一座胜利的拱门。拱门的腰线上绘制着游行场景，上面出现了皇帝本人、皇帝的家族，以及出席的元老，都是罗马的头面人物，雕工精细，不过他们的形象都正对着观赏者。同样，"塞维鲁浮雕"，也就是绘事明亮的木质肖像画板（大概就是在埃及完成的），上面也刻画了这位君主、其妻尤利娅·多穆娜以及两个儿子的形象。他们的形象混合了东方与罗马的肖像风格，同样直视着观赏者。不过，画像上幼子盖塔的头部是空着的,因为浮雕的绘制时间晚于211年12月,此时兄长卡拉卡拉已经杀掉了盖塔。

◇◆◇

拉丁语与希腊语是帝国境内的通用语。拉丁语当然是官方语言,但是其他语言并非泯灭无闻。事实上,多种语言并存对罗马司法当局而言不是问题:塞维鲁皇帝的法学家乌尔比安就强调说,法律受托人可以用任意一种语言接受遗赠,"无论是拉丁语或是希腊语,还是布匿语、高卢语或其他任何一族的语言"。在亚得里亚海以东,希腊语是各级政府的正式语言(即便在罗马人的行政机构也是如此),不过各地母语同样兴盛。阿拉姆语事实上是叙利亚行省、犹太行省和幼发拉底河边疆上几块邻近地区的标准语,其在西部的变种叙利亚语后来也在罗马帝国晚期和拜占庭早期成为叙利亚基督教会的主要语言。在与另一名熟人通信时,乌尔比安还提到了亚述语,认为这是另一门活着的语言(他的观点是,亚述语在正式的司法调查中并不能用)。在18年就并入帝国的卡帕多西亚,当地语言一直到4世纪都还是主流,彼时正是神学家恺撒利亚的巴希尔(卡帕多西亚人)的时代。就好像加拉太地区的凯尔特语,一直保留到了帝国末期,直至拜占庭时代才最终消亡。

西部行省、阿非利加行省与多瑙河诸行省也享受着繁荣多样的语言。布匿语是古迦太基后裔腓尼基人的语言,从列伯提斯马格纳到努米底亚,在北非地区已经成为通用语。2世纪中叶,阿普莱乌斯就对他的继子兼敌人西西尼乌斯·普登斯大加嘲讽,说他只懂得布匿语和少量希腊语,对拉丁语则是一窍不通。五十年之后,塞维鲁皇帝碰上了一件尴尬事。他本人精通拉丁语、希腊语与布匿语(就像诗人斯塔提乌斯讴歌的塞维鲁祖先一样),但据说他妹妹的拉丁语实在糟糕,于是他将妹妹从罗马送回列伯提斯。两个世纪之后,圣奥古斯丁在农村与城市会见了说布匿语的教众,直到6世纪30年代布匿语还在北非大地上广泛传播使用,查士丁尼时代的历史学家普罗柯比在拜占庭帝国重新征服该地时还有听闻。史料证明,西班牙的土著语言,包括伊比利亚语、凯尔特语、露西塔尼亚语,都至少沿用到了1世纪初,高卢风格的凯尔特语甚至沿用了更长时间。比如说,即便在2世纪,拉格罗费桑克的陶工还会在一些陶器上用凯尔特语刻上他们的工作细节与姓名,并排摆放的是另外一些刻写着拉丁语的陶器。

  帝国在宗教上的多元性同样不必怀疑。罗马长期以来的传统都是将外国的神祇融入自己的万神殿,也习惯在罗马城为每个神祇建造神庙或圣所,为相关宗教信仰活动提供适当维护。希腊的医疗之神阿斯克勒庇乌斯、小亚细亚的地母神(库柏勒)也在前3世纪入祀罗马:阿斯克勒庇乌斯成了阿埃斯库拉皮乌斯,地母神(这是一种由宦官祭司主持的狂欢崇拜仪式)被严格管理以避免任何丑闻。埃及人信仰的塞拉皮斯神和伊西斯女神,尽管在罗马城内曾经长期禁止崇拜,但后来这些信仰还是赢得了它们的追随者,也赢得了韦斯巴芗、哈德良与塞维鲁等统治者的庇护。2世纪,另一个神祇,也就是印度的密特拉神,则取道帕提亚进入罗马,在罗马士兵那里得到关注之后日益流行(尽管这并不是唯一影响士兵的神)。崇拜密特拉神的地下圣所在帝国

第十一章　罗马如何成为罗马帝国？　259

全境已经突破了400座,许多都在罗马城内或附近,还有不少位于欧洲边境地带,包括不列颠行省。伦敦著名的密特拉神庙就是明证。

凯尔特诸神与女神也在罗马西北各省保住了地位。与其他各地的神祇一样,凯尔特诸神也很受重视,地位和希腊罗马的诸神相同。这样一来,主圣所位于不列颠阿奎埃·苏利斯(今天的巴斯)的温泉疗愈女神苏尔,视同智慧女神密涅瓦。还有凯尔特的战争之神卡穆罗斯,也很自然地与战神玛尔斯联系到了一起,殖民地坎努罗杜努姆的名字也来源于此。同时尊奉罗马诸神与各地神灵,是高卢圣所"船夫之柱"的一大特色,朱庇特、塔沃斯·特瑞伽拉努斯、伏尔甘、埃苏斯都在这里得到供奉。这一个高高的四方石柱建筑,四层基座上刻着基线浮雕,还有称颂各个神祇的铭文。船夫之柱建于提比略皇帝在位期间,建造者为帕里西亚齐水手,这是一批来往于塞纳河、范围直达鲁特里亚(巴黎)的人。帕里西亚齐是帕里斯人的首都,他们的族名也成为这座城市的名字。

凯尔特女神艾波娜是马的形象,并没有相应的罗马神祇,但它在罗马西部诸省和巴尔干地区同样大为风行(而且据讽刺作家尤维纳利斯的轻蔑说法,她至少吸引了一名1世纪的罗马执政官)。除此之外也有一些不那么著名的神祇,比如高卢、山内高卢与莱茵兰人尊崇的马特瑞斯三神(它们最著名的形态就是"马特瑞斯·奥梵妮"),露西塔尼亚神祇安多维里库斯,还有在德意志北部的另一名母神尼哈尼亚。这些神祇之所以留存于世,绝大多数是因为信仰旧址都有拉丁文撰写的祭献铭文,也标志着它们与罗马相处融洽。

一神教也在帝国内得以存在,虽然罗马人(比如塔西佗)与希腊人是以好奇夹杂着困惑的心态来看待这类宗教的。卡里古拉在40年要求斐洛等犹太使节将他正式奉为神灵崇拜，犹太人拒绝了这一要求，为此卡里古拉罕见地动了怒，毕竟其他外省都同意了。卡里古拉下令在耶路撒冷圣殿的至圣之所安放他的雕像，但幸运的是他在这一命令强制执行之前就遇刺身亡了。意大利的犹太社群也时不时遭遇不公，比如在19年，提比略下令将犹太人与埃及人逐出罗马，因为这些人在举行自己的宗教仪式。4000名犹太释奴被送去打仗，或在撒丁岛死于盗匪之手，其他人则要发誓放弃信仰，或者离开意大利。这次驱逐依然没有持续很久，因为仅仅过了三十年，克劳狄乌斯就再次命令犹太人滚出罗马（一部分犹太人，或者可能就是基督徒），苏埃托尼乌斯对原因语焉不详，只说是因为犹太人引发了骚乱。但就像之后几百年里罗马城的其他禁令和逐客令一样，这纸禁令很快失效。抛开这些歧视性法令，罗马人对犹太人的态度总体而言还算友善，当然埃及的亚历山大里亚除外，那里占多数的希腊公民总是与占少数的犹太人争斗得不亦乐乎，这让克劳狄乌斯恼怒不已。比如在41年，愤怒的皇帝就以一纸长长的敕令直接诫谕两大族群：

我对你们把话说得简单一些吧。除非你们停止彼此之间的破坏和愤怒，否则我不得不向你们展示，一个宽大为怀的领袖在义愤填膺之后会变成什么样。

结果当然正如我们所见，希腊人与犹太人之间的和平并没有持续多久。

第十一章 罗马如何成为罗马帝国？ 261

犹太宗教不仅早在尤利乌斯·恺撒时代就享受宽待,而且赢得了后续罗马统治者的让步。犹太地区以外的犹太人,一直到66年至70年间的大起义之前都获允寄钱回去维护耶路撒冷的圣殿。这项许可令隔三岔五就要重申一次,因为海外犹太人生活的城市时不时就试图侵吞这笔款项;犹太人也得到保证,有权继续他们世代相传的习俗。此外,从前43年以来,犹太人还豁免了兵役,这可是个很大的让步。尽管在66年和135年发生了严重叛乱,犹太人的宗教也并未遭禁。一直要到二百年后帝国独尊基督教的时候,针对犹太宗教的迫害才宣告开始。少数罗马人甚至成了犹太教的追随者(或者被其他人认为是追随者),其中著名的就有尼禄那个从情妇变成妻子的波佩亚·萨比娜。图密善的表亲兄弟弗拉维乌斯·克莱门斯及其妻子多米蒂拉曾遭遇刑罚,罪名据说是"无神论",但实际上是出于政治原因。最终,克莱门斯在95年被处死。

◇◆◇

尽管如此,还是有几个宗教和祭仪招来了罗马的敌意。同是东方舶来的巴库斯崇拜就在前186年受到罗马当局的严格管控——但并未禁绝——原因就是其秘密而又据称颇为狂乱的仪式(见第四章)。250年后,盛行于高卢不列颠的德鲁伊教也遭遇了禁止,因为(罗马人与希腊人声称)这个宗教牵涉野蛮仪式。但其实还存在另一个因素,那就是德鲁伊教的祭司似乎在时不时地鼓励大家抵抗或是造反。61年苏埃托尼乌斯·帕乌利努斯对安格尔西岛的进攻,69年至70年间巴达维亚人与"高卢帝国"的起义，德鲁伊教祭司都在其中煽风点火。尽管提比略与克劳狄乌斯两位皇帝下达了禁令，苏埃托尼乌斯将军也采取了惩罚性举措，德鲁伊教依然故我地继续着他们的宗教仪式，甚至在4世纪罗马覆亡之后仍然如此。当然他们也更为小心翼翼。

让罗马人瞋目以视而且不时攻击的宗教还有一个，那就是誉谤皆满的基督教。1世纪发源于犹太地区的基督教，逐渐在小亚细亚、希腊的几个城市形成了自己小范围的秘密"飞地"，后来又蔓延到罗马。很快，这个新兴宗教就招来了罗马人的怀疑。塔西佗认为，基督教是个反人类的"毁灭性迷信"；而在八十年后的德尔图良神父则抱怨说，每次只要罗马碰上天灾人祸，事后都会掀起一股愤怒风潮，要求"基督徒去喂狮子！"在长达两百五十年的岁月里，历代罗马皇帝与历任总督都时不时发动对基督徒的攻击。罗马对基督教的高压政策并不连贯，施行地区有时是帝国全境，有时仅限几省。不但如此，打压基督教的理由也并不总是相同。64年的尼禄就让基督徒成了罗马大火的替罪羊。德西乌斯与3世纪后期的继任罗马皇帝都对基督教大肆迫害，据说正是他们的不敬神灵或是无神论之举，才让诸神掉过头来针对已是四面楚歌的帝国。

这一切的背后都体现着罗马人对这个新兴教派的盖棺论定：即便基督教在成长中渐次扩张，同时赢得了上层社会与一些不那么显贵的追随者，但他们依然向罗马人宣扬异己思想，威胁了帝国的福祉。对罗马行政官员和非基督徒的普通人而言，证据就是这些基督徒坚决抗拒加入罗马公民的宗教仪式（在基督徒看来这都是偶像崇拜）。尤其是罗马人会将在位的皇帝视为正式神灵加以崇拜。基督徒的顽固与"无可妥协的刚硬",即使是温和的各省总督和罗马皇帝也会被激怒,比如约112年的小普林尼与图拉真(普林尼受命调查比提尼亚的基督教教团),还有六十年后在《沉思录》里对基督教大加挞伐的马可·奥勒留。

尽管如此严酷,罗马对基督徒的打压事实上断断续续,不甚连贯,还往往是有选择地执行。比如说,卢格杜努姆的基督教社区在177年前后可能平安无恙地存续了数十年之久。203年罗马在迦太基处决了一群基督徒,这次事件最终流传于世,源于其中一名殉教者的片段记载保存了下来,那是一个名叫维比娅·佩尔佩图阿的年轻贵妇。迦太基殉教事件似乎打破了持续多年的基督教宽容期,但并未让其他公开信仰的基督徒销声匿迹(比如德尔图良,也许就是他编写了佩尔佩图阿的生平行状)。即便是200年之前,在身居高位的罗马人之中,基督徒与基督教的同情者并不罕见,比如说,康茂德皇帝的情妇玛西亚·奥蕾莉亚·塞伊奥尼娅就是个基督教追随者,但她的宗教原则并未阻止她在192年末刺杀皇帝,这一计划也是为了先发制人防止自己遇刺。无论是德尔图良,还是当时的任何基督徒,如果他们知道一百多年以后自己的宗教会成为帝国国教的话,恐怕都会大吃一惊。

◇◆◇

罗马在元首制时期还产生了第二种重要的新型信仰:皇帝崇拜。罗马人视其为最重要的信仰。这可不是通常意义上的宗教,而是一整套政治意味浓厚的仪式,源自希腊化时代的希腊人,也许还与埃及人狂热敬拜君主的传统有关。从前2世纪初开始,"罗马"就以罗马国本身的神圣本质,赢得了希腊人的狂热崇拜。"希腊的解放者"弗拉米尼努斯是第一个领受狂热祭仪的罗马人,在他的记忆中,这些仪式还需要大祭司主持(这种仪式名叫"提忒亚",一直持续到了普鲁塔克的时代)。庞培大帝成为另一个希腊神灵。而在击败庞培之后,尤利乌斯·恺撒也被不止一个东方政权奉为神灵。前面提到的爱琴海科斯岛上的罗马商人社群也将恺撒敬为神灵。

奥古斯都大帝将两种形态的公共崇拜巧妙地合二为一,打造了"罗马-奥古斯都大帝"崇拜。这种新型崇拜先流行于东部行省,不久又扩散到了西部。前18年帕加马铸造的钱币,就描绘了亚洲教团修建神庙的场景,所谓"亚洲教团"正是该省的宗教组织;而在加拉太省的安塞勒,祭祀罗马和奥古斯都的那座神庙仍然矗立,墙壁上镌写着由希腊语与拉丁语写成的奥古斯都大帝的著作《功业录》,作为他崇尚节俭的证明。而在西部行省,西班牙的塔拉科和埃梅里塔也建起了祭坛,与帕加马的神庙在同一时间里敬奉同一种信仰;塔拉科也在15年继续建造了一座敬拜奥古斯都大帝的神庙,在奥古斯都大帝死后正式尊奉其为罗马的神祇。(奥古斯都本人并未完全将各省对他的崇拜放在心上。塔拉科西班牙颇具谄媚地报告说,有一棵棕榈树已在他的祭坛上发芽时,奥古斯都的评论是,"很明显了,你们经常用这个祭坛"。)

前12年,奥古斯都最小的养子德鲁苏斯就在索恩河畔的卢格杜努姆城对岸建起了"三高卢祭坛"。德鲁苏斯还任命一个名叫尤利乌斯·维尔康达里杜布努斯的人(一个阿杜伊贵族)担任"罗马神奥古斯都大帝"的首任高卢祭司。而在前9年去世之前,德鲁苏斯也在莱茵河畔的乌比城筑起了一座祭坛，作为宗教中心，这里后来也并入了阿格里皮娜殖民城。在纳博讷，也就是之前的山外高卢，树立皇帝信仰要花更多的时间。但在11年，也就是奥古斯都生命将尽的时候，罗马殖民地纳博讷还是筑起了一座祭坛，敬献奥古斯都的守护神，以及他的内在神灵。两篇存留至今的铭文也详述了相关宗教仪式的细节。

罗马行省治下各社区也会选举产生高阶代表，出任行省会议的成员，负责在一年一度的大会上执行必要的宗教仪式。获选的贵族则要主持会议，他们被称为行省祭司。这些职位都显赫至极，特别是祭司之职。尤其是东部行省的首席祭司一职，出任首席祭司的人拥有在铭文上留下姓名的荣耀。自然，这给各省显贵打开了一条让自己从贵族群体中脱颖而出的途径。行省会议同样扮演着行省代表机构的角色，这个机构可以向总督乃至皇帝提出建议、申诉或是祝福。尼禄在位期间，克里特岛的巨头克劳狄乌斯·提马克斯就夸口说，他有权决定该省议会是否按惯例投票，通过一项感谢卸任总督的决议。这番披露非常不智，也招来了罗马元老院对他的愤怒。不过，他的说法也是各省实际情况的写照。如前所述，3世纪30年代的高卢行省会议还出现了权势更大的森尼乌斯·索勒姆尼斯（见第七章）。

罗马陆军，当然还有罗马海军，也都一丝不苟地执行了对皇帝的崇拜，正如幼发拉底河畔杜拉－欧罗普斯出土的3世纪初《节庆年历》中详细记载的那样。223年至227年，年轻的皇帝塞维鲁·亚历山大在位期间，一支帕尔米拉卫队士兵就驻扎在这里，年历就是他们的财产。这部纸草书记述了每年每一天要举行的献祭与祈祷活动。比如说，一月至少有七次仪式（具体内容已经漫灭难识），四月则有五次仪式（包括4月21日的罗马建城日），九月还有五次仪式，等等。除了玛尔斯和密涅瓦等神灵，罗马皇室成员（都是官方意义上的神灵），被圣化的统治者远至恺撒、奥古斯都与图拉真，都博得了人们奉若神明的殊荣，此外还有克劳狄乌斯皇帝，他那死于19年的兄弟日尔曼尼库斯，还有图拉真的妹妹马提蒂娅。除极少数例外，每次仪式都需要阉牛、公牛或是母牛作为祭献，这也让皇帝崇拜变得非常昂贵（尽管人们会与祭司一起吃掉祭献的牛肉）。

帝国的广袤全境，语言文化如万花筒般多样，对统治者的崇拜于是成为维系各地忠诚的一大纽带（即使对罗马人自己而言，这看上去也很生硬造作）。与犹太人不同的是，拒绝参与皇帝崇拜的基督徒也因此招来了如潮的批评和不间断的攻击。但即便是在君士坦丁大帝及其后继者成为基督徒之后，沿袭已久的统治者崇拜特性——"神圣"与"庄严"——仍然沿用如初（帝国的财政首脑、后来的首席征税人也得到了"神圣赏赐伯爵"的动人称号）：这是一个强有力的见证，证明从尤利乌斯·恺撒开始的统治者崇拜有着强大的影响力。

结论

在不经意间，罗马的帝国主义打造了一个整齐划一、规模庞大的地缘政治实体，这个实体最终吸收并改变了帝国主义者自身。无论前2世纪和前1世纪的时候，罗马人将地中海世界纳入自己的统治是否出于刻意，都没有人能预见到，他们的子孙后代可以在不出一百年的时间里扩大统治秩序。不断扩充的军团，也吸纳了西班牙、高卢、阿非利加、希腊等民族的后代，这些人原本都是罗马人白眼相待的臣属民族。罗马人也没想到，帝国会在很大程度上由那些一度武力抵抗罗马（但最终失败）的民族后代来守护。

大众心中的"罗马人"大体指同一种人，那就是历史上生息繁衍于台伯河畔罗马城的人。然而"罗马人"的概念却最终扩展为一幅怪异的图景：（比如说）"罗马人"最终在410年退出不列颠，让倒霉的不列颠人自行收拾残局。而410年的不列颠人已经与圣奥古斯丁和默西亚年轻的弗拉维乌斯·阿艾迪乌斯一样，是标准的罗马人，他们在某一天最终成为西罗马帝国的最后守护者。同样不真实的图景还有，一开始被帝国踩在脚下的弱势民族，最终仍然要在一成不变的中部意大利人的铁蹄下俯仰求生。帝国境内各民族，不仅仅是各省民族，确实在多数时间里都被踩在脚下，这个观点很对。不过，造成这一现象的既是帝国当局也是各省当地的精英，两者恰好形成了深度重叠。

如前所述，现代人对罗马帝国主义和帝国影响的评价，至今仍然高度分化。那个"所有人都因帝国受益"的图景，在本质上回到了普林尼、阿埃利乌斯·阿里斯蒂德斯及其贵族同袍的观点上。但随着人们对文献档案里的证据研究得越来越深入，这幅图景也就不那么诱人了。尽管坚持这一观点的人仍然大有人在，尽管蒙提·派森1979年的电影更让它甚嚣尘上,这一观点在学界也没那么吸引人了。相反,如前所述,对某些现代评论家而言,整个罗马帝国都可以被定性为一种巨大的抢掠或是强暴体制。这一论断在很大程度上与另一位古代权威的说法相符,他就是圣奥古斯丁。"你可以将正义搁置,"奥古斯丁写道,"如果不大规模掠夺,如何造就一个王国?因为反过来说,如果已经成为王国,抢掠算什么呢?"也就是说,奥古斯丁认为,成功的抢掠日积月累总会造就一个王国,而一旦成为王国,抢掠也就无人计较了。

时至212年,罗马的统治达到了最大范围,从大西洋海岸一直延伸到底格里斯河。正如本书所述,从吞并西西里岛,到卡拉卡拉普发罗马公民权,四个半世纪以来的帝国主义者,也就是"罗马人",同样从典型的城邦人群进阶成了拥有多民族、多文化认同的共同体,打造出一个横跨地中海的帝国体制。这个帝国从一个贪得无度、崇尚暴力、以自我为中心的起点,演化为一个持久的政权。这个政权在其境内实现了普遍和平,建造(也鼓励其臣民建造)实用的基础设施(这让西门·本·犹哈·拉比深恶痛绝),让地中海世界对帝国全境的有产精英而言都成了安全之地。但是这个政权却未能消除各地公职人员的狷獗腐败,往往还虐待剥削帝国境内各民族(哪怕是在他们也成为罗马人之后)。这个政权打造并改进了一套法律和司法实践体系,即便不完美也算理论完备,对帝国境内的所有男人和女人都一视同仁,但却总是未能采取有效措施,抑制或是惩罚自己敲剥成性的官员(包括那些身居高位的官员)。这个政权残酷镇压造反者以及叛乱者,有些叛乱真实发生,有些仅仅是莫须有。这个政权允许陆地和海上贸易,鼓励在"无远弗届的罗马和平盛景"之下旅行与商业的繁荣,但也向贸易活动和繁荣经济大肆征税，对或真或假的罪犯施行了残酷野蛮的刑罚（包括对基督徒的不时迫害）。这个政权向体格健壮的男性打开了一条稳定（而且往往安全）的事业通道，也就是让他们整理行装在帝国陆海军里服役数十年。这个政权并没有基于人民的肤色或是出身，出台过什么禁令或是隔离令，也容忍了除去少数例外的所有宗教和哲学家。

这是一个将各种行为、成就、过失、罪愆刻意融为一体的混合物，这也足以解释，为什么罗马帝国主义与帝国总是会被多方评价，无论其仰慕者还是批评者，无论选取何种角度。

◇◆◇

在过去那些备受推崇的日子里，罗马帝国主义以其开明统治、对更原始民族的扶助，常常作为出类拔萃的制度典范，被拿来与现代帝国主义相比，尤其是英法殖民帝国。这种类比很自然地忽略掉了诸多伴随罗马帝国扩张而发生的屠杀事件，还有那些毁坏帝国统治秩序形象的压榨（部分原因是现代殖民大国在同样的领域也没什么值得夸耀的）。罗马帝国与现代殖民帝国还有一个显著区别：位居欧洲边缘地带的现代国家都控制过距离很远的领土，这些殖民领地分布于非洲、亚洲和太平洋沿岸，彼此之间远隔重洋，欧洲人超乎绝伦的军事科技征服了它们，尤其是火药。相较而言，罗马的军事科技相比其绝大多数对手可没那么遥遥领先，也许只有愚莽的自由德意志、卡莱多尼亚和撒哈拉北部等地确实要在科技上相对落后（即便如此，罗马也不可能将它们永久征服）。塞勒斯特指出，罗马人的纪律、韧性和智谋是他们取得帝国争战胜利的诀窍，而迦太基人或帕提亚人这样的劲敌，往往在装备纪律上并不输给罗马军团。

更关键的问题在于，罗马本质上还是个陆地帝国。即便领土环绕着一片大海，而且罗马的首都就在领土的正中央（直至3世纪末情况发生剧烈变化）。除了少数几次必须动用大型海军的战役，比如与迦太基的头两次战争、前67年庞培对海盗的清扫，以及针对庞培幼子塞克斯图斯的内战（塞克斯图斯是前43年到前36年西西里岛的总督），罗马人所有战事几乎都在陆地上进行，军事行动则是尽可能走陆路或是河流。帝国邮差和代理人也是如此，使用的是名为"国家邮驿"的中转服务。交通工具仰赖人力、畜力或风力推进，与前近代那些海外帝国一样缓慢。新闻在帝国境内传播，有时非常耗时，甚至可以与蒸汽机电报发明前从伦敦传递消息到加尔各答，或从马尼拉传消息到马德里的耗时相比。96年图密善皇帝在罗马驾崩，这个新闻似乎花了99天（超过三个月）才到达埃及中部。127年3月1日，哈德良皇帝从罗马发出一封法令，也花了75天才抵达卡里亚的斯特拉托尼塞亚，这座内陆城市离帕加马不远。因此，就像近代那些疆域广阔的欧洲帝国一样，罗马帝国一切并非关键的决策都留给了各地行省总督和军团长自行完成（后来他们当然也会主动要求这一职权）。不管有多么窒碍难行，这套制度也都延续了六百年之久，相比于任何近代欧洲帝国都算是成功了。

不仅如此，罗马帝国的人口聚集区是从西欧到南欧的宽阔半圆地带，再加上近东。地中海南部诸省固然人口稠密，对罗马也有关键的经济价值，但是纵观帝国历史，非洲5000千米边境线上驻扎着的罗马

结论　273

军团和卫队人数也只不过相当于不列颠一省的人。地理形势给罗马人带来的战略需求和战略选择都与近代欧洲帝国所面对的截然不同（也许，17世纪瑞典那个短命的波罗的海领地除外）。如果说有类比对象的话，罗马这种情况更贴近中国12世纪的南宋王朝：这是个大陆国家，始终面对北方蛮横邻国的挑战，最终被邻国推翻了。

另一不同点在于，罗马人不曾试图将他们自己古老复杂而又高度仪式化的宗教强加给其他族群。他们甚至都没有以此显示高人一等，相反还情愿将他们的神祇与其他地方的神祇放在一起接受祭拜，也出于政治文化原因而非宗教原因，鼓励外省人在自己的仪式中加入对帝国的崇拜。不管是16世纪西班牙、葡萄牙两个殖民帝国的狂热传教士也好，还是19世纪西方强国力图将某种教派的基督教传播到帝国殖民地或是受西方影响时强时弱的那些国家（中国与日本是最明显的案例），罗马人在此之前，至少在西罗马帝国末期一百年之前，都没有类似先例。也就是在西罗马帝国的末期，基督教狂热教徒大胆接过了这项挑战，让日耳曼人、哥特人这些逼近罗马危如累卵的边界的蛮族人改宗基督教。

罗马帝国与当代帝国（俄国除外，这是另一个陆上强国）最大的不同还在于，几乎是从一开始，非罗马人就获允成为罗马公民，就像那些合法解放的奴隶曾有的那种待遇。如果足够富裕，足够有进取心，外省罗马人也可以出任罗马官职：有些成为元老，有些成为高级骑士官僚，当然从98年开始，还有极少数成为罗马皇帝（称帝之后，绝大多数的外省皇帝也会成为神祇）。前90年来自西班牙的瓦里乌斯也许还被贵族出身的前任执政官阿米里乌斯·斯卡鲁斯鄙视，但在两百年后罗马精英（无论是旧贵族还是新贵）都聚在一起称颂他们同样来自西班牙的仁慈元首图拉真。217年紧随卡拉卡拉之后短暂统治罗马的马克里努斯也是个"父母出身孤微"（迪奥不屑地说道）的毛里塔尼亚人，也许还是个真正的柏柏尔人，他的耳朵还依摩尔人的习俗打了耳洞。但是他之所以在218年身死非命，并不是因为自己的种族，而是屡屡出现的政治失算：陷溺于一个被宠坏了的叙利亚青年。

依靠入伍当兵博得公民身份的罗马人，回到故乡仍然会是各自社区的重要人物。他们在定居的殖民地也举足轻重，在殖民地繁衍的子孙后代更是前途无量。德尔图良就是一个百夫长的儿子。训练有素的军事家马克西米努斯据说就从一个普通的军团士兵做起来（他是235年到238年间的罗马皇帝）。另一方面，就近代欧洲的海外殖民帝国而言，非洲、亚洲或是印度尼西亚的殖民地臣民或许有资格前往殖民者国家旅游，但是不论他们多么有能力，出身多么高贵，能在殖民者国家大城市出任官职的人还是非常罕见的，不可能在法国那样的国家担任总统这种领袖高位。

罗马帝国还有一项特色颇具毁灭属性，让它与所有现代殖民帝国都拉开了差距。从前241年算起，仅仅过了一百多年时间，罗马就成了军事暴力的牺牲者。前88年，政治失意的执政官苏拉就从坎帕尼亚率领他的八个军团进军罗马，击溃他的政敌。武装政变也在共和国时代和元首制时期反复形塑罗马国家的面貌，甚至让其面目全非：前63年到前62年喀提林的崛起，恺撒在前49年的夺权，还有很快在前43年成为"后三头同盟"的安东尼、屋大维和雷必达，后来则有69年"四帝之年"从加尔巴到韦斯巴芗一连串通过暴力手段上台的皇帝，

193年塞维鲁向罗马进军，218年马克里努斯被推翻下台，还有238年空前绝后的所谓"六帝之年"。归根结底这都是帝国主义，以对帝国和财富的占有，还有"掠取更多"的愿景，才让罗马共和国经由史诗般的暴力变却形貌，成为披着"元首制"一层薄皮的君主制国家。罗马也发动一轮轮军事扩张，屡屡抄掠周边地区。从238年开始，一连串军队政变、反政变、内战与分离主义动摇了帝国的稳定性，尤其是外部世界出现了一轮轮可怖的新的强大攻击力量，冲击着帝国从北海到幼发拉底河甚至是埃及的几乎全段边境。

至少在238年以前，帝国境内的军事叛乱无论成功与否，起因都不是经济危机或社会危机，只是出于肆无忌惮的贵族、将军及其圈子的自利野心，也有出于对战利品和赃物丝毫不少的渴求和自利欲望，他们手下的士兵也斗志满满。现代帝国可没有染上这种病灶。近代史上并没有殖民地叛军远征巴黎、伦敦、海牙或是圣彼得堡之后再将叛军首领推上权力大位的现象。可能唯一可以与之相比的案例就是西班牙的独裁者佛朗哥了，1936年7月他率领殖民地军队从邻近的摩洛哥（这是西班牙旧殖民帝国的残余部分）前往塞维利亚，由此点燃了西班牙内战。

同样让帝国难堪的还有偶发的地区分裂运动，罗马付出了大量精力和成本才镇压了这些叛离。尽管，地方上的统治压力已经成为帝国的症候之一：前70年塞尔托利乌斯的"反动政权"；69年到70年间克拉西库斯与萨比努斯叛乱建立的"高卢帝国"；经历了两百年太平之后，高卢地区并未错过3世纪末再次降临的叛乱，这次叛乱获得了短暂成功，第二个"高卢帝国"出现于3世纪60年代至3世纪70年代，帕尔米拉短暂的东方霸权也在同一期间出现，持续了数十年；286年到296年这十年间，不列颠也出现了卡劳修斯的自治政权，以及后来杀掉他取而代之的阿莱克图斯。不过，这些裂土举叛的人都宣称自己是真正的罗马人，他们的首领才是"真正的"皇帝，可以与罗马城那个残破的帝国政府相比肩。即便是帕尔米拉的执政女王塞普蒂米娅·泽诺比娅也自封为"奥古斯塔"，还给儿子加上了"奥古斯都"的头衔。所有这些分裂政权都自称"罗马"，这足以证明，"罗马帝国"的概念多么深入人心，传承久远。另一个历史事实也可以证明这一点，那就是273年到296年间罗马再度统一之后，下一轮分离主义运动一直要等到5世纪才再度出现；5世纪的主要分离主义者也是那些进入罗马西部领土之后就难以驱赶的日耳曼诸民族。

◇ ◆ ◇

从前241年算起的四个半世纪，帝国主义的缔造者发生了翻天覆地的变化，也让他们征服的各族群天翻地覆。一开始由诸多彼此交错的因素驱动，比如精英与普通罗马人对战利品的渴望，人们对过去或潜在敌人的怀疑怨恨，贵族阶层对军事荣誉的渴望，还有罗马持久的动员能力，让他们拥有数万男性公民（以及兵力相当的盟友），足以投入多条战线连年作战，这都让罗马的帝国主义在1世纪改弦更张。罗马人不再追求更多的人力资源或更广阔的军事行动潜在舞台，只是断断续续地提出领土要求，为的是消灭现有省份的可能威胁，成就某一统治者的军事荣誉，或是夺取新的战利品和收入来源，抑或以上三者

结论 277

皆有。此外，帝国政策也聚焦于如何持续控制罗马统治的广大地区，如何尽可能地调整罗马与周边各大帝国的关系。在任罗马政权一旦认定某些领土油水不多或危险万分，就会果断放弃，比如提比略时代放弃了弗里斯兰；哈德良时代放弃了幼发拉底河以东图拉真所占的土地（哈德良一开始还想将达奇亚一并放弃）；出于相关考量，马可·奥勒留那个传闻中吞并多瑙河以北土地的计划，也在他死后不了了之。

正如本书导论提及的那样，每一个自由的外省人都在212年成为罗马公民，此时，所谓罗马"帝国"就在实际意义上终结了。罗马再也不是那个一邦万民的国家了。早在卡拉卡拉敕令颁布以前很久，来自外省的皇帝、元老和官员就已经统治着罗马城的罗马公民和遍布意大利的人口，数量同意大利本土出生的皇帝、元老和官员一样多。保卫意大利本土的陆军与舰队也越来越多地由半岛以外的军人统御。当然到了212年，随着社会地位的区别越来越大，普发公民权也丧失了不少价值。富裕的罗马人传统上被称为"上等人"（honestiores），他们违法的时候可以依法享受更轻的刑罚，待遇好于"下等人"（humiliores）。人民意识到大家都是罗马人，理应从罗马当局那里博得公正和同等的待遇，这种愿望仍然强烈，正如斯卡普托帕拉的请愿书显示的那样。正是身为罗马公民的荣誉感，成为维系帝国安然度过3世纪末一连串厄运的一大力量源泉。

罗马帝国主义往往崇尚暴力，有时甚至是非常残暴，各级官吏常常渎职懈怠、肆无忌惮、贪污腐败，对臣民的需求反应迟钝、麻木不仁，臣民对此也满腔怨望。罗马帝国还打造了一个史上绝无仅有的统治架构：将欧亚非三大洲纳入一个单一的政治制度之下。这套体制一方面服从于法治原则,一方面也允许根据各地的区域性特点,因俗而治,这一点不仅出于原则,往往落实于实践。除极少数个别案例之外,宗教或是其他各项思潮都可以自由活动,一任兴衰。老普林尼口中"罗马主宰的广泛和平"经历了漫长的岁月,释放了罗马臣民的活力,也让罗马人自己得以放开手脚从事相当规模的贸易、农业、制造业等其他太平时日里的事业,这在之前的地中海世界里相当罕见。罗马各级官员有时会热心监督这些活动,有时则冷漠以待,有时甚至根本不会过问。如果他们自己愿意,或是得到更高级别行政官员的命令,这些官员还会建设基础设施促进这些事业。即便在数百年间也多次出现影响一个或多个地区的种种乱局,罗马治下的土地依然大体和平,能看到明显的全面繁荣。这些都标志着,在奥古斯都时代以来的地中海世界,各族群都享受着罗马治世给他们带来的长久而深远的影响。即便创造这个治世的罗马帝国灭亡之后很久,人们都依然追忆这个帝国,依然为之抱有遗憾。

附录：古代史料

罗马的帝国主义及其形成的横跨三大洲的帝国，留下了大量史料，但是分布颇不均衡，散见于各种语种与各个地方。罗马与希腊作家对这些史料做了个人化的阐释，他们的解读异彩纷呈，但往往站在罗马的立场上。这些史料大部分聚焦于政治、名人、战争、道德，但也并不仅限于这些话题。对这些关键性精英话题的补充乃至时不时的比照，也成为文献资料里比重越来越大的内容。以拉丁语和希腊语写成的铭文，刻在青铜或石头上，从哈德良长城再到尼罗河瀑布，遍布帝国的各个角落。这些铭文的作者来自社会各个阶层，落款人是当地社区或罗马政府。铭文意在记述个人生活，传颂个人成就，记载宗教仪式，颁布当地规章、国家法律、法令条约。钱币由罗马政府铸造，有时也由自治城市铸造，用于纪念宗教与世俗的重要事件。莎草纸文件主要见于埃及，类型包括官方法令、私人函件以及税务和商务的收据。同样小规模流传的还有木制写板，它们发掘于庞贝、赫库兰尼姆这种被火山喷发所摧毁的城市，以及哈德良长城一线。最后但是同样重要的史料，就是横跨罗马帝国三洲之地的考古遗址，这些遗址出土的实物证据日益累积，展现了罗马治下各族人民的普通生活、文化与公共设施。

文献史料：罗马共和国

现存的罗马希腊文献著作只是当时的一部分，但也保留了范围广阔的材料：史著与传记是最直接的文献，但除此之外尚有诗歌、演说词、哲学著作、技术性专著，包括百科全书以及后来的基督教神学著作。这些著作的作者（均为男性），从出身到经历都完全不同；另一方面，他们被视为罗马帝国里少数受过教育的人，罗马的利益、观念与偏见很大程度上都在他们的心中先入为主。

关于罗马崛起为地中海霸主，现存最早的记载出自伯罗奔尼撒人波里比阿之手。前167年到前150年间，波里比阿被迫滞留意大利（波里比阿的家乡城邦亚该亚同盟曾经惹恼罗马）。尽管被迫滞留，但生活相对平顺，反而激发了他对罗马共和国政治、道德、军事的仰慕之情。为了回答自己提出的那个著名问题：谁不想知道，"罗马帝国作为一个单一帝国，如何在不到五十三年的时间里，几乎征服并统治了全部已知世界"，波里比阿撰写了40卷本的《历史》，涵盖了不仅仅这五十三年（前220年到前167年），同时简要地介绍了之前数十年的历史背景，并将他的叙事延伸到前146年。正是这一年，罗马终结了希腊的独立地位，洗劫了老对手迦太基（波里比阿目睹了这次洗劫）。这本著作不仅记载了罗马崛起成为地中海霸主的历史，还出于铺排背景的需要，以同等篇幅记述了希腊化世界的历史。

与绝大多数希腊罗马长篇史著的命运一样，波里比阿的著作也没有完整流传下来：仅仅前5卷有足本存留，然后就是后35卷或长或短的摘录，在中世纪的君士坦丁堡大量散播。古代的"书籍"是一部卷轴，篇幅长短不等，取决于作家的意愿。波里比阿的前五卷，每卷都是长篇。波里比阿还小心谨慎地进行了调查与说明，那些他认为重要的话题也在行文中掺杂了大量个人评论与解读，比如"历史的教化功能"、军事话题，以及与地中海地理相关的主题。大段得以保留的第6卷《历史》就对2世纪罗马的政治军事体制做了一番著名的评述。在波里比阿看来，罗马人已经形成了一种令人惊叹的"混合"宪法，平衡了行政长官、元老院与人民之间的关系。但波里比阿不认为这种平衡会千秋万代持续下去。尽管也有种种漏洞与缺陷，《历史》的叙事毕竟出自一个古老刚强文化的自身观察者，这本书也成为研究罗马崛起为地中海世界大部地区霸主这段历史的唯一重要的史料。

在波里比阿同时代迅速累积起来的拉丁语文献里，对罗马崛起这个现象也有各种各样的描绘，从喜剧作家普劳图斯讲述罗马人对外发动战争以便掠夺财富的那些笑话，再到老加图（"监察官"）的演说与著作。老加图撰写的罗马与意大利历史著作，名为《创始记》，这也是第一部以拉丁语写成的史著。更早的作家大约五十年前曾经以希腊语写作，模仿当时一流的希腊化史学家，如埃福鲁斯、蒂迈欧。但包括老加图在内，这些作家的著作都未能流传下来，仅有部分篇章依靠后世作家的引用得以留存。老加图在前2世纪和前1世纪的后继者也都创作了历史著作，记述从神话时代开始的罗马，这些著作有时还以想象力见长。它们与老加图的著作一样并未流传下来，但也得到了后世大作家的引用，我们得以透过这些后世作家的转述窥见一二。

前1世纪，哀伤与激动并存，最终造就了新的罗马君主制，这一百年也是罗马最伟大的演说家兼思想家西塞罗生活的年代，他的著作绝大多数都穿越千年流传了下来。西塞罗的诸多演说词无论是在法庭上还是在元老院里，都与帝国事务有关，包括腐败的（或者是遭受不实指控的）总督、统治不当的行省、危机重重或是蓬勃壮大的罗马霸权。此外他也收发了大量书信，通信人包括尤利乌斯·恺撒与庞培这样的名人，正是这些大人物的火并终结了罗马共和国。恺撒自己写成的战争史《高卢战记》记述了他在前1世纪50年代对高卢的征服，以及之后第一次内战的历程。这本书在当初发行的时候就已经闻名于世了。前1世纪40年代末恺撒麾下一个较小的支持者萨鲁斯特也写了两本短篇著作：第一部探讨前63年那个失意政客喀提林的所谓阴谋事件，第二部讲述的则是半个世纪以前，罗马与同样失意的努米底亚傀儡国王朱古达之间时好时坏的关系，最后演化成一场艰难的战争。萨鲁斯特在两部书里不仅向读者展现了拉丁语史料编纂的新技艺——那种激动人心、简明有力、雄健动人的写作风格，而且认定这两起事件都源于罗马帝国本身的道德败坏。这个结论让读者为之着迷、入神乃至愤怒，让他们拿起书本就放不下。此外，萨鲁斯特还有一部更长的著作，讲述前78年到前67年间的历史。这部书拥有相似的文学与教化意义，但仅有一部分摘要保留到了罗马之后的时代。米特拉达梯那封意在指斥罗马帝国主义贪婪成性的书信，就引自萨鲁斯特的这本著作。

萨鲁斯特同时代的希腊作家狄奥多鲁斯，编纂了一本精彩程度稍逊但颇有价值的世界史，名字叫《历史丛书》。这本著作主要收罗了之前希腊作者的著作（包括波里比阿）。《历史丛书》起初有40卷本，后面20卷一直讲到了恺撒时代。这20卷仅仅依托拜占庭的宫廷藏书才得以留存下一些片段，但也涵盖了罗马扩张时代的重大事件，以及地中海世界其他各国对此的反应。

文献史料：元首制时期

李维生活在恺撒时代后期及奥古斯都时代，他也是罗马帝国最初时代里比肩波里比阿的卓越历史学家。与希腊人罗马人那些长篇历史著作相似的是，这本著作的命运也是一波三折，142卷的《建城以来史》仅有四分之一左右留了下来，那就是前10卷与第21卷至第45卷，后面这几卷也是在近乎散佚的情况下勉强留传的。即便如此，第21卷至第45卷还是成了前219年到前167年这段重大历史时期最完整的史料来源，波里比阿那部残缺不全的著作对此也有记述。非常幸运的是，李维选择波里比阿作为他的权威史料来源之一。李维使用的其他希腊语与拉丁语史料都很难查明，因为这些史料已经少有留存。不过李维的著作仍有留存，罗马帝国晚期有一部名为《摘要》的大纲性著作，收罗了《建城以来史》的几乎全部纲要（有两卷遗失），这本书就像狄奥多鲁斯的那些摘要一样，为前167年以后几个世纪的历史增添了一部分信息。

狄奥多鲁斯并非唯一撰述世界史的人。外省罗马人庞培乌斯·特洛古斯在奥古斯都时代撰写了44卷本《菲利披史》，这部著作有两方面的独特意义：他有意将笔触聚焦于地中海世界的其他民族与国家，而不仅仅关注罗马；这本书也仅仅以全本摘要的形式存留于后世作家查士丁的笔下（此人的生活年代大致在200年到400年之间），查士丁也留下了《菲利披史》的内容目录。他留下的这本《摘要》成为中世纪最流行的拉丁语史书之一。在特洛古斯的时代，与罗马帝国主义有关的短著，一部是两卷本的罗马史《纲要》，作者是谙熟军事的中等贵族韦勒莱伊乌斯·帕特库鲁斯，这本书只有第1卷的开篇与第2卷存留。另一部是9卷本的《名事名言录》，这是一部主要将李维著作摘编出来的汇编本，作者是瓦勒里乌斯·马克西姆斯。《名事名言录》也成为另一本读者众多的汇编著作。

非历史学领域的作者也留下了重要史料。本都人斯特拉博就是一位与李维同时代的历史学家兼地理学家，他写作的17卷本《地理志》描绘了人类已知的全部生存世界（这也是他唯一流传于世的著作）。斯特拉博留下的史料大多非常古老，但也有相当数量的时新史料，他的著作为奥古斯都时代的帝国补充了大量信息。犹太裔的希腊哲学家斐洛生动地记载了他与其他犹太请愿者在40年晋见卡里古拉时的场景，这次会见因为卡里古拉的焦躁乖张而颇为古怪。有关罗马社会、政府与历代皇帝的更多细节见于年青一代的塞涅卡笔下卷帙浩繁的著作（塞涅卡身兼哲学家与自然科学家头衔，是尼禄的家庭教师，这位百万富翁后来也成为首席大臣，最后死于尼禄之手），以及老普林尼写就的37卷本百科全书式巨著《自然史》（他是79年维苏威火山爆发最著名的遇难者）。

曾经做过犹太叛军领袖的约瑟夫斯（后来得名弗拉维乌斯·约瑟夫斯）写了一部7卷本的著作，阐述了66年到73年犹太地区大起义的缘起、经过、后续。约瑟夫斯本人在改换门庭之前曾是叛军领袖，后来他也撰就了一部野心勃勃的20卷本叙事史书《犹太古史》，这本书讲述了从创世神话一直到这场大起义爆发的犹太历史。生于希腊的普鲁塔克是另一位堪比塞涅卡的百科全书式哲学家（他的罗马名是梅斯特利乌斯·普鲁塔库斯），此人编撰了一部记述从奥古斯都时代一直到69年间的《罗马帝王传》，但只有加尔巴与奥托两篇简短的传记留了下来。然后就是他那脍炙人口的《希腊罗马名人传》，这本书内容丰富，但篇幅并不比一本专书更大。普鲁塔克以性格际遇相仿为标准，将史上的希腊领导人与罗马领导人两两合传（至少按照普鲁塔克的理论）；当然，他笔下的名人都是男性。依托手中多元广泛的希腊罗马史料，普鲁塔克的著作温文尔雅，饱含人文关怀与平民气息，重点论述了每个人物或道德或悖德的性格与行事，其中就有罗马帝国的权势人物，比如马略、庞培、恺撒、安东尼。

1世纪晚期，罗马人书面文献的作者已经是意大利人与外省人士各居其半了（塞涅卡是个外省人，塔西佗大概也是）。自尤利乌斯·恺撒时代以降，外省人得到公民权的人数越来越多。罗马公民权的普及也鼓励了法律专家之外的少数人舍弃母语改用拉丁语，但还是有越来越多的作家用希腊语写作，希腊化的非希腊人也不例外，科马基尼王国的琉善无疑就是其中一例，此人是哲学讽喻作家兼哲学家。罗马帝国相关史料逐渐累积，它们糅杂了大量罗马传统的主题、臆测，有时还是偏见。当然也有其他视角，比如希腊作家与思想家，以及之后的基督教作家，比如德尔图良。

图拉真与哈德良时代的两名历史作家对于1世纪的罗马帝国历史记录至关重要。执政官兼演说家科尔内利乌斯·塔西佗的著作写于98年到120年之间，其中包括一部他的岳父阿格里克拉（不列颠史上最著名的总督）的传记，一部研究莱茵河两岸自由日耳曼人的民族志著作（《日耳曼尼亚志》），还有两部分别研究69年到96年和14年到66年间历史的伟大叙事著作（《历史》与《编年史》）。根据4世纪学者圣哲罗姆的说法，塔西佗的著作一共有30卷之多，这些著作同样经受了部分散佚的命运。《历史》仅有前面四又四分之一卷留了下来（涵盖69年到70年的历史），《编年史》的第1卷到第6卷、第11卷的下半部分与第16卷的第一部分大体得以保留。塔西佗写就的这些书里以《编年史》最为出色，标志着罗马文学与分析性史著的巅峰。无论风格还是语言，塔西佗都大胆运用了萨鲁斯特的技法，成就了他那简约、凝练而又诗意盎然的独特韵味，后世没有作者敢于挑战他的技艺。塔西佗还在叙事与分析方面尖锐剖析了历代皇帝，包括奥古斯都。他记述了罗马的帝国荣耀，也以同等篇幅大胆揭露了罗马的贪婪与残暴。

苏埃托尼乌斯身居帝国高位（直到121年，他才从哈德良的邮政长官的位子上退下来），他写了一部8卷本的《罗马十二帝王传》。这本书以传记风格写成，迥异于普鲁塔克与塔西佗的著述。苏埃托尼乌斯以一种冷酷而且相当平和的文学风格写作这部传记，与塔西佗的妙笔生花相去甚远。每部帝王传都首先交代传主的公共活动，然后是私人习性、美德，以及分列于各个子题的臭名昭著的恶行；苏埃托尼乌斯只会在君主登基之前与最终死亡的部分使用普通的叙事手法（往往死得离奇）。罗马皇帝毕竟是皇帝，尽管《罗马十二帝王传》密切关注历代皇帝的私人生活，每部传记里还是大量地透露了皇帝如何治国理政、处理帝国事务的信息。小普林尼（也是塔西佗的朋友，那位百科全书学者的外甥兼养子）出版了9卷本的自选书信集，公开了他与苏埃托尼乌斯之间的来往书信，这部书信集集中展现了2世纪罗马统治阶层的大量社会文化情况。小普林尼身后出版的第10卷则收入了110年到112年他写给图拉真的官方书信与报告，也收录了图拉真的回信，那时的小普林尼正出任麻烦多多的比提尼亚行省总督。这部书信集堪称无价之宝，它是帝国最高级别行政官员的记录，其中包括罗马官方对于如何处理新兴基督教派的讨论，这个新生的小教派曾让小普林尼非常头疼。

2世纪的亚历山大希腊人阿庇安也以自己的方式记述了罗马帝国史。3世纪20年代,另一位退休的执政官兼元老、比提尼亚人卡西乌斯·迪奥(他也许是迪奥·克里索斯托姆的后代)同样以希腊语写作罗马史。比迪奥更年轻的同时代希腊人希罗狄安则是截至3世纪末的最后一位大历史学家。与苏埃托尼乌斯一样,阿庇安也做过罗马官员,他的著作以地域划分,记述了从古代一直到前31年的所有罗马战争,一卷记载了西班牙的所有战争,一卷写了北非的全部三次布匿战争,还有一卷写了前90年到前60年间对本都的米特拉达梯诸王的三次战争。阿庇安还有五卷著作记述了前49年到前35年间的罗马内战。内战史的著作全部流传了下来,但那些区域战争史并没有如数保存。阿庇安的史学著作质量严重依赖于他所选取的史料。幸运的是,在记述最后一次布匿战争和米特拉达梯战争的时候,特别是在记载内战的几卷里,阿庇安决定择善而从。

卡西乌斯·迪奥创作了一部全景式的《罗马史》,篇幅几乎与李维相同。这部80卷本的巨著从罗马建城讲起,一直延续到作者生活的时代。这部著作依然没能完好无损地留传下来,不过拜占庭人摘抄了头20卷的内容,记述罗马共和国衰亡与奥古斯都崛起的第36卷到第60卷也得以全本保留。12世纪一个名叫塞克斯腓力努斯的拜占庭修士做了一部从第36卷到第80卷的摘编本。迪奥这部《罗马史》最鲜明的特色就是从第78卷到第80卷的大段摘编,当时的迪奥已经成年,也在元老院全程目睹了从压力重重的康茂德到臭名昭著的埃拉伽巴路斯这一连串的皇帝。迪奥的著作在叙事技艺上远逊于塔西佗,文字也不如塔氏典雅，但是迪奥同样关注文论与修辞学，他的作品象征着希腊文化与罗马荣耀的融合，也是3世纪初帝国东部精英的代表。同样是较小体量的著作，希罗狄安（此人仿佛是个级别很低的退休官员）撰写的8卷本《马可·奥勒留之后的帝国史》在叙事上没那么连续，这部书记载了与他生平同一时期、从180年到238年间的历史。尽管希罗狄安对证据不大鉴别，也对政治、战争、地理呈现出惊人的无知，但他的著作还是提供了详赡的细节，足以补充迪奥的记载。希罗狄安这本书在同时代的历史叙事中价值连城，涵盖了结束这一时期的重大年限："六帝之年"（238年）。

另外一部记述2世纪与3世纪帝国历史的大篇幅叙事史料，就是那部内容独特、仍然充满争议的短篇帝王传记合集——《皇史》。这本书据说是4世纪初6名作者的合著，但后来学界经过分析，认为它是一本独著。佚名作者在4世纪末写就了这部作品，叙事年限绵长，从哈德良皇帝一直延伸到284年，还包括皇位继承人、竞争者、僭居者的短篇介绍。作者喜欢在写作中加进虚构的文件，在基本无误的叙事里穿插他虚构的姓名与空想的历史事件。不知是出于拣选还是出于运气，从哈德良到塞维鲁的这段帝王纪最为可靠，作者吸收了希罗狄安与马里乌斯·马克西姆斯的研究成果。马克西姆斯是与希罗狄安、迪奥同时代的元老，也是一名传记学家，他的著作似乎是依循苏埃托尼乌斯的体例而作（已散佚）。同样是在4世纪末，罗马世界也出现了两部更短但是更有价值的短篇帝王传记合集，一部是高级官员奥雷利乌斯·维克托写成的《恺撒》，另一部则是更短一些、主要依据《恺撒》但并非完全照抄的《摘要》。从奥古斯都到君士坦丁大帝之子、君士坦丁二世（维克多著作）或是狄奥多西一世（《摘要》）之间的罗马皇帝，每位皇帝都有一个自然段的篇幅，有的皇帝所占的篇幅更长一些；尽管这两本书都很短，也是模仿性质的著作，但它们还是收进了一些别的地方没有的篇什，而且这些仅有的内容显然还算靠得住。比如说，《摘要》认为图拉真的祖居地是翁布里亚的图德尔。这个时代另一部更有价值的短篇作品要数《罗马历史概述》（内容包括一些人口普查数据和纪年日期），作者是一个名叫欧特罗庇厄斯的高级官员。

其他现存的文献资料则以各种非叙事的方式展现了2世纪罗马帝国的统治，以及遇到的种种难题。有一个比提尼亚的知识分子名叫迪奥·科塞伊亚努斯（外号克里索斯托姆斯或"金嘴巴"），无论在罗马城还是在东部地区都很有名，小普林尼也认识，他就是到处演说并撰写散篇哲学论文的无数实践者之一。他们往往被称为"智者派"，活跃在2世纪的罗马帝国。此人署名的八十篇演说词存留至今，内容均为他向当时希腊城邦提出的建议，如何在地方总督与罗马皇帝的眼皮底下处理内部事务。他还有四篇《论君主制》的论文，希望向图拉真提出睿智的建议，以此激励图拉真思考，如何成为一个好的君主（他的建议完全以希腊化时代的哲学术语写成）。

比迪奥·克里索斯托姆更年轻的比提尼亚同胞阿里安（弗拉维乌斯·阿里亚努斯），是亚历山大大帝的传记作家。基于他2世纪30年代在小亚细亚东北边疆卡帕多西亚行省出任总督的经历，阿里安写出了几份简短而重要的文件：一份对黑海海岸的调查报告，一篇有关军事战术的论文（只有骑兵战术的章节流传下来），还有《应战阿兰人的军阵》，这本书生动描绘了他如何调遣军队、打退里海地区马背民族的进犯。讽刺学家琉善在2世纪下半叶写成的两篇论文也对其他智者尽情嘲弄，包括一位自命为先知与可靠医者的"亚历山大"，一个行踪不定的智者，还有一名一时兴起的基督徒伯里格林努斯。此人在165年结束了自己动荡的一生，跑到奥林匹亚的木柴堆上自焚了。琉善的第三篇论文《如何撰写历史》，对那些有关2世纪60年代帕提亚战争加以夸大和虚构的近期叙事著作进行了讽刺。

这一时期，有三个北非人也对史学做出了相似的贡献。来自马达拉乌的阿普列尤斯的小说《金驴记》，以及他在法庭上为自己辩护的华丽演说词《申辩篇》（当时他被指控以巫术勾引一名富有的寡妇），这些都是流传下来的著名史料。锡尔塔人科尔内利乌斯·福伦托是个来头更大的人物，他也是安东尼·庇护皇帝的两个儿子兼继承人——马可·奥勒留与卢西乌斯·维鲁斯的良师益友。福伦托与安东尼·庇护父子三人的往来书信一直要到1815年才重见天日，人们在一部严重损毁的手稿集里找到了这些书信。第三个值得一提的北非作家是迦太基人德尔图良（塞普蒂米乌斯·弗洛伦斯·德尔图良努斯），此人也是最早一批著名护教家的一员，二百年后的圣奥古斯丁也会在著作里热烈称颂他的贡献。

还有一些作家能增进我们了解2世纪帝国状况及其问题，其中一位前文已经反复提及：阿埃利乌斯·阿里斯蒂德斯。此人身为演说家与学者，能力出众，在希腊世界和罗马城都声名鹊起。阿里斯蒂德斯的两篇赞词《罗马颂》与《雅典颂》都在这两座城市中得到了激动人心的回应，他的著作包括有关哲学、修辞学、宗教学的诸多论文，还有6卷本的《神圣故事》。这本书写了他本人罹患了诸多疾病，以及他经久不息寻求神圣疗愈的各项努力。这些著作也为罗马帝国极盛时期,所谓希腊文学的"第二次智者兴盛期"做了注脚,再现了当时丰富多彩的求知生活。帕加马哲学家兼医生盖伦(阿埃利乌斯·盖伦努斯)后来成为马可·奥勒留及其家人的医生。盖伦是个多产的作家,他的著作尚未完全得到整理评注,其中就写到了165年到168年间的灾难性瘟疫。盖伦的著作也以冷峻精确的笔触记载说,"在诸多行省",城市定居者都会在瘟疫期间卷走周边乡村累积的储备粮食,留下倒霉透顶的农民命悬一线,只能依靠树皮草根艰难为生。马可·奥勒留的私人哲学《沉思录》写于他在170年到180年间忙于北方边疆战事的时候;尽管奥勒留在书里几乎没有提到任何当前的大事,这部12卷本的著作还是映照了他那本分专心、艰苦献身的内心世界(从未打算公开出版)。在罗马帝国面临危机的历史时期,奥勒留的言行迥异于其他罗马皇帝。

此外还有一部相当特别的史料:《学说汇纂》。这是530年查士丁尼皇帝任命专门委员进行合作的产物。他们从先前的全部罗马法著作中抽取最佳的段落(按照他们自己的判断),编成了一部卷帙浩繁的50卷本著作,以不同主题编次。他们花了整整三年时间完成了这项超凡杰出的工作。这些著作大多出自2世纪末塞维鲁皇帝执政时期那些法学巨匠之手,尤其是盖尤斯、帕皮尼亚努斯、乌尔比安,尽管并非全部出自他们之手。可以想见的结果是,这些作家的原有著作就少有留存了(大概只有盖尤斯的《法学阶梯》留了下来,这是一本介绍罗马法的通识册子)。尽管如此,《罗马法评注》还是保留了一些与罗马帝国主义历史休戚相关的史料。这部汇编著作也顺理成章地成为当代人解读罗马法的基础。

铭文、莎草与硬币

一直到近代早期，文献作品几乎是研究罗马帝国主义及其影响的唯一史料。1663年在巴黎成立的法兰西铭文与美术学术院乃是第一个系统性发展"硬拷贝"书面证据的机构，研究对象包括铭文与硬币。随着考古学的发展，这两者的数量与范围不断扩大，稳步增长。硬币上同时刻有图像与书写内容，展现了罗马帝国政府与地方行政当局希望传递的宣传教化内容。铭文，也就是"提图利"，不仅体现了针对识字人口的宣传，而且就算不那么具有教化性，也代表了涵盖各个社会阶层的数万（或者数十万）罗马人与外省人的话语。考古发掘同样出土了大量莎草写本，它们主要出土于古代尼罗河流域农业地带的野外垃圾场，但也在其他干燥的地方有所发现，比如约旦沙漠（以及赫库兰尼姆城"莎草纸别墅"里已经炭化的图书馆）。与铭文史料一样，这些莎草纸也涵盖了几乎所有形式的通信内容，从罗马皇帝与地方总督的敕令，再到私人的书信、收据、请愿书。与铭文不同的是，有些莎草纸也为图书馆藏品增添了价值。

罗马人比希腊人更热衷于所谓"铭文传统"（顾名思义），甚至与埃及人相比也不遑多让。罗马当局不论在行省还是在各地社区，都将各级法律、敕令、规章与宗教活动文本写成了铭文，或是镌刻在坚硬的介质之上，如石头、石灰岩、混凝土、青铜、钢铁、铅器。这些介质足够坚硬，也足够保存千年之久。在意大利、西部地区、巴尔干地区、多瑙河流域，拉丁语铭文占据支配地位；希腊语铭文则在地中海东部世界风行，希腊语在那里也是主导语言。以西部当地语言（比如凯尔特语与布匿语)写成的"提图利"也有出现,但它们的数量要少得多,在1世纪以后也基本消亡;东部地方语言(比如叙利亚语与阿拉米语)写成的铭文则一直持续到罗马帝国晚期,甚至是灭亡之后。

时至21世纪初,学界发现的拉丁语铭文已达30万件之多,但不断还有新发现。根据另一份估计,每年多达1000件罗马时代的铭文重见天日,不管是什么语言。某种论调认为,绝大多数铭文史料都单调乏味:它们终究只是墓志铭、还愿祭品、祷文,或是其他宗教性文件。不过,这些铭文的细节还是大大增长了我们对普通罗马人生活的认知,还有罗马帝国各个角落的文化状况。比如说,罗马士兵及其后代的情况,就对研究罗马军队历史非常重要。罗马元老与其他帝国大员、地方精英的墓志铭(比如庞贝城的行政长官),在共和国末期和帝国早期得到发展,往往详细列出死者的公职生涯,有时还会简略记载某人(或是更多人)生命中的高光时刻。其他低等级人士也会效仿这种行文习惯,比如罗马军官与其他富有的解放奴隶。

行省总督与罗马皇帝颁布的敕令、元老院通过的法令、罗马人民批准的法律,这些也都写成铭文,在市集、神庙及其他公共建筑那里公之于众,让接受教育的人可以阅读(还能将铭文内容转述给不能识字的罗马公民)。同样,从前1世纪到4世纪初这几百年间,光荣退役的罗马士兵也在铭文里留下了不少细节。他们来自不同的军队单位,著名的有非军团单位,比如罗马卫队,还有那些驻扎于罗马的特别编制,比如罗马近卫军,此外还有从帝国海军退下来的水手,他们的生平事迹也记述在卡皮托林山的铜板上。这些铜板在古代就没有保存下来。但如前所述,每名退伍士兵都有权获得由两枚小型铜板拼成的副本作为"军事荣誉证书",这种证书出土了数百份,为这些军人的部属、年月提供了极有价值的信息,也写明了他们光荣退役的地点。

铭文在使用的时候还是会碰到一些问题。没有多少铭文在出土的时候完好无损,它们通常都出现于考古遗址倾圮的建筑物里,或出土于夯实的泥土中。哪怕是那些刻在现存建筑物上的铭文,也会在时间的长河里遭遇侵蚀。奥古斯都以拉丁语和希腊语写成的官方回忆录《功业录》就刻在土耳其安卡拉的奥古斯都神庙里,但在砖瓦裂开的地方还是出现了文字缺损的情况。极其幸运的是,《功业录》绝大多数缺损的文字都靠其他语种的版本得到了补全(缺损的段落很少能"连起来"),或是能在其他地方的铭文碎片里得到补全,比如皮西蒂亚的罗马城市安条克,距离安卡拉西南300千米,那里保存了《功业录》的部分片段。

另一份皇帝公告的缺损情况截然不同。那是48年克劳狄乌斯对元老院的演说文本。这处铭文在1524年左右出土于里昂的荒郊野外(罗马的卢格杜努姆,也就是克劳狄乌斯的出生地)。这尊200千克重的铜板断成了大致相等的两半,顶部几乎完全丢失,似乎在遗弃之前就遭到砍凿。即便如此,这一大段铭文得以完好保存,记录了克劳狄乌斯独特言论之一,原本镀金的文字传达了一系列重要信息:克劳狄乌斯不但认为外省贵族应当成为元老,而且还叙述了罗马早期列王一些既晦涩又重要的细节(内容古怪但是语带兴奋)。正是在历史研究中,克劳狄乌斯发现了这些细节,以此支撑他的论点。这封铭文一共只有690个拉丁词汇。

与某个人物或某个主题有关的任何铭文都能解决不少问题,但也会带来同样多的问题。意大利以外，现存最早的拉丁铭文是前189年刻着"军营里"的一方小型铜板，作者是外西班牙的总督（阿米里乌斯·帕乌鲁斯，后来的马其顿征服者），他在铭文里宣布解放定居在图里斯·拉斯库塔纳的"黑斯腾塞斯人的奴隶"，并赐予他们土地占有权，"只要元老院和人民愿意这么做"。为什么这位总督会解放这些"奴隶"？（难道是因为邻近的黑斯塔叛乱了，而拉斯库塔纳人仍然忠诚？）既然他们已经拥有了地产，也有了一座城市，那"自由"对这些奴隶到底意味着什么？这些问题已经很难调查清楚了。李维与其他作家笔下的史料难以解答这些问题。

在小亚细亚的爱琴海海岸塞麦，出土了一方三段铭文，开篇是一段希腊语敕令，签发敕令的人是当年的两名执政官：奥古斯都与阿格里帕。这封敕令处理了有关亚细亚行省（小亚细亚西部）的神庙财产问题；然后则是行省总督维尼修斯以拉丁希腊双语颁布的法令，阐述执政官的敕令将如何影响塞麦的这座神庙。对奥古斯都与其左右手阿格里帕而言，这则敕令的主题足够鲜明。内战结束十年之后，他们以执政官的身份向行省签发命令，提出了一些重要问题：在恺撒、安东尼与奥古斯都本人以独裁方式统治了罗马二十年之后，奥古斯都本人声称要重建的，是何种基于传统的文官政体。

同样具备争议性（甚至争议更大）的还有20年12月元老院发布的敕令，这篇刻在另一面大青铜铭盘上的2000字铭文，内容是关于格奈乌斯·卡尔普尼乌斯·皮索。铭盘的主要部分在20世纪80年代的安达卢西亚遗址出土了11片，靠近出土地点的其他碎片让专家得以还原其全文。这篇铭文以恭维谄媚的口吻，讲述了元老院如何在提比略皇帝及其母亲（奥古斯都的遗孀莉薇娅）昭昭天命的指挥之下，处理了皮索出任叙利亚总督时期违逆上级的罪行。铭文表示，皮索对抗了当时的皇位继承人日尔曼尼库斯，并在日尔曼尼库斯死后发动了对该省新政权的战争。皮索如何犯罪、谁在协助他犯罪、元老院如何以刑罚处置皮索的地产及家人（此时皮索本人已经自杀身亡），这些情况都在铭文里有着详细记述，佶屈聱牙的风格七拐八绕，全篇几乎都是令拉丁语学生抓狂的方式表达。这篇铭文的争议点在于，敕令里的诸多细节都与历史学家塔西佗本人对事件的记载相悖，甚至是日期。根据铭文的记载，元老院的投票在12月10日进行，塔西佗却将敕令发布的时间写成了第二年的5月。这些不一致的地方引发了一些基本问题：塔西佗的记载是否可靠，他运用的史料源于哪里（显然他没看到这则元老院敕令，尽管其他地方他声称自己利用了元老院的档案），罗马帝国官方宣传的本质与目的（这则满是谄媚色彩的敕令究竟能让人信赖多少？），还有1世纪初罗马皇帝、元老院、贵族阶层与罗马帝国统治的情况。

现存文献史料并未记载的那些历史事件，有时会在铭文中重见天日：塞萨洛尼卡以北、马其顿省的小城莱特，出土了一篇冗长的希腊语铭文，这篇前119年或前117年的铭文是为了纪念安尼乌斯，一名罗马骑士。英勇的安尼乌斯成功击退了色雷斯等地抢掠成性的蛮族一次又一次的进攻。纵观罗马帝国历史，边疆防御都是各地总督及其下属的重大任务（比如安尼乌斯），不管这个边疆在哪里。三百年以后努米底亚出现了另一篇冗长的拉丁语荣誉铭文，这是军事定居者为了尊崇他们德高望重的指挥官、现任行省总督瓦勒里乌斯·马克西米亚努斯而撰写的。这是一个精力充沛、势不可当的骑兵将军,他在2世纪70年代多瑙河边疆旷日持久的战役中大显身手。马克西米亚努斯一再击退了蛮族入侵,也对盗匪团伙穷追不舍,甚至还在一场肉搏战中杀死了一个入侵部落的国王。退伍老兵的赞颂之词也为本来史料奇缺的多瑙河流域战争添加了关键的细节,正是这几场战争让罗马的边疆各省经历了史无前例的剧变,直接导致了马可·奥勒留皇帝在文多博纳(今天的维也纳)的早逝。在这篇铭文1954年出土之前,马克西米亚努斯的形象一直都只是一名军团长(斯洛伐克特伦辛城堡石头出土的"提图利"告诉我们),他统率一支在波希米亚越冬的罗马军团身涉敌意满满的边疆险境(在178年底的那个冬天)。从执政官名单里我们还看到,马克西米亚努斯在四五年之后还曾出任执政官。除此之外,再也没有文献史料提到过他。

有关罗马帝国的历史,行省铭文不论在个体上还是数量上都比文献史料更能体现其特色与进程。在前1世纪末与1世纪期间,大量意大利商人与罗马商人曾经跑到希腊、爱琴海与亚得里亚海地区做生意,包括那些最不得人心的生计,比如开银行与征税。他们也留下了大量拉丁希腊双语的铭文史料,启发了现代学者的研究。在西班牙康特雷比亚·贝拉斯卡出土的前87年的当地敕令也显示,这个农业城镇的当局使用拉丁语头衔,讲拉丁语,在与周边城镇的纠纷中也使用罗马法原则用于仲裁(见第三章)。这封敕令的出土也无意中推动了学界对于西班牙各行省罗马化的持久争论。

同样在外西班牙,近年来也出土了不少"城市特许状"(曾经如此称呼),尽管并不完整。73年韦斯巴芗授予他们拉丁公民权之后,这些特许状就是各个城镇自治当局颁布的宪法性文件（宪章）。其中最著名的城镇有萨尔彭萨、马拉加，以及位置不明的"伊里尼"。这些宪法都有标准化的格式，确定某座城镇行政长官、元老院（"奥多"）与市政机构的功能，以及地方选举的手续等技术性问题。238年色雷斯地区斯卡普托帕拉出土的文件与西班牙的那些相当不同，但也颇有启发性。这是一封请愿书，呈交给当时还是孩子的罗马皇帝戈迪安三世，请求救济当地人民，免受罗马官吏甚至是普通士兵的持续压榨（见第八章）。斯卡普托帕拉只是众多压榨案例的其中之一，这个难题也是日常困扰罗马各地城镇郊区的难题之一，甚至也会让那些急于做出正确决策的历代皇帝头疼不已。

莎草书史料与铭文一样，同样涵盖了丰富内容，从普通民众到公共生活无所不包。莎草纸不但数量丰富，而且容易与其他垃圾一样一片片一页页地丢弃于临近沙漠的垃圾场里，还有的用来包裹木乃伊。甚至有些文献著作凭借莎草纸这种介质得以重生：亚里士多德有关雅典古典宪法史的著作，米南德唯一一部全篇保留的剧作，还有李维著作的古代版本的摘要残卷，这个版本与前文提到的全本有所不同。罗马时代重要的莎草书还有奥古斯都的敕令（见第五章），克劳狄乌斯41年对亚历山大里亚行为不端的罗马公民发布的劝诫信，还有埃及长官68年发布的一封长长的敕令，斥责并承诺终结腐败（总是如此）。此外，还有出土于幼发拉底河畔杜拉欧罗普斯这座要塞城市的一部3世纪初的拉丁语日历（《杜拉努姆战役》），这部日历列出了一年之中为数众多的节日，各军团士兵要在节日到来之际参加宗教仪式与节庆活动，祭拜包括皇室家族在内的过去和现在诸神。

私人信件、遗嘱、地方官员的备忘录、各种合同、请愿书，还有其他文件，在数量上都超过了官方莎草书。与铭文和硬币一样，这些文件也越来越多地在考古过程中得以发掘（有些是偶然无心的发现）。前112年罗马元老梅米乌斯写给埃及地方官员通报来访计划的信件（见第四章）就是个生动的例子。在另一个时代的另一个地方，1961年的大发现是"芭芭莎档案"，这是一堆法律文书组成的档案，包括合同、不动产转让书、贷款票据，涉及的时间段大约在96年到134年之间。所有者是罗马阿拉伯-佩特拉行省一名富裕独立的犹太女性。这部档案为2世纪初的犹太社会、财产与诉讼研究带来了前所未有的史料。这些档案文件装在皮革袋里，散落在俯瞰死海的一方洞穴里（今天得名"文书之洞"），这里似乎是芭芭莎与其他犹太人避难的地方，或许在犹太大起义期间他们死于此地（132年至135年，见第十章）。1960年在同一座山洞里还出土了叛乱领袖西蒙·巴柯巴的文书，主要以希伯来语和亚兰语写成，还发现了叛乱运动时铸造的硬币。

为数众多的文书与私人信件，重现了普通埃及人的日常生活与奋斗经历。有三个案例足以揭示这些文书的多元性：前1年一个住在亚历山大的丈夫希拉里昂写信给尼罗河中游俄克喜林库斯的妻子埃利斯说："如果你生了个孩子，男孩的话就养下来，女孩的话就扔掉。"46年在埃及法雍，两个村庄的14名发言人在这个行政区的官员（"诺马丘斯"）那里宣誓，保证他们没有而且永远不会捕捞两种在当地被视为神圣的鱼类；2世纪的某个时候，一个名叫安东尼乌斯·朗古斯的儿子怀着忏悔的心情，写信给他的母亲尼罗乌斯，乞求宽恕自己的一些过失行为："我陷入了邪淫之中；我写信是想要真心求忏悔……我已经被上了一课。"

铸造硬币的不仅仅有罗马官方（始于前3世纪初），也有其他行政主体，特别是在地中海东部地区，这里是铸币技术的发源地。在罗马帝国西部，当地参照希腊、布匿与罗马的样式发行硬币，但当罗马钱币在1世纪中叶开始占据主导地位的时候，这些硬币都消失了；在东方世界，各个城市都在铸造他们自己的硬币（更多是出于展示而非日常使用），直至3世纪这股风潮才偃旗息鼓。罗马发行的金币名为"奥里斯"（仅在特定场合铸造，当然也仅仅在相当富裕的人群中流行），各种面值的银币，包括"迪纳厄斯"与辅币"塞斯特斯"，这些铸币直至3世纪都是罗马世界最为通行的货币。此外还有铜币，与铭文一样，罗马帝国全境都有硬币出土，所有者往往在混乱时期将它们储藏起来（就像"文书之洞"一样）。

每枚硬币的正面都刻着一名皇帝的肖像（这种做法从恺撒出任独裁官的时候开始，模仿的是希腊化时代的那些君主），背面则印上与时变化的图案。前29年，屋大维如愿地在硬币上刻上了"为了拯救公民"（Ob Civis Servatos）的字样，还有一个桂冠，以纪念长达二十年内战的终结。三十年后他那些成为未来统治者的养子手持长矛和盾牌出现在奥里斯金币的正面。韦斯巴芗为了庆祝镇压犹太人起义，也发行了各种各样的特制硬币，背面印着一棵棕榈树下被俘的犹太女性，旁边一行文字写着"征服犹太"（Iudaea Capta）的字样。哈德良为了纪念他在帝国各地的巡游，也发行了一系列著名的硬币，上面刻着每一个行省标志性的符号和图案，包括犹太行省，作为虔敬的祭献。

罗马人的宣传既可以带来希望，也可能会引发误解。69年那个"四帝之年"里,皇帝轮番上台,先是加尔巴、奥托,再是维特利乌斯,最后是韦斯巴芗,轮流登上罗马这个不稳宝座的人都必须直面敌对的竞争者。奥托在奥里斯金币刻上了"奥托的胜利"的字样(Vicotoria Othonis,但他很快就被推翻了),之后则是维特利乌斯刻了一批写有"军队的忠诚"(Fides Exercituum)的硬币,此外也有同样彰显奥托胜利图案的塞斯特斯硬币。这些硬币的铸造都发生在罗马军团全力支持韦斯巴芗在意大利平叛的时候。一百五十年后的217年和218年,另一位政变发起者马克里努斯(平民)在硬币上刻了"士兵的忠诚"(Fides Militum),后来又出现了"我们时代的幸福"(Felicitas Temporum)。马克里努斯父子很快就被镇压下去了。3世纪末的骚乱进行期间,这种疾风暴雨式更迭的场景甚至更加普遍,哪怕这些稳定贬值的硬币已经跌到了灾难性的低点。

硬币也会偶尔透露出其他史料并未提及的历史事件:2世纪40年代初,安东尼·庇护在塞斯特斯硬币上高兴地宣称,罗马已经"承认"了夸迪人(多瑙河中游的强有力日耳曼部族,后来给马可·奥勒留制造了很大的麻烦)与亚美尼亚人(他们激怒了帕提亚王,也再一次给马可·奥勒留带来了麻烦)的国王。更多情况下,硬币记述的还是已经发生的事件。比如说,前58年由两名营造官铸造的迪纳厄斯硬币就展现了其中一人阿米里乌斯·斯卡鲁斯的功绩:身为庞培在东方的副官,他在几年之前接受了阿勒塔斯三世的顺服,也就是阿拉伯纳巴泰人的君主。硬币背面刻着阿勒塔斯三世在营造官的骆驼面前下跪并献上一株橄榄枝的场面,周围的说明文字清楚地描述了这次事件。

同样的主题也出现在约前18年奥古斯都铸造的迪纳厄斯硬币上,

这次则描绘了一次更大规模的事件。由于前20年帕提亚与奥古斯都养子提比略达成了外交协议，罗马夺回了他们的军团旗帜（这些都是圣物），换回了三十五年前远征帕提亚时沦为战俘的罗马士兵。罗马皇帝仍然渴望在已有军功的基础上继续获得军事荣誉，他在硬币背面刻了帕提亚国王单膝着地举着军旗的图案，同样是顺从罗马的主题（这幅场景在奥古斯都位于第一门的著名塔雕像上有所体现，尽管那里的帕提亚人是站着的）。

  铭文、莎草书与硬币都为罗马帝国的识字阶层服务。罗马全部人口中有多少比例受过教育至今未知，学界有关的争论也很多。尽管没有证据，但哪怕是在大城市，估计也只有20%的男性受过教育。更多的女性则根本不能读写。至于其他那些没受过教育的人，只能借助识字的邻居或是职业抄写员为他们提供帮助（比如说，前文提到的14名法雍渔民，也是当地的抄写员）。即便如此，整个罗马帝国仍然依靠书面文件与通信运转。这些史料，加上范围同样广阔的现存文字记录，都让今人研究、分析、评估罗马共和国与罗马帝国的崛起成为可能。

致谢辞

我非常感谢阿莱士·莱特和和陶里斯出版社的盛情约稿,他们鼓励我的时间比我料想的还要长得多,因为我写作本书的同时还要处理其他的各项事务。与往常一样,我很高兴在此鸣谢悉尼大学从我2007年退休以来给我的名誉副教授头衔,没有这个头衔我就无法延续学术研究和出版工作。我还要特别鸣谢悉尼大学图书馆,它为会员提供的线上书籍、期刊和数据库的品种都在稳步增长,一直以来得到图书馆员和信息技术专家的加持维护。我同样诚挚地感谢我的文字编辑克里斯·里德,正是他的独具慧眼让我的文字免于太多的讹误。

还是与往常一样,我最深深的感谢与感激之情要献给装饰我生命的那五个人,正是他们如此慷慨地陪伴着我越挫越奋的古典研究:扬·霍约斯,卡米拉·帕杜拉和安东尼·帕杜拉,还有两个活力四射的孙辈,斯嘉丽和亨利。我将这本书献给他们。

罗马皇帝列表

（从奥古斯都到戈尔迪安三世）

奥古斯都	前31年—14年
提比略	14年—37年
盖尤斯·卡里古拉	37年—41年
克劳狄乌斯	41年—54年
尼禄	54年—68年
加尔巴	68年—69年
奥托、维特里乌斯	69年
韦斯巴芗	69年—79年
提图斯	79年—81年
图密善	81年—96年
涅尔瓦	96年—98年
图拉真	98年—117年
哈德良	117年—138年
安东尼乌斯·皮乌斯	138年—161年
马可·奥勒留	161年—180年
康茂德	180年—192年
尤利安努斯	193年
塞普蒂米乌斯·塞维鲁	193年—211年
卡拉卡拉、格塔	211年—217年
马克里努斯	217年—218年
埃拉伽巴路斯	218年—222年
亚历山大·塞维鲁	222年—235年
马克西米努斯	235年—238年
戈尔迪安一世、戈尔迪安二世	238年
普皮恩努斯、巴尔比努斯	238年
戈尔迪安三世	238年—244年